Gauthier Chapelle

L'ENTRAIDE

L'autre loi de la jungle

Le commentaire LAMA :
(biologistes qui t'apprendront des trucs cool sur animaux, plantes, champi...)
Des types qui se disent :
"çavapétistes"
et pour qui c'est une bonne nouvelle !

ET les champignons !

Éditions Les Liens qui Libèrent

ISBN : 979-10-209-0700-4

L'ENTRAIDE

L'autre loi de la jungle

À vous qui avez cet élan, et qui parfois doutez.

À Marine Simon, passionnée par la dynamique des groupes, qui nous a interconnectés en 2011.

À Albert Jacquard et Jean-Marie Pelt, qui nous ont tant inspirés, et à qui nous avions rêvé de faire lire ce livre…

« Rien n'est solitaire, tout est solidaire.

L'homme est solidaire avec la planète, la planète est solidaire avec le soleil, le soleil est solidaire avec l'étoile, l'étoile est solidaire avec la nébuleuse, la nébuleuse, groupe stellaire, est solidaire avec l'infini. Ôtez un terme de cette formule, le polynôme se désorganise, l'équation chancelle, la création n'a plus de sens dans le cosmos et la démocratie n'a plus de sens sur la terre. Donc, solidarité de tout avec tout, et de chacun avec chaque chose. La solidarité des hommes est le corollaire invincible de la solidarité des univers. Le lien démocratique est de même nature que le rayon solaire. »

Victor Hugo, *Proses philosophiques (1860-1865)*

« Il se faut entraider, c'est la loi de nature
L'Âne un jour pourtant s'en moqua :
Et ne sais comme il y manqua ;
Car il est bonne créature. »

Jean de La Fontaine, *L'âne et le chien*, 1678.

« [...] ils avaient vécu dans un monde pénible, un monde de compétition et de lutte, de vanité et de violence ; ils n'avaient pas vécu dans un monde harmonieux. D'un autre côté, ils n'avaient rien fait pour modifier ce monde, ils n'avaient nullement contribué à l'améliorer. »

Michel Houellebecq,
Les Particules élémentaires, 1998.

Avant-propos à l'édition de poche

Notre époque n'est plus à l'entraide, et paradoxalement, elle n'en a jamais été aussi friande. Ce que nous avons appelé *Entraide* – soit toutes les manières qu'ont les êtres vivants de s'associer – n'est pas une idée nouvelle, elle date des temps anciens, mais s'est réellement déployée sous sa forme moderne avec la plume du prince anarchiste et géographe Pierre Kropotkine, qui publia le livre en 1902, *L'Entraide, Un facteur de l'évolution*.

Pourquoi y a-t-il eu besoin d'insister sur cette idée il y a un siècle, et pourquoi faut-il enfoncer le clou aujourd'hui ? Voilà la vraie question. Pourquoi a-t-il fallu depuis lors des milliers de publications scientifiques pour arriver à cette simple évidence que nous n'aurions jamais dû perdre : tous les êtres vivants s'entraident depuis la nuit des temps. Tous. L'être humain ne fait pas exception. Au contraire ! Il est même d'une certaine manière l'être le plus coopératif du monde vivant !

L'exploit du libéralisme, et du capitalisme, a été de nous faire croire que la compétition, l'agression et l'individualisme étaient les modes d'organisation naturels et spontanés du monde vivant, reléguant ainsi l'entraide à une invention de la civilisation (sous-entendu occidentale), ou à une série d'actes exceptionnels (couronnés par une médaille en temps de guerre, et diffusés frénétiquement en petites vidéos amateurs sur les réseaux sociaux en temps de paix).

Depuis octobre 2017, le succès du livre que vous tenez entre les mains, mais surtout le déploiement de cette simple et grande idée est probablement dû à des multiples raisons. Nous n'en retiendrons que deux. La première est que la constatation de cette évidence apporte de la joie : joie de se sentir en connexion avec la toile du vivant ; joie de ne plus paraître pour un ingénu, un naïf ou un fou ; joie de se rattacher à une gigantesque filiation politique coopérative ; joie d'imaginer des potentiels magnifiques chez les personnes que nous croisons dans la rue (plutôt que toujours voir en eux des ennemis potentiels, rationnels et égoïstes) ; joie de savoir que l'on peut agrandir (à l'infini) le cercle de « ses proches » ; joie d'observer les animaux, les plantes et les champignons avec d'autres yeux, ceux d'un enfant spontanément prosocial voyant des partenaires potentiels en chaque être ; joie d'apprendre et de comprendre les subtils rouages de l'entraide ; joie de pouvoir lâcher sa « carapace » de méfiance ; ou encore joie de pouvoir entrer dans sa propre authenticité.

La seconde raison (liée à la première) est que cette idée d'entraide ouvre des horizons à l'heure des catastrophes globales et des possibles effondrements systémiques. L'une des belles leçons que nous offre le monde vivant est de constater que l'entraide augmente encore par temps difficile, en milieu hostile. Elle émerge de multiples manières et rend les organismes *réunis* beaucoup plus forts et résilients, armés pour traverser le temps long. Attention, l'entraide n'émerge pas *automatiquement*, comme par magie. Simplement, des conditions hostiles libèrent le potentiel prosocial des organismes (humains compris), et ceux qui choisissent de ne pas le déployer amenuisent significativement leurs chances de survie… à long terme.

Développer une culture de la coopération, devenir *compétent* en entraide, comme notre société l'est devenue en compétition, offre des perspectives réjouissantes, tant sur le plan de l'inventivité de l'organisation politique, que sur le terrain des luttes sociales. On en était presque à oublier que, comme disait Kropotkine, l'entraide est un facteur de l'évolution… politique et sociale ! En réalité, elle est même incontournable pour construire dès maintenant *les réseaux des tempêtes* nécessaires pour traverser les années à venir.

Ce (désormais petit) livre est un prolongement de la pensée de certains anciens et de chercheurs du monde entier, et aussi le point de départ de futurs ouvrages. Il reste encore beaucoup de choses à dire. Par exemple rassembler toutes les découvertes (empiriques) qu'ont faites les sciences du management sur les mécanismes coopératifs dans un groupe, ou explorer les liens entre la structure d'un groupe et son potentiel coopératif (on sait que l'organisation hiérarchique pyramidale encourage le « chacun pour soi » et détruit structurellement les liens d'entraide). Bienvenus aux motivé-es, il reste tant à découvrir !

De même, sur les quelques mois qui se sont écoulés depuis la première parution de notre livre, des dizaines, des centaines de travaux scientifiques ont continué à paraître sur les mécanismes d'entraide, tant chez les humains (neurosciences, anthropologie, psychologie, sociologie, économie, etc.) que chez les autres espèces. D'incroyables et bouleversantes découvertes, qui modifient progressivement l'image que nous faisons d'eux, sont actuellement faites sur les groupes qui nous sont le moins familiers, que ce soient les plantes et les champignons, et plus encore les bactéries et les virus. Ces derniers sont les vecteurs d'entraide par excellence, et donc des facteurs majeurs d'innovation et d'adaptation du monde vivant. Nous ne sommes décidément pas au bout de nos surprises…

Nous ne pouvons terminer ces mots sans mentionner la fierté que nous ressentons à être accompagnés depuis des mois par la maison d'édition *Les Liens qui Libèrent* qui fait un formidable travail de pionniers dans ce domaine, avec lucidité, puissance, intuition et engagement. Merci !

Pablo Servigne et Gauthier Chapelle, février 2019.

Préface

Quel beau symbole, au fond! Deux biologistes de formation demandent à un sociologue de préfacer leur excellent livre. Qui ne parle que très peu de sociologie, à moins qu'il ne parle que de ça. Tout dépend, évidemment, de ce qu'on entend par sociologie. Et aussi par biologie, et, au-delà, par science économique, philosophie, etc. On l'aura compris: en mettant au jour une « autre loi de la jungle », pas celle du *struggle for life* ou de la loi du plus fort, mais aussi ou plus puissante qu'elle, la loi de la coopération et de l'entraide, Pablo Servigne et Gauthier Chapelle bousculent bien des frontières instituées entre les disciplines scientifiques – des frontières trop souvent hérissées de barricades et de barbelés. Et ils ouvrent la perspective de démarches de pensée généralistes et synthétiques qu'on avait trop tôt déclarées impossibles, voire indésirables. L'ambition est grande. Il ne s'agit de rien moins que de « comprendre la nature coopérative de l'être humain dans le sillage de celle des autres organismes vivants ». Sur ce sujet, écrivent nos auteurs, « pendant des années les résultats, les hypothèses et les théories de chaque discipline sont restés contradictoires. Aucun tableau global n'émergeait, il y avait trop de fossés entre les disciplines, et chacune travaillait en ignorant les autres. Ce n'est que très récemment que des progrès fulgurants ont permis de proposer une structure globale de cette "autre loi de la jungle" ». C'est de ces « progrès fulgurants » qu'ils nous font part.

Avant de tenter de préciser en quelques mots en quoi ces progrès nous importent, je voudrais souligner la fluidité et la maestria pédagogique avec lesquelles nos auteurs nous font entrer dans un univers infiniment complexe qu'ils rendent aisément accessible. Parmi bien d'autres exemples, on peut évoquer le passage où ils nous expliquent la formation d'un récif corallien à la manière d'une recette de cuisine (p. 260-261).

Pour ceux qui, comme moi, ne sont pas particulièrement passionnés par les virus, bactéries, archées, cyanobactéries ou autres bactéries dinoflagellées, on pourrait résumer le tout par cette belle formule de Victor Hugo, placée en exergue du livre : « Rien n'est solitaire, tout est solidaire. » Des virus et des bactéries aux sociétés humaines les plus vastes et les plus complexes, *L'Entraide* – dont le titre est emprunté au prince anarchiste Kropotkine et lui rend hommage – décrit à toutes les échelles du vivant, indéfiniment emboîtées les unes dans les autres, tous les entrecroisements possibles de lutte et de rivalité, d'une part, de coopération, d'entraide et de réciprocité (directe, indirecte ou renforcée), de l'autre, que ce soit entre des organismes d'une même espèce ou d'espèces différentes. Selon que c'est la coopération ou la lutte qui prédomine, on obtient une des six formes de relation suivantes : symbiose (ou mutualisme), coexistence, commensalisme, amensalisme, prédation (parasitisme) ou compétition.

De cette vaste synthèse, la leçon essentielle qui se dégage, à l'inverse de tous les darwinismes primaires (que ne partageait nullement Darwin lui-même…), est que, en matière d'évolution, la clé du succès n'est pas la lutte pour la vie, mais bien plutôt l'entraide. Ou, pour le dire plus précisément, selon la formulation de deux biologistes théoriciens de l'évolution, David S. et Edward O. Wilson (eh oui ! Edward Wilson, l'inventeur de la sociobiologie, dont on constatera qu'il a radicalement inversé son propos initial, au grand dam de ses adeptes et disciples) : « L'égoïsme supplante l'altruisme au sein des groupes. Les groupes altruistes supplantent les groupes égoïstes. Tout le reste n'est que commentaire. » Ou encore : dans l'ordre du vivant, des sociétés bactériennes aux sociétés humaines, la coopération est hiérarchiquement supérieure à la compétition.

Cette découverte, ici minutieusement argumentée et documentée, constitue un apport essentiel, tant au plan théorique qu'éthique et politique – deux plans d'ailleurs toujours étroitement imbriqués. Où en sommes-nous, en effet ? En science sociale – en économie, bien sûr, mais aussi en sociologie et en philosophie morale et politique –, le dogme dominant depuis les années 1970-1980 est que, dans la vie sociale, tout – actions, normes, institutions, croyances, etc. – s'explique par le jeu des intérêts en conflit, conscient ou inconscient. C'est la même croyance qui a dominé en biologie, avec la sociobiologie première manière et avec la théorie du gène égoïste. C'est ce que j'appelle l'axiomatique de l'intérêt, ou encore l'utilitarisme[1].

Cette croyance hégémonique est au cœur du néolibéralisme. Elle s'est établie avant même que ne commence à triompher à l'échelle planétaire un capitalisme rentier et spéculatif, et elle a permis son essor. L'un, en effet, ne va pas sans l'autre. Pour pouvoir affirmer que la seule forme de coordination efficace, et donc souhaitable, entre les humains est le Marché, il faut se convaincre et convaincre le plus grand nombre que nous ne sommes que des *Homo œconomicus*, « mutuellement indifférents », comme le disait par exemple le philosophe star de la fin du XXe siècle, John Rawls. Après, le pas est facile à franchir : si la seule chose qui nous anime est notre intérêt personnel, et si la forme première ou ultime de celui-ci est l'appât du gain monétaire, alors libre à

1. Qui constitue la matrice de l'économisme, c'est-à-dire de la croyance que seule l'économie importe. Depuis les années 2000, en science sociale, la mode a tourné à un déconstructionnisme généralisé. Il s'agit de montrer que toutes les normes ou institutions existantes ont été construites historiquement, qu'elles n'ont donc aucune naturalité, mais se révèlent au contraire arbitraires. D'où il est tentant de conclure qu'on pourrait, voire qu'on devrait, les déconstruire. Il ne serait pas difficile de prouver que cette posture théorique représente l'avatar ultime d'un économisme généralisé.

chacun de chercher à s'enrichir par tous les moyens possibles, le plus rapidement possible. Plus aucune digue ne doit venir contenir l'expansion continue des marchés spéculatifs, fût-ce au risque de la montée inexorable de la corruption, voire de la criminalité.

Après les livres de Matthieu Ricard ou de Jacques Lecomte, qui avaient ouvert une première brèche, *L'Entraide* vient à point pour nous aider à déconstruire cette croyance hégémonique. Dans le champ des sciences sociales, nous étions un peu seuls, au MAUSS [1], à nous y opposer depuis une trentaine d'années, et à plaider pour une science sociale généraliste qui ne reposerait pas sur l'axiomatique utilitariste de l'intérêt, mais prendrait au contraire comme point de départ la découverte de l'anthropologue Marcel Mauss dans son célèbre *Essai sur le don* (1924) : celle que, au cœur du rapport social, on trouve non pas le marché, le contrat ou le donnant-donnant, mais ce qu'il appelle la triple obligation de donner, recevoir et rendre. Ou, si l'on préfère, la loi de la réciprocité. Quelle avancée que de découvrir avec P. Servigne et G. Chapelle que, *mutatis mutandis*, cette loi ne concerne pas seulement le monde humain, mais l'ensemble du vivant ! Tout ce qu'ils nous exposent est parfaitement congruent avec le « paradigme du don » élaboré peu à peu dans le cadre de *La Revue du MAUSS*.

Il n'est pas difficile d'en déduire les implications éthiques et politiques. Rien n'est plus urgent désormais que de combattre la démesure, l'hubris, la soif de toute-puissance

1. Cf. www.revuedumauss.com et www.journaldumauss.net.

qu'alimente le néolibéralisme et qui conduit l'humanité à sa perte. Jusqu'ici, une des principales raisons de notre incapacité à sortir du néolibéralisme planétaire a été un certain déficit de ressources théoriques. Mais c'est aussi le manque d'une philosophie politique, *largo sensu*, qui nous permette d'aller au-delà des grandes idéologies de la modernité – libéralisme, socialisme, anarchisme ou communisme. C'est cette élaboration doctrinale qu'amorcent les auteurs mondialement connus qui se reconnaissent sous la bannière du convivialisme[1]. P. Servigne (qui compte parmi eux) et G. Chapelle y contribuent de manière décisive. Un bel exemple d'entraide.

Alain Caillé,
Professeur émérite de sociologie
à l'Université Paris Ouest Nanterre-La Défense,
directeur de la *Revue du MAUSS*,
et fondateur du Mouvement convivialiste.

1. Cf. www.lesconvivialistes.org. *Le Manifeste convivialiste* (consultable et téléchargeable sur le site), signé par soixante-quatre auteurs alternatifs et engagés, bientôt rejoints par des dizaines d'autres à travers le monde, a été publié en 2013 aux éditions Le Bord de l'eau. Il a été traduit, en abrégé ou *in extenso*, dans une bonne dizaine de langues (dont le japonais, le chinois, le turc ou l'hébreu). Son premier mérite est d'énoncer des valeurs communes, universalisables, sur lesquelles ont pu se mettre d'accord des intellectuels inscrits dans des horizons idéologiques très divers, allant de la gauche de gauche au centre-gauche, ou droit, voire un peu au-delà à droite quant aux sympathies. Convergence essentielle, car on ne sortira de l'hégémonie du néolibéralisme que grâce à un large consensus mondial. Une des thèses centrales du *Manifeste* (inspirée de Marcel Mauss) est que le problème politique premier est de permettre aux humains de « coopérer en s'opposant sans se massacrer ». En lisant Servigne et Chapelle, on découvre que c'est très exactement le problème auquel le vivant en général a trouvé une réponse.

INTRODUCTION

L'âge de l'entraide

Connaissez-vous cette histoire ? C'est un mythe des années 1980, mais on dit qu'il vient d'une époque bien plus lointaine. Il était une fois la vie, une arène impitoyable où des millions de gladiateurs se battaient et s'entretuaient. Pas de cadeaux, pas de quartier, pas de pitié. L'agressivité était devenue un atout essentiel, c'était une question de survie. Dans ce monde, l'intelligence – pardon, la ruse – servait à passer devant les autres, ou, mieux, à les enfoncer. Il fallait surveiller ses arrières. « Que le meilleur gagne ! » entendait-on à l'envi. Le grand mangeait le petit, le plus rapide mangeait le plus lent, le plus fort mangeait le plus faible. C'était comme ça depuis la nuit des temps, disaient les sages. Si vous ne faisiez pas partie des gagnants, c'était pas de chance. D'ailleurs, c'était sûrement un peu de votre faute… « Bon sang ! Relevez-vous, battez-vous ! Gagner ! Réussir ! Vous ne comprenez donc pas ? »

Ce mythe a la vie dure. On dit qu'il se raconte encore de nos jours, un peu partout dans le monde. Entre employés pour grimper dans la hiérarchie des organisations, ou entre ces dernières pour conquérir des parts de marché. On raconte que, au plus haut niveau de l'État, c'est l'obsession de la compétitivité, ou la bataille pour la conquête du pouvoir. Ailleurs, c'est la lutte entre les équipes de foot, les candidats aux grandes écoles, les demandeurs d'emploi…

Bien entendu, ce ne sont pas de vraies guerres ; elles sont simulées, cathartiques, parfois théâtrales. Il paraît qu'elles canalisent les pulsions humaines pour nous empêcher de sombrer. Mais empêchent-elles les vrais affrontements, délits, crimes, conflits armés, guerres des classes, guerres des peuples ou guerres contre le vivant ?

La loi de la jungle

Si vous observez les êtres vivants (les « autres qu'humains ») à travers ce filtre, celui de la compétition, le tableau vous sautera aux yeux : le lion mange l'antilope, les chimpanzés s'entretuent, les jeunes arbres jouent des coudes pour l'accès à la lumière, les champignons et les microbes ne se font pas de cadeaux. Le mythe se déploie à la lumière de cet univers impitoyable. L'état de nature est synonyme de chaos, de lutte, de pillage et de violence. C'est la loi de la jungle, la « loi du plus fort », la « guerre de tous contre tous », selon l'expression d'un des pères du libéralisme, le philosophe Thomas Hobbes.

Les mythes donnent une couleur au monde. Et une idée répétée mille fois finit par devenir vraie. Faites l'expérience autour de vous : dites que l'être humain est naturellement altruiste, et l'on vous prendra probablement pour un naïf ou un idéaliste. Dites qu'il est naturellement égoïste, et vous aurez les faveurs des « réalistes ».

Depuis le siècle dernier, la culture occidentale, moderne et utilitariste, est effectivement devenue *hypertrophiée en compétition*, délaissant sa partie généreuse, altruiste et bienveillante, passablement atrophiée. L'entraide ? Mais qui y croit encore ? Parfois elle resurgit miraculeusement, à la faveur d'un fait divers exceptionnel relaté au 20 Heures ou dans une vidéo animalière sur Internet visionnée des millions de fois. Fascinant !

Soyons sincère : qui n'a jamais ressenti cette profonde joie d'aider un proche ou de se voir tendre la main ? Et que se passe-t-il quand une région est sinistrée par une inondation ? Y a-t-il plus de pillages que d'actes de solidarité ? À l'évidence, non ! Les voisins se serrent les coudes, d'autres accourent des alentours et prennent des risques insensés pour sauver ceux qui doivent l'être. Des inconnus, à des centaines ou des milliers de kilomètres de là, s'organisent et envoient de l'argent. Plus largement, la sécurité sociale, la redistribution des richesses, l'aide humanitaire, l'école ou encore les coopératives ne sont-elles pas d'incroyables institutions d'entraide ? Pourquoi cela nous est-il devenu si invisible ?

Un examen attentif de l'éventail du vivant – des bactéries aux sociétés humaines en passant par les plantes et les animaux – révèle que l'entraide est non seulement partout, mais présente depuis la nuit des temps. C'est simple : *tous* les êtres vivants sont impliqués dans des relations d'entraide. Tous. L'entraide n'est pas un simple fait divers, c'est un principe du vivant. C'est même un mécanisme de l'évolution du vivant : les organismes qui survivent le mieux aux conditions difficiles ne sont pas les plus forts, ce sont ceux qui arrivent à coopérer.

En réalité, dans la jungle, il règne un parfum d'entraide que nous ne percevons plus. Ce livre sera une tentative de grande et profonde inspiration.

Hémiplégiques à en mourir

L'agressivité et la compétition existent dans le monde vivant : il ne s'agit pas de le nier. C'est par exemple la compétition qui permet d'éviter que des bactéries pathogènes n'envahissent l'écosystème microbien de notre bouche. Elle aussi qui permet aux félins de conserver leur territoire, ou encore à certains humains de stimuler leur goût de l'effort, voire leur esprit d'équipe. Le sport tel que nous le pratiquons est une façon ritualisée de canaliser la compétition. Cette dernière nous force à nous dépasser, et, pour certains, à « donner le meilleur d'eux-mêmes ».

Mais la compétition a aussi de sérieux inconvénients. Elle est épuisante. La plupart des animaux et des plantes l'ont bien compris : ils la minimisent et évitent au maximum les comportements d'agression, car ils ont trop à perdre. C'est trop risqué, trop fatigant. Pour un individu bien équipé, bien entraîné et psychologiquement au meilleur de sa forme, la compétition est un défi qui permet de progresser grâce à un effort puissant (et le plus court possible). Mais, pour les autres, ceux qui ne sont pas prêts, ceux qui ne veulent pas ou ne peuvent pas entrer dans l'arène, ou ceux qui y sont depuis trop longtemps, cet effort est une source infinie de stress.

De plus, la compétition sépare; elle fait ressortir les différences. Les compétiteurs focalisent leur attention sur ce petit «delta», ce petit quelque chose qui les différencie de leurs concurrents et qu'il faut garder secret, car il leur permettra de gagner la course. Ne dit-on pas: «J'ai fait la différence»? La compétition ne favorise pas le lien, elle pousse à tricher, détourne du bien commun. En effet, pourquoi investir dans le commun si cela peut favoriser les concurrents?

Au fond, qu'est-ce que «gagner»? Se retrouver sur la première marche du podium… dramatiquement seul? Attirer le regard des autres par des passions tristes comme l'envie, la jalousie ou même le ressentiment? Contribuer à créer une planète qui compte 99 % de «perdants»?

En poussant le culte de la compétition à son extrême, et en l'institutionnalisant, notre société n'a pas seulement engendré un monde violent, elle a surtout ôté une grande partie de son sens à la vie. La compétition sans limite est une invitation – voire une obligation – à une course à l'infini. Le délitement des liens entre humains et des liens avec le vivant a créé un grand vide, un immense besoin de consolation, que nous tentons de combler en permanence par l'accumulation frénétique d'objets, de trophées, de conquêtes sexuelles, de drogues ou de nourriture. La démesure, que les Grecs appelaient l'hubris, devient alors la seule manière d'être au monde.

Compétition, expansion infinie et déconnexion du monde vivant sont trois mythes fondateurs de notre société depuis déjà plusieurs siècles. Leur mécanique s'est révélée extrêmement toxique : de la même manière qu'une cellule en expansion perpétuelle finit par détruire l'organisme dont elle fait partie, un organisme qui détruit l'environnement dans lequel il vit et empoisonne ses voisins finit par mourir seul dans un désert.

Nous avons malheureusement dépassé l'étape du simple avertissement. C'est là notre réalité. Notre rapport au monde a provoqué des basculements irréversibles : certains systèmes naturels qui constituent la biosphère ont été gravement déstabilisés, au point de menacer sérieusement les conditions de survie de nombreuses espèces sur terre, y compris la nôtre. Et compter sans la fin imminente de l'ère des énergies fossiles, l'épuisement des ressources minérales, les pollutions généralisées, l'extrême fragilité de notre système économique et financier ou la croissance des inégalités entre pays et du nombre de réfugiés. Nous avons là une situation qui ressemble à un immense jeu de dominos instable, c'est-à-dire aux prémices d'un effondrement de civilisation [1].

1. Pour l'instant, les pays industrialisés sont relativement épargnés, mais uniquement grâce à un fragile écran de technologie… qui dépend de ressources énergétiques et minérales de moins en moins accessibles.

Le bilan des possibles formes que pourrait prendre cet enchaînement de catastrophes est appelé la *collapsologie*[1], une discipline qui, au-delà de sa fonction d'information, permet de mettre en lien différents milieux et différentes sensibilités : écologistes, survivalistes, universitaires, militaires, ingénieurs, paysans, activistes, artistes, politiciens, etc. Au cours de nos rencontres avec tous ces acteurs préoccupés par la situation, nous avons été frappés de constater à quel point la question de l'entraide était récurrente et urgente. Fréquentes étaient les questions et les réactions telles que : « Comment faire pour que tout cela ne dégénère pas ? », « Nous allons tout droit vers un scénario à la *Mad Max*... Il faudrait faire ressortir le meilleur de l'être humain pour l'éviter ! », « Nous sommes égoïstes, les gens vont s'entretuer ! »

Si le climat économique, politique et social se dégrade rapidement, notre imaginaire, lui, gavé de cette monoculture de la compétition, produira toujours la même histoire : la guerre de tous contre tous et l'agressivité préventive. Par une prophétie auto-réalisatrice, les « croyants » se prépareront à la violence dans un climat de peur et créeront les conditions parfaites pour que naissent de vraies tensions. Alors qu'un autre scénario, celui de la coopération, pourrait tout aussi bien émerger... si tant est que nous l'incluions dans le champ des possibles !

Ce livre est né de l'idée d'explorer les conditions d'émergence des comportements d'entraide. À l'étincelle

1. Servigne et Stevens R. (2015).

de départ – une curiosité scientifique qui date de plus de dix ans – s'est récemment ajouté un élan pour contacter une autre mythologie, enrichir un autre imaginaire, raconter de belles histoires bien enracinées dans l'évolution du vivant, avec le souci de minimiser les dégâts de cette spirale d'autodestruction et de violence, et, pourquoi pas, de contribuer à favoriser une spirale vertueuse.

L'émergence d'une autre loi de la jungle

Nous ne sommes ni les seuls ni les premiers à penser l'entraide. Ces dernières années, les articles scientifiques sur ce sujet se sont enchaînés à un rythme effréné. Mais ils restent malheureusement relativement inaccessibles au grand public et rares dans les cursus scolaires. Il en va de même pour la longue filiation intellectuelle philosophique et religieuse qui remonte à l'Antiquité et prend une dimension véritablement scientifique au XIXe siècle sous la plume, entre autres, du naturaliste Charles Darwin, du sociologue Alfred Victor Espinas, du géographe Pierre Kropotkine ou encore de l'anthropologue Marcel Mauss.

Qu'on ne s'y trompe pas : les héritiers de ces idées « naïves » sont nombreux. On pense au mouvement du MAUSS [1], lancé en 1981 par Alain Caillé et qui aujourd'hui regroupe un grand panel d'intellectuels sous la bannière (très stimulante !) du *convivialisme* [2]. On pense

1. Mouvement anti-utilitariste en sciences sociales. Voir la préface de ce livre, ainsi que le site de *La Revue du MAUSS*, www.revuedumauss.com.fr/.

2. *Manifeste des convivialistes* (2013) ; Alain Caillé (dir.) et les Convivialistes (2016) ; www.lesconvivialistes.org.

aussi au tour d'horizon naturaliste de Jean-Marie Pelt (*La Solidarité chez les plantes, les animaux, les humains*, 2004), ainsi qu'aux monumentales synthèses de Jacques Lecomte (*La Bonté humaine*, 2012), de Matthieu Ricard (*Plaidoyer pour l'altruisme*, 2013) et de Pierre Dardot et Christian Laval (*Communs*, 2014). Philosophes, managers, écologues, économistes, anthropologues ou sociologues se démènent pour remettre sur le devant de la scène des notions aussi démodées et ringardes que l'altruisme [1], la bonté [2], la gentillesse [3], l'association [4], l'égalité [5], les communs [6], l'empathie [7] ou la solidarité [8].

La force de cette culture renaissante et émergente est de ne pas se contenter de rester dans les bibliothèques. Elle sort dans la rue, transforme le monde grâce à de nouveaux modes de consommation, de travail, de construction, d'apprentissage, de communication, de gestion [9] ou

1. Kourilsky (2009) ; Kourilsky (2011) ; Ricard (2013) ; Ricard et Singer (dir.) (2015).
2. Lecomte (2012).
3. Jaffelin (2015) ; Martin (2014).
4. Laville (2010).
5. Wilkinson et Pickett (2013).
6. Dardot et Laval (2014) ; Coriat (dir.) (2015).
7. De Waal (2009) ; Rifkin (2011).
8. Pelt (2004) ; Supiot (dir.) (2015) ; Mathevet (2011).
9. Malgré les progrès récents de certaines entreprises, force est de constater la consternante inertie de ce milieu. Gauthier Chapelle a été conseiller en développement durable (en biomimétisme) pendant dix ans pour les entreprises. Il s'efforçait de leur montrer que, en s'inspirant des relations d'entraide du monde vivant, leur organisation serait non seulement durable, mais bien plus efficace. Malheureusement, il s'est souvent rendu compte que de nombreuses entreprises *ne voulaient pas* prendre le risque de changer leur structure et leur raison d'être.

de production[1]. L'émergence d'une culture des biens communs, du *peer-to-peer* et de la collaboration prend une dimension mondiale et touche tous les secteurs. Il est trop tard pour l'arrêter.

Au siècle dernier, notre monde est devenu extrêmement performant en matière de mécanismes de compétition. Il est grand temps de devenir tout aussi compétents en matière de coopération, de bienveillance et d'altruisme. L'autre objectif de ce livre est d'apporter une pierre à cet édifice, de participer à la structuration de cette nouvelle culture. En puisant dans plusieurs disciplines, de l'éthologie à l'anthropologie en passant par l'économie, la psychologie, la biologie, la sociologie ou les neurosciences, nous proposons un tour d'horizon des plus récentes découvertes sur cette tendance très puissante qu'ont les êtres vivants (et pas seulement les humains) à s'associer. L'idée d'inclure le reste du monde vivant dans la synthèse était d'arriver à dégager des principes généraux et une architecture générale de ce que l'on pourrait désormais appeler « l'autre loi de la jungle ».

Le chantier du siècle

Notre surprise a été de constater l'incroyable diversité des processus, des sentiments et des mécanismes à l'œuvre depuis la nuit des temps. Mais comment nommer ce

1. Pour un tour d'horizon, voir Novel (2013) ; Riot, Novel (2012) ; Filippova (coord.) (2015). Sur les moyens de communication, voir Rifkin (2014) ; Bauwens (2015). Sur les entreprises, voir Laloux (2015) ; Lecomte (2016). Sur l'énergie, voir Rifkin (2012).

monde infiniment complexe, riche et coloré ? Comment nommer cette tendance qui décrit aussi bien une association entre bactéries qu'une entente entre humains ou entre grands singes impliquant des sentiments aussi subtils que l'altruisme, la bonté, l'amitié, la gratitude, la réconciliation ou le sens de la justice ? Nous avions besoin d'un terme qui inclue à la fois les actes et les intentions, mais aussi tous les organismes vivants et tous les processus.

Nous avons choisi le terme d'*entraide*, conscients qu'il n'a pas la même définition pour tous, et qu'il peut parfois impliquer une touche d'anthropomorphisme, surtout lorsqu'il s'agit de décrire les comportements d'êtres vivants qui ne nous ressemblent en rien. Mais ce mot a aujourd'hui l'avantage d'être à la fois bien accepté par le langage courant et suffisamment oublié des sciences pour être à l'abri d'une définition trop étroite. C'est aussi et surtout un clin d'œil au grand géographe et anarchiste Pierre Kropotkine, l'un des pionniers de cette aventure scientifique, qui écrivit en 1902 une remarquable synthèse dont le titre, *Mutual Aid*, fut traduit par son ami, le non moins géographe et anarchiste Élisée Reclus, par « entr'aide », mot qu'il offrit à la langue française[1].

Le sujet est évidemment colossal. Chaque chapitre de notre livre pourrait faire l'objet d'un traité de plusieurs tomes ! Le but n'était pas d'en faire un travail encyclopédique, mais d'établir des ponts entre les disciplines,

1. L'apostrophe disparut en 1931. À ce sujet, lire Enckell (2009).

en particulier entre les sciences humaines et les sciences biologiques. Voir leur discipline croquée à grands traits génère évidemment d'inévitables frustrations chez les spécialistes, et il en va de même pour nous, qui aurions aimé partager encore plus d'extraordinaires détails des mécanismes du vivant [1].

Nous avons démarré ce chantier il y a une douzaine d'années, avec autant d'enthousiasme que de naïveté. Notre label « biologique [2] » ne nous avait pas préparés à absorber les incroyables avancées des sciences humaines, ni les paradoxes qui émergeaient de ce foisonnement de découvertes [3]. Explorer tout cela a été une véritable aventure qui n'a fait qu'attiser toujours davantage notre curiosité. Ce bilan est donc loin d'être définitif, et il se révèle être au final une invitation à continuer l'exploration.

1. Nous n'avons malheureusement pu inclure dans ce travail qu'environ un tiers de notre bibliographie, et nous sommes conscients que celle-ci ne doit représenter qu'une petite partie de ce qui est disponible sur le sujet…

2. Nous sommes tous deux agronomes de formation et spécialistes de biologie animale. Nous avons surtout le point commun d'éprouver, depuis notre plus tendre enfance, un grand malaise à baigner dans ce mythe d'une nature cruelle, agressive et compétitive. Cela ne colle ni avec notre expérience, ni avec nos observations, ni avec notre ressenti. Même si notre sensibilité naturaliste nous a vaccinés contre une telle soupe idéologique, il nous a tout de même fallu plus de vingt-cinq ans pour transformer cette intuition en certitude, et quelques années de plus pour inscrire cette dernière dans une synthèse cohérente.

3. Pendant des années, les résultats, les hypothèses et les théories de chaque discipline sont restés contradictoires. Aucun tableau global n'émergeait. Il y avait trop de fossés entre les disciplines, et chacune travaillait en ignorant les autres. Ce n'est que très récemment que des progrès fulgurants ont permis de proposer une structure globale de cette « autre loi de la jungle ».

Ce livre n'est pas un traité de collapsologie, ni une critique de la société de consommation et du capitalisme, pas plus qu'une encyclopédie naturaliste ou un traité philosophique. C'est une tentative pour faire du lien entre tout cela et poser un jalon sur le chemin de notre génération.

Nous commencerons notre voyage en tordant le cou au mythe d'une nature agressive où ne régnerait qu'une seule loi. Puis nous découvrirons au fil des chapitres les mécanismes et les subtilités de l'entraide humaine. Enfin, nous terminerons en revenant à l'ensemble du monde vivant, ce qui nous permettra d'effleurer quelques grands principes de la vie sur terre.

CHAPITRE 1

Histoire d'un oubli

Imaginez une belle vallée ensoleillée où les sommets enneigés se détachent sur le ciel bleu, surplombant un mélange de prairies multicolores et de sombres forêts. Dans ces dernières, en Amérique du Nord, il est fréquent de voir coexister deux essences : le pin à écorce blanche (*Pinus albicaulis*) et le sapin des Rocheuses (*Abies lasiocarpa*). Mais – se demandent des écologues – comment s'entendent ces deux espèces ? Se marchent-elles sur les pieds ou, au contraire, ont-elles besoin l'une de l'autre ?

Dans le fond de vallée, la distribution des pins et des sapins est aléatoire. Les chercheurs ont aussi remarqué que, lorsqu'un pin meurt, les sapins voisins poussent mieux. Autrement dit, les arbres semblent se gêner mutuellement. On pourrait dire qu'ils sont en compétition. Rien d'anormal à cela : on a tous en tête l'image de la forêt où les arbres se font de l'ombre et où les petites pousses doivent se frayer un chemin vers la lumière ou mourir.

La science connaît très bien cela: depuis plus d'un siècle, les écologues observent ces interactions, plongés dans la théorie classique qui, en écologie des communautés (des populations végétales), fait la part belle à la compétition. Cependant, il est arrivé en de rares occasions, au cours du XXe siècle, que l'un ou l'autre chercheur observe quelque chose de bizarre, par exemple qu'à certains endroits l'herbe poussait mieux sous les peupliers. Mais personne n'y prêtait vraiment attention, car cela n'entrait pas dans le cadre de la théorie.

Revenons à notre cohabitation entre pins et sapins. C'est dans les années 1990 que l'équipe de Ragan Callaway, un écologue de l'université du Montana (États-Unis), s'est intéressée à ces « exceptions ». Les chercheurs ont comparé la situation des arbres en fond de vallée, un milieu où il fait bon vivre, avec celle des flancs de montagne, en altitude, où les conditions de vie sont bien plus difficiles[1]. Surprise! En altitude, c'était l'inverse: non seulement les sapins s'installaient uniquement autour des pins, mais, lorsqu'un pin mourait, les sapins alentour se portaient moins bien… Ces arbres entrent en compétition lorsque les conditions de vie sont bonnes, mais s'entraident lorsqu'elles se durcissent (froid, vent, pauvreté des sols, etc.). Jusque-là, on n'avait vu que la moitié du tableau.

1. Callaway (1997).

Callaway et ses collègues ont été les premiers à prendre ces observations au sérieux chez les plantes et à en faire des mesures solides à grande échelle. Depuis plus de vingt ans, ils parcourent le monde et accumulent des données expérimentales, publiées dans de grandes revues scientifiques internationales [1], qui montrent l'étendue des relations mutuellement bénéfiques entre plantes [2] (qu'ils appellent la « facilitation »). Voilà de quoi bouleverser notre vision du monde !

Partout, tout le temps, et de toutes les couleurs

À partir de Darwin et durant presque tout le XXe siècle, les biologistes et les écologues ont cru que les forces principales qui structuraient les relations entre espèces au sein des écosystèmes étaient la compétition et la prédation. Les expériences ont été conçues pour mettre cela en évidence, et, naturellement, c'est ce qu'on a fini par observer. L'histoire de l'observation des forces inverses (les relations mutuellement bénéfiques) a été bien plus

1. Callaway (2002).

2. Par quels mécanismes des plantes peuvent-elles en aider d'autres ? Par exemple en modifiant les conditions de lumière pour les rendre plus favorables à leurs voisines, ou en modifiant la température de l'air, l'humidité, les nutriments ou l'oxygénation du sol. Elles peuvent carrément servir de substrat pour d'autres plantes, attirer des pollinisateurs, ou au contraire tenir éloignés des herbivores. Dans certains cas, lorsqu'un insecte se pose sur un arbre et commence à en manger les feuilles, les arbres voisins se mettent immédiatement à produire des substances toxiques, prévenus par l'odeur des premières victimes.

laborieuse. Elle a véritablement explosé dans les années 1970. Aujourd'hui, les études se comptent par milliers, et il serait très audacieux, voire fou, d'en faire la synthèse. En voici cependant un petit aperçu.

Entre semblables

Il n'y a rien d'étonnant à constater que les fourmis ou les abeilles collaborent au sein d'une même colonie (la même famille). Il nous est aussi facile d'observer des oiseaux migrateurs volant ensemble (la même espèce), comme les pigeons ou les sternes arctiques, qui se regroupent pour avoir plus de chances d'échapper aux prédateurs [1]. Qui s'est hasardé à traverser une colonie de sternes arctiques n'est pas près d'oublier ces piqués furieux en série, bec acéré en avant, ponctués de cris particulièrement explicites destinés à faire fuir l'intrus, le plus souvent un chat ou un renard en maraude.

S'associer pour atteindre le même but est aussi monnaie courante chez les lionnes pour conserver les proies attrapées et empêcher que les hyènes ne les chapardent [2], ou encore sur la banquise antarctique lorsque les manchots empereurs, au cours de leur nidification, luttent contre un ennemi commun : le vent. Ces gros oiseaux se blottissent les uns contre les autres pour se tenir chaud et se relaient pour occuper la position la plus inconfortable – en périphérie, face au blizzard. C'est

1. Kenward (1978).
2. Cooper (1991).

assurément une stratégie payante, car elle leur permet de résister à des pointes de température ressentie de –200 °C !

Chez les étourneaux, la saison des amours se déroule sous le signe de la compétition, comme dans la plupart des espèces. Mais, après avoir chanté au début du printemps et jusqu'à l'émancipation des poussins pour défendre le territoire nécessaire à la satisfaction des besoins de toute la famille, les étourneaux se rassemblent en groupes de milliers d'individus, ce qui leur confère une plus grande efficacité dans la recherche de nourriture et rend presque impossibles les attaques de prédateurs.

Les arbres ne sont pas en reste. De nombreuses essences connectent leurs réseaux racinaires[1]. Sous les tropiques, par exemple, les arbres du genre *Cecropia* sont des pionniers : ils sont les premiers à coloniser des terres défrichées et arides. Pour accomplir cette tâche ardue et ingrate, les jeunes pousses se connectent en réseau grâce à leurs racines, mutualisant ainsi l'eau et les nutriments. Cela permet de réutiliser le réseau racinaire de ceux qui meurent en premier.

Entre lointains cousins

La découverte des liens de solidarité entre espèces différentes est aussi très ancienne, comme nous le rappelle la célèbre histoire du pluvian (un oiseau) et du crocodile d'Hérodote : « Le Trochilus, entrant alors dans

1. Lire la magnifique synthèse de Peter Wohlleben (2017).

sa gueule, y mange les sangsues ; et le crocodile prend tant de plaisir à se sentir soulagé, qu'il ne lui fait point de mal[1]. » Durant la première moitié du XXe siècle, les découvertes sur les interactions bénéfiques entre espèces se multiplient et deviennent assez populaires, mais n'intègrent curieusement pas les manuels universitaires[2]. Ce n'est que dans les années 1970 que la science accepte l'universalité de l'entraide entre deux ou plusieurs espèces éloignées sur le buisson généalogique du vivant. Par exemple, dans les récifs coralliens, le poisson-clown est connu pour entretenir des relations très étroites avec les anémones de mer : celles-ci le protègent des prédateurs grâce à leur venin, en échange de la nourriture qu'il leur apporte (lui-même étant immunisé contre le venin).

Dans les eaux glacées de l'océan Antarctique, une autre espèce d'anémone de mer passe sa vie sur le dos d'un escargot (la protection en échange du transport) dans ce qui s'apparente à un mutualisme obligatoire (une « symbiose »), puisque aucune des deux espèces n'a jamais

1. Hérodote (1983), p. 321. L'espèce qui correspondrait à ce « trochilus » a été longtemps considérée comme étant le pluvian d'Égypte (*Pluvianus aegyptius*). Si la première observation a bien été consignée par Hérodote, et a été ensuite répétée pendant deux mille ans par de nombreux auteurs, il n'existe toujours pas d'observations modernes avérées (et notamment pas de photos). Par ailleurs, le pluvian, comme le crocodile, se fait maintenant beaucoup plus rare, et les occasions d'interactions le sont d'autant plus. Un des seuls auteurs récents (Howell, 1979) à l'avoir étudié a conclu que, si ce partenariat existait, il n'était pas vraiment fréquent, et pourrait même concerner une autre espèce d'oiseau, le vanneau à éperons (*Hoplopterus spinosus*) – mais l'un n'empêche pas l'autre.

2. Boucher (1985).

été observée sans son partenaire[1]. Grâce à la protection que lui offre l'anémone, l'escargot s'est même permis le luxe de s'épargner de l'énergie en confectionnant une coquille particulièrement fine. On voit dans cet exemple à quel point les relations d'entraide très étroites peuvent devenir fusionnelles, jusqu'à *transformer* les organismes impliqués. Oser se laisser transformer au contact de l'autre pour rester vivants, ensemble, il y a là une véritable leçon de lâcher-prise.

Dans les mers plus chaudes, certains petits poissons nettoyeurs escortent les grands poissons, les tortues et les mammifères marins pour les débarrasser de leurs parasites. À la suite d'une danse élaborée, les nettoyeurs se risquent même à entrer dans la bouche et les branchies d'hôtes qui pourraient très bien être leurs prédateurs. Cette relation d'entraide est si efficace en termes de déparasitage qu'elle s'est génétiquement engrammée chez certains poissons hôtes : après éclosion (en laboratoire), ces derniers prennent immédiatement la pose d'accueil lors de leur premier contact avec des labres nettoyeurs ! Il n'empêche, la symbiose peut parfois virer au parasitisme, puisqu'il arrive que les nettoyeurs, une fois épuisé le stock de parasites, se nourrissent carrément du mucus ou des écailles de leur hôte, provoquant chez ce dernier un soubresaut caractéristique. Cet équilibre symbiose/parasitisme se retrouve aussi dans les savanes

1. Il s'agit des anémones de mer *Isosicyonis*, vivant en partenariat avec le gastropode *Harpovoluta charcoti* (Rodriguez et Lopez-Gonzalez, 2008).

africaines entre les oiseaux piquebœufs et leurs hôtes herbivores (antilopes, buffles, zèbres, girafes ou rhinocéros), lorsque les premiers ne se contentent pas de tiques, mais se mettent à prélever des petits morceaux de chair…

Un autre type bien particulier de relation mutuellement bénéfique entre espèces est tout simplement la domestication. Notre espèce, *Homo sapiens*, dans son histoire récente, a construit des relations très intimes avec des mammifères herbivores (aurochs devenus vaches, sangliers devenus cochons, mouflons devenus moutons, mais aussi chèvres, chevaux, lamas, éléphants ou cochons d'Inde) ou avec des mammifères carnivores (loups devenus chiens, chats restés chats). La relation est simple : la nourriture en échange de la protection et de la multiplication (mais sans bien-être garanti). Pensons simplement au chat, le félin de loin le plus abondant sur la planète, qui, depuis qu'il a été adopté grâce à son appétence pour les souris, nous a laissé le soin de chasser pour lui…

La domestication n'est cependant pas l'apanage de l'être humain. Il y a plus de 30 millions d'années, les fourmis ont commencé à regrouper les pucerons en troupeaux afin de traire plus tranquillement leurs sécrétions de miellat et de pouvoir disposer à volonté d'un peu de « viande » de temps en temps. En échange, les pucerons sont protégés des prédateurs qui rôdent (les coccinelles, pas les loups), disposent d'abris construits par les fourmis, et sont même débarrassés de leurs champignons parasites ! Cette relation est tellement profitable qu'elle concerne aujourd'hui un quart des espèces de pucerons décrites (1 000 sur 4 000), dont un nombre significatif ne peuvent plus vivre sans leurs fourmis « bergères »[1].

Et chez les plantes ? Outre la relation entre les pins et les sapins déjà mentionnée, il existe de nombreuses autres collaborations entre espèces. C'est le cas par exemple de l'armoise et du tabac (ou de l'orge et du chardon), qui se préviennent mutuellement de l'arrivée d'herbivores. Dès que l'une est croquée par un insecte, elle émet des substances volatiles qui provoquent chez l'autre une émission instantanée de substances toxiques pour les insectes[2].

Entre organismes qui n'ont rien à voir

Dans ce dernier exemple, la relation entre animaux (prédateurs) et plantes n'est pas des plus pacifiques. Mais c'est loin d'être une règle générale. Plantes et animaux collaborent très bien. L'agriculture, qui est un exemple de domestication de plantes par des animaux, est le cas typique d'interactions « *win-win* » entre règnes[3].

L'humain n'est pas le seul à pratiquer l'agriculture. À l'origine de la pomme, par exemple, il y a l'ours. Aux confins de la Chine et du Kazakhstan, les ours ont effectué un long et précieux travail de sélection à partir d'une espèce de pommes sauvages, petites et acides,

1. Hölldobler et Wilson (1990) ; Nielsen *et al.* (2009) ; Stadler et Dixon (2005).

2. Heil et Karban (2010).

3. Les six règnes du vivant sont : les animaux, les végétaux, les champignons, les protistes (unicellulaires à noyaux), les bactéries et les archées (un autre type de bactérie).

prisées par certains oiseaux, faisant émerger progressivement une pomme sucrée et beaucoup plus grosse. Par miracle, cette région du monde n'a pas été complètement déboisée, et peut aujourd'hui être célébrée comme le véritable berceau d'un des fruits les plus répandus sur terre[1]. L'animal bénéficiaire du pacte a simplement changé en cours de route…

En plus d'avoir été les premiers éleveurs (de pucerons), les insectes sociaux ont aussi été les pionniers de l'agriculture. Cela a été abondamment décrit chez les fourmis, mais on connaît moins bien les termites, dont 330 espèces sur les plus de 2 600 décrites[2] confectionnent un compost à partir de débris végétaux et de déjections d'ouvriers pour y cultiver un champignon dont elles se nourrissent. L'avantage écologique de ce mode d'alimentation est alors considérable : on voit ces espèces prospérer dans des habitats plus secs et consommer quinze fois plus de matière sèche par hectare que des espèces qui ne cultivent pas de champignons[3] ! Un autre groupe d'insectes pratique aussi la culture fongique, cette fois sur les parois des galeries qu'ils creusent dans le bois. Après 60 millions d'années de pratique[4], plus de la moitié des 7 500 espèces de scolytes, des petits scarabées fort redoutés par les forestiers, ont opté pour cette symbiose.

1. Juniper (2007).
2. Mueller (2005).
3. Bignell et Eggleton (2000).
4. Farrell *et al.* (2001).

Les plantes, qui en apparence ne sont pas les êtres les plus mobiles qui soient, ont trouvé chez les animaux un excellent moyen de se déplacer. Ou, plus précisément, de transporter leurs gamètes (le pollen) et leurs embryons (les graines). L'attraction des animaux se fait le plus souvent par une récompense alimentaire attirante, charnue, sucrée ou nutritive. Oiseaux, chauves-souris, lézards, mammifères et bien sûr insectes participent à cet échange de services qui s'opère à travers une large gamme de comportements et implique des espèces généralistes (les abeilles mellifères qui butinent sur beaucoup d'espèces de fleurs) ou des super-spécialistes (une fleur qui ne peut être pollinisée que par une espèce de papillon).

Ce dernier cas est magnifiquement illustré par cette orchidée malgache endémique, *Angreacum sesquipedale*, qui se distingue des espèces voisines par son éperon pouvant atteindre 30 centimètres et au bout duquel se trouve le nectar tant convoité. En observant cette plante, Darwin, fin connaisseur des relations entre insectes et orchidées, avait parié dès 1877 qu'il existait sûrement un sphinx (papillon) doté d'une trompe d'une longueur équivalente[1]. *Xanthopan morgani praedicta* fut effectivement décrite en 1903[2]. Ce type de relation mutualiste, exclusive, spécialisée et audacieuse est toutefois risqué, car chaque espèce dépend alors entièrement de la survie de l'autre.

1. Darwin (1877).
2. Rothschild et Jordan (1903).

Un peu moins volatil, mais tout aussi efficace, l'éléphant d'Afrique est responsable de la dissémination de 37 espèces d'arbres de Côte d'Ivoire, dont 30 pour lesquelles il est le seul disperseur connu [1]. De l'autre côté de l'Atlantique, en Amérique centrale, un autre éléphant, aujourd'hui disparu, entourait les graines des ancêtres des courgettes et potirons d'un crottin nutritif qui leur conférait un avantage évolutif. L'amertume de la chair de ces légumes a dans un premier temps repoussé les ardeurs des animaux plus petits, avant que les humains ne remplacent les mastodontes exterminés en sélectionnant des variétés au goût plus agréable – celles que nous connaissons aujourd'hui.

Il existe aussi de petites relations originales. En Asie, par exemple, une plante carnivore de Bornéo, la *Nepenthes rajah*, pousse sur les arbres, loin du sol, donc loin des sources d'azote. Mais, plutôt que de piéger des insectes afin d'obtenir des protéines, comme ses cousines les plantes carnivores, elle a développé un nectar parfumé dont s'abreuvent les toupayes. Ces petits mammifères arboricoles utilisent ensuite la plante comme une latrine, lui fournissant ainsi en retour l'azote dont elle a besoin [2].

Enfin, il y a les grandes relations fusionnelles. L'une des symbioses les plus abouties est sans aucun doute celle dont résultent les lichens, une exceptionnelle chimère

1. Alexandre (1978).
2. Greenwood *et al.* (2011).

entre champignon et algue. Cette dernière fournit au champignon des sucres qu'elle produit par photosynthèse, en échange de quoi le champignon lui procure l'eau, les sels minéraux, et surtout un abri qui lui permet de vivre dans des endroits étonnants (pour des algues)[1]. Grâce à cette association, les lichens se retrouvent sur des surfaces aussi diverses que des écorces, des feuilles, des murs ou au sol, sur tous les continents (ils sont la végétation dominante sur 6 % de la surface terrestre du globe[2]) et dans tous les climats, y compris les lieux les plus inhospitaliers, comme les déserts, les rochers de montagne ou les vallées sèches de l'Antarctique[3]. C'est la symbiose qui prend son temps : la croissance annuelle de certaines espèces se limite à un demi-millimètre par an, avec des durées de vie pouvant atteindre 5 000 ans[4]. Voilà encore une confirmation de la puissance de l'entraide, puisque 20 % des 75 000 espèces de champignons décrites à ce jour sont engagées dans ce type de symbiose[5].

La palme revient toutefois à une association vieille de 220 millions d'années[6], les coraux, qui constituent un exemple particulièrement riche d'entrelacement complexe d'associations bénéfiques. Il s'agit de l'union entre des polypes coloniaires (animaux proches des méduses)

1. Honegger (1998).
2. Haas et Purvis (2006).
3. Gadd (2010).
4. Armstrong (2004).
5. Hawksworth *et al.* (1996).
6. Stanley et Swart (1995).

et des zooxanthelles (algues unicellulaires). Ces dernières fournissent les sucres à leur partenaire animal, en échange d'un abri, de nutriments (les déjections) et de CO_2 [1]. Cette économie circulaire permet au polype de diminuer sa facture énergétique de 90 % ! Très récemment, les chercheurs ont découvert que cette symbiose était même un ménage à (au moins) trois impliquant plusieurs groupes de champignons, dont certains procurent directement de l'azote aux algues [2].

Nos plus lointains ancêtres, champions de l'entraide toutes catégories

Il est temps de nous tourner vers les espèces qui non seulement sont les ancêtres de toutes celles déjà citées (nous compris), mais ont aussi poursuivi leur propre évolution *en association avec les autres organismes vivants* depuis le tout début, soit 3,8 milliards d'années. Les bactéries sont globalement co-responsables de l'évolution de tous les autres êtres vivants et de tous les écosystèmes. Rien que ça. Dans notre culture, la bactérie évoque surtout les maladies. Pourtant, seule une espèce sur 100 000 est pathogène pour nous, les autres étant indifférentes, inoffensives ou bénéfiques [3].

1. Stanley (2006).
2. Wegley *et al.* (2007).
3. Une centaine d'espèces de bactéries seraient pathogènes pour l'humain (McFall-Ngai, 2007), à rapporter aux 10 millions déjà décrites. La proportion d'espèces pathogènes semble encore largement surestimée, puisqu'une étude récente extrapole la biodiversité microbienne totale à mille milliards d'espèces (Locey et Lennon, 2016) !

Les bactéries pratiquent l'entraide à tous les niveaux. Au sein d'une même espèce, elles forment très fréquemment des agrégats qui leur permettent de survivre plus efficacement. Dans ces « biofilms », extrêmement répandus, les bactéries du centre prennent une forme différente de celles de la périphérie[1], et une communication chimique complexe s'établit entre tous les membres de la colonie, que l'on peut alors considérer comme l'analogue d'un organisme multicellulaire[2].

Entre espèces différentes, les bactéries ont développé d'étonnantes formes d'entraide[3]. Lorsque les conditions du milieu se modifient, elles sont par exemple capables, pour s'adapter rapidement, d'échanger des fragments de matériel génétique *avec les espèces voisines*, peut-être mieux adaptées aux nouvelles conditions. L'ensemble de ces échanges incessants entre milliards de micro-organismes s'apparente à une sorte de *world wide web* bactérien et dynamique à côté duquel notre Internet est ridiculement simple. Les bactéries acquièrent par là un tel niveau de plasticité qu'on en retrouve dans des milieux aussi incroyables que les sources thermales, les goudrons acides, les glaciers antarctiques, les tubes

1. Lorsque des colonies d'*Escherichia coli* (la plus étudiée des bactéries) croissent dans une boîte de Petri, on observe que c'est la surface de contact (et donc d'échange) entre cellules qui est maximisée, plutôt que la surface de contact avec le substrat nutritif. Si les cellules étaient en compétition, c'est l'inverse qui serait observé. Voir Shapiro et Hsu (1989).

2. Shapiro (2007).

3. Et ce depuis très longtemps, puisque, parmi les premières traces de bactéries fossiles, on trouve les stromatolithes, véritables lasagnes de biofilms de bactéries. Voir par exemple Reid *et al.* (2000).

digestifs des animaux, les tôles de l'épave du *Titanic*, les minuscules gouttelettes des nuages ou encore les roches les plus profondes.

Les autres espèces ne sont pas folles : tout a été fait par les bactéries, autant en profiter ! Vous voulez utiliser l'immense réservoir d'azote atmosphérique pour fabriquer des protéines ? Qu'à cela ne tienne, il y a des bactéries qui maîtrisent le processus. Elles sont même devenues les principales sources d'injection d'azote dans les chaînes alimentaires. La famille des légumineuses, qui comprend notamment le trèfle, la luzerne, les pois, les haricots ou les acacias, ainsi que 19 000 autres espèces décrites, a développé des nodules racinaires qui abritent des bactéries du genre *Rhizobium*, fixatrices d'azote.

Ce que l'on sait moins, c'est que les autres plantes, celles qui n'ont pas de nodules, attirent d'autres bactéries fixatrices d'azote directement autour de leurs racines en leur reversant jusqu'à 10 % de leurs sucres [1]. Dans un autre contexte, l'association entre bactéries fixatrices d'azote *Anabaena* et fougères aquatiques d'eau douce du genre *Azolla* permet aux rizières millénaires d'Asie de conserver leur fertilité sans engrais de synthèse. Avec une telle responsabilité, voilà une ravissante plante flottante qui mériterait une plus grande notoriété [2].

C'est aussi une symbiose avec des bactéries fixatrices d'azote qui favorise la prospérité du phytoplancton

1. Behl *et al.* (2007) ; Kumar *et al.* (2007).
2. Adams *et al.* (2012).

marin (une communauté indispensable à la production d'oxygène sur terre), en particulier les dinoflagellés et les diatomées au délicat squelette de verre. L'association se situe presque exclusivement dans les zones pauvres en azote – montrant l'intérêt qu'il y a à s'aider mutuellement en cas de pénurie de ressources. Plus savoureux encore : lorsque l'abondance revient, les hôtes se débarrassent de leurs symbiontes [1] ! Lorsqu'on vit dans l'abondance, l'aide des autres ne semble plus nécessaire…

En plus de s'associer aux plantes, les bactéries sont devenues indispensables aux animaux, en particulier pour la fonction digestive. Elles permettent à certains insectes, comme les termites et les scolytes, de digérer du bois, aux pucerons d'enrichir leur alimentation, et à des scarabées, mouches, punaises, poux, cafards et blattes de se nourrir de nutriments *a priori* difficiles à digérer [2]. Une équipe sino-américaine a même montré la capacité acquise par une chenille de mite alimentaire et des vers de farine, grâce à des bactéries, à digérer du plastique (respectivement du polyéthylène et du polystyrène) [3]. Au-delà des insectes, les symbioses digestives concernent des groupes aussi divers que les mollusques (certains coquillages marins sont ainsi devenus les spécialistes de la digestion du bois mort), les sangsues, les concombres

1. Gordon et Drum (1994).
2. Kane et Mueller (2002) ; Douglas (1998).
3. Ce sont deux des plastiques les plus abondants et les plus difficiles à dégrader. Ces études ouvrent donc une voie de recherche prometteuse sur la biodégradabilité des plastiques (Yang *et al.*, 2014 ; Yang *et al.*, 2015).

de mer, les crustacés ou les mammifères. Un seul rumen de vache contient ainsi entre 300 et 400 espèces de bactéries – un véritable univers microbien, au point que certains chercheurs l'appellent le « super-organisme nutritionnel[1] ».

Plus important encore, les bactéries sont à l'origine du moteur de la vie : la photosynthèse et la respiration. La photosynthèse, mise en place par les cyanobactéries (dites algues bleues), n'est ni plus ni moins que la capacité du monde vivant à capter la lumière du soleil et à la stocker sous forme de grandes molécules (sucres et graisses). La respiration, processus inverse, est la capacité à utiliser ces molécules formées par la photosynthèse comme une source d'énergie. Ces deux processus sont issus d'associations et de fusions entre bactéries[2].

Il serait dommage de ne pas citer aussi, même si nous n'avons pas le temps de nous y attarder ici, les communautés d'animaux vivant le long des sources chaudes au fond des océans, cultivant leurs bactéries symbiotiques et capables de vivre sans oxygène à partir des minéraux crachés par les fluides hydrothermaux ; les très nombreux exemples, dans les océans, de bioluminescence animale assurée par des bactéries ; l'immense domaine de recherche sur les bactéries antibiotiques, qui sont utilisées par des insectes, des coraux, des éponges, des

1. Karasov et Carey (2009). Voir aussi Selosse (2017), chapitre 4.
2. Margulis (2002).

lichens ou des plantes pour se protéger contre les pathogènes[1]… Bref, les bactéries, et surtout l'entraide, sont partout ; il suffit de se pencher.

Lors de nos recherches, nous avons été surpris par l'avalanche d'études très récentes. Il faut dire que la vertigineuse accélération du séquençage de l'ADN permet enfin de détecter toutes les bactéries présentes dans n'importe quel milieu, là où, auparavant, on ne mettait en évidence que celles qui voulaient bien croître sur les milieux de culture de laboratoire. Les résultats sont sans appel : la propension des bactéries à entrer en collaboration semble infinie[2].

Toutes les couleurs de la « symbiodiversité »

Depuis 3,8 milliards d'années, le vivant a développé mille et une manières de s'associer, de coopérer, d'être ensemble, ou carrément de fusionner. Ces relations entre êtres identiques, semblables ou totalement différents peuvent prendre des formes multiples : obligatoires ou facultatives, temporaires ou permanentes, asymétriques ou symétriques, encastrées ou parallèles, timides ou fusionnelles, conscientes ou inconscientes, instantanées ou durables, nouvelles ou ancestrales, surprenantes ou routinières.

1. Le hasard faisant bien les choses, ces sujets négligés ont été entre-temps couverts extensivement dans *Jamais seul*, la remarquable synthèse d'un grand spécialiste francophone des symbioses, le professeur Marc-André Selosse (2017).

2. Yong (2016).

Des mutualismes (associations diffuses entre espèces) aux symbioses (associations obligatoires), de l'action collective ponctuelle à la coévolution fusionnelle, les services se donnent et se rendent dans tous les sens : protection contre nourriture, transport contre protection, nourriture contre soin, information ou déparasitage, etc. On découvre avec émerveillement ce que nous nommons la *symbiodiversité*.

Le monde vivant grouille de toutes ces interactions, qui se créent, s'inventent, se transforment, se renforcent, se délitent ou s'effacent sans cesse, depuis que la vie existe, dans une sorte de ballet infini. Une vision émerge : celle d'une toile de la vie changeante et multicolore, tissée de fils qui ont parfois la couleur de la compétition, de la prédation ou du parasitisme, et d'autres – très nombreux – qui prennent les teintes des bénéfices mutuels. C'est bien la diversité des couleurs et des textures qui fait la résilience et la longévité de cette toile.

Pour l'instant, nous retiendrons de ce rapide panorama chez les *autres qu'humains* que 1) l'entraide existe, 2) elle est partout, et 3) elle implique potentiellement tous les êtres vivants, y compris l'espèce humaine.

Nous sommes une inextricable pelote d'interdépendances

Jusqu'à preuve du contraire, les humains n'ont pas la capacité de photosynthèse (stocker les rayons du soleil sous forme de molécules appétissantes). Nous tirons notre énergie en ingérant, puis en brûlant des tissus de plantes, ou des tissus animaux ayant mangé des tissus de plantes. Ce processus de combustion, qui s'appelle la respiration, est issu d'une fusion bactérienne ancestrale. Voilà donc la première brique d'associations qui fait de nous des êtres humains (n° 1). De plus, nos cellules collaborent pour former un organisme multicellulaire qui se divise le travail en tissus de fonctions très variées et coordonnées. Nous sommes aussi une association de cellules spécialisées (n° 2). En plus de cela, l'organisme qui nous sert de corps abrite une immense population de micro-organismes dont le destin est intimement scellé au nôtre[1]. Il nous est impossible de vivre sans ce microbiote, et réciproquement (n° 3). Pour vivre, nous mangeons des plantes et des animaux que nous avons domestiqués et avec qui nous coévoluons depuis des millénaires. Puis nous dépendons d'une infinité d'espèces vivantes pour nous assurer la présence d'air, d'eau, de nutriments, de matériaux et de lieux habitables (n° 4). Enfin, un être humain seul n'existe pas. Nous sommes le produit de plusieurs associations d'humains, ceux qui nous font vivre aujourd'hui (la famille et la société en général) (n° 5), mais aussi ceux qui nous précédaient et qui nous ont légué toutes les informations et tous les objets nécessaires à la vie actuelle (la culture) (n° 6). Tenez, par exemple, aucun humain dans le monde n'est capable de construire un téléphone portable tout seul à partir de ce qu'il trouve dans la nature !

1. Environ 38 000 milliards de bactéries pour 30 000 milliards de cellules humaines. Voir Sender *et al.* (2016).

Nous sommes donc le produit d'un emboîtement d'associations qui ont eu lieu depuis l'avènement de la vie, et qui ont encore lieu aujourd'hui, avec des sociétés d'une taille et d'une complexité uniques, faisant de nous l'une des espèces les plus coopératives du monde vivant. Bref, nous sommes l'entraide incarnée. Cela se traduit, comme chez certains insectes sociaux, par ce que les écologues appellent un « succès » écologique incontestable[1] : nous avons colonisé toute la Terre (ce qui n'est pas forcément la garantie d'un long séjour sur cette planète).

Remettre les pendules à l'heure

Toutes les interactions entre êtres vivants ne sont pas bénéfiques. Comme les humains évoluant dans les entreprises, les gouvernements ou les syndics d'immeuble, il arrive que les espèces des six règnes s'arnaquent, s'ignorent, s'évitent, s'agressent et se manipulent. Sans compter que ces relations peuvent changer au cours d'une journée, d'une saison, d'une vie ou d'une époque géologique. Des tensions s'apaisent, des amitiés s'enveniment, des pactes se délient, des amis se trahissent. Certains liens sont très stables alors que d'autres sont très volatils.

Comment classer toutes ces interactions entre espèces ? Une manière simple de le faire (qui ne rend pas compte de la complexité, mais permet de bien ordonner les idées) est de dresser un petit tableau de deux colonnes

1. Wilson EO (2012).

(espèces A et espèces B), et de considérer les bénéfices (+) et les coûts (–) des interactions entre les deux[1].

Espèce A	Espèce B	Relation
+	+	Mutualisme/symbiose
0	0	Coexistence
+	0	Commensalisme
–	0	Amensalisme
+	–	Prédation/parasitisme
–	–	Compétition

À la première ligne, il y a les relations mutuellement bénéfiques entre deux espèces (relations +/+), celles que l'on vient de passer en revue. On les appelle *mutualismes* de manière générale, et *symbioses* dans le cas particulier où ces deux espèces ne peuvent vivre l'une sans l'autre.

Lorsque les espèces tendent à s'éviter poliment, on parle de *coexistence* (relations 0/0). C'est le cas dans la forêt amazonienne, par exemple, chez les fourmis arboricoles, dont le territoire de chasse est un arbre entier (gare aux insectes qui se posent dessus !). Le soir venu, l'espèce diurne retourne dans son nid et laisse la place à l'espèce nocturne jusqu'au petit matin. Notre intuition de biologistes est néanmoins que la case « coexistence » est un fourre-tout dans lequel on range temporairement les

1. Elles se mesurent en termes de survie de l'espèce, c'est-à-dire de nombre de descendants. Nous n'abordons donc pas dans ce tableau les intentions, le plaisir, la déception, l'enthousiasme ou la morale.

interactions dont les écologues n'ont pas encore trouvé les avantages ou les inconvénients.

Car inconvénient il peut y avoir! C'est le cas des relations (plus ou moins) asymétriques. Par exemple, entre le champignon *Penicillium*, qui produit naturellement un antibiotique, et certaines bactéries voisines, la relation sera neutre pour le premier, mais franchement négative pour les secondes. On parle alors d'*amensalisme* (relations 0/–). Au contraire, une petite orchidée épiphyte qui vit perchée sur la branche d'un géant de la forêt tropicale trouvera un grand bénéfice à se trouver à 20 mètres de hauteur, mais n'offrira aucun avantage à l'arbre. On parle alors de *commensalisme* (relations +/0).

Quant aux relations franchement asymétriques, ce sont les plus connues: elles se nomment *prédation* et *parasitisme* (relations +/–). Dans le cas de la prédation, le prédateur est de plus grande taille ou de taille similaire à sa proie (une chouette et son dîner-souris dans le premier cas, un loup et un élan dans le second), qu'il va généralement tuer avant d'ingérer; au contraire, les parasites sont la plupart du temps de taille beaucoup plus réduite que leurs hôtes, et ils ne les tuent pas nécessairement[1].

Vous aurez remarqué qu'il reste une catégorie à décrire: les relations mutuellement négatives (relations –/–). En fait, il s'agit tout simplement de la *compétition*. Les comportements de lutte, d'agression mutuelle, de combat,

1. L'herbivorie représente une situation intermédiaire, car la plante broutée n'en meurt pas forcément non plus.

de menace ou de tensions s'observent en général autour des questions de territoire (pour mettre des limites) ou de reproduction. Mais ce sont des relations coûteuses pour les deux espèces, car chacune risque d'y perdre des plumes, voire d'y laisser sa peau. Pour éviter ce risque et minimiser les pertes d'énergie ou le sang versé, beaucoup d'espèces ont développé des manières d'éviter le combat en le simulant grâce à de grands gestes ou de grandes menaces. Ce sont les comportements dits « ritualisés » : ils servent à signaler à l'autre leur intention, leur détermination ou leur force, mais sans en venir aux mains/pieds/bec/griffes/dents/poison. Pensez aux combats de cerfs, de coqs, de scarabées ou de félins. La compétition est par définition une source de stress ; elle s'exerce donc le plus souvent ponctuellement (chez les animaux), car elle est épuisante et dangereuse.

Mais pourquoi, si la compétition est si néfaste, est-elle au cœur de notre culture occidentale ? Pourquoi cela nous est-il si difficile d'accepter l'omniprésence de relations bénéfiques dans la nature ? Pour le comprendre, penchons-nous d'abord sur l'histoire de deux naturalistes qui ont marqué leur temps.

Pourquoi la société ne l'a pas vue – Une histoire de mythes

En 1859, année de parution du livre clé de Charles Darwin, *De l'origine des espèces au moyen de la sélection naturelle*, le jeune prince russe Pierre Kropotkine n'a que dix-sept ans. Au cours des années qui suivent, l'œuvre du grand naturaliste anglais aura une influence décisive sur la formation scientifique du jeune noble. Passionné de sciences naturelles, ce dernier entreprend à plusieurs reprises des expéditions à travers le continent eurasien, jusqu'en Sibérie orientale, pour collecter des observations de cette fameuse sélection naturelle décrite par Darwin. Mais, curieusement, Kropotkine y observe surtout de l'entraide – des espèces animales, comme les loups, et des petites sociétés humaines sans État, qui s'associent pour survivre dans des conditions climatiques difficiles, voire hostiles. Il en tire une certitude qui deviendra principe : les organismes qui s'entraident sont ceux qui survivent le mieux.

Kropotkine, le prince anarchiste à contre-courant

Né à Moscou dans une famille aristocratique [1], Kropotkine est voué à un destin impérial. Cependant, il est éduqué par une nourrice française qui lui transmet les valeurs des Lumières, et, à dix-neuf ans, il préfère la science et renonce au confort d'une carrière à la cour impériale. Il demande son affectation dans une unité de Cosaques en Sibérie dans le but d'y trouver un vaste champ d'études. Sa sensibilité scientifique et humaniste l'éloigne de la brutalité de l'armée, qu'il quitte en 1867, et l'amène à poursuivre des études de géographie et de mathématiques.

1. L'œuvre et la vie de Kropotkine (1842-1921) sont relativement bien connues. Lire son autobiographie (Kropotkine, 1909) et la biographie de Woodcock et Avakumovic (2005).

Sa passion pour l'humanité se traduira par un engagement politique croissant, qui se renforce au contact de la Fédération jurassienne[1] et d'anarchistes tels que le grand géographe français Élisée Reclus ou le révolutionnaire italien Errico Malatesta. L'époque est à la révolution ; l'Europe frémit, tremble, crépite au rythme des insurrections, des barricades, des mouvements ouvriers et de l'expansion des socialismes. Le géographe russe côtoie alors la branche anti-autoritaire de la Première Internationale, ce qui le mènera à effectuer plusieurs séjours en prison en Russie et en France. C'est à Londres qu'il passera la fin de sa vie à écrire de nombreux ouvrages, dont les plus connus sont *La Morale anarchiste* (1889), *La Conquête du pain* (1892) et *L'Entraide, un facteur de l'évolution* (1902), qui donneront à l'anarchisme des fondements scientifiques et théoriques.

Une grande partie des observations de géographe, d'anthropologue et de zoologue que Kropotkine a faites en Sibérie sont décrites dans *L'Entraide*[2]. Il y ajoute une synthèse des travaux scientifiques de l'époque sur les sociétés animales et les sociétés humaines « primitives », « barbares » et « médiévales ». Il observe aussi l'organisation des peuples autochtones (dépourvus de pouvoir centralisé), dont les règles, remarque-t-il,

1. La représentante de l'anarchisme en Suisse, qui fut à l'origine de l'acte de naissance du mouvement communiste anti-autoritaire, que l'on appellera plus tard anarchisme.

2. Kropotkine (2009 [1906]).

reposent principalement sur des rapports d'échanges coopératifs[1].

Kropotkine s'oppose frontalement à l'idée que la Nature est une guerre permanente de tous contre tous, idée développée par les philosophes Locke et Hobbes[2], ou encore par les intellectuels influents qui ont transformé la théorie de la sélection naturelle en idéologie compétitive[3]. Dans *L'Entraide*, les deux passions de Kropoktine, la science et l'engagement politique humaniste, se conjuguent dans la recherche des fondements d'une éthique anarchiste. Pour lui, la principale loi naturelle n'est pas la compétition, ni la « loi du plus fort », mais l'entraide[4].

Il pousse même le raisonnement plus loin : l'entraide, dans la mesure où elle est vue comme un produit de l'évolution, ne nécessite pas l'intervention d'une autorité centrale pour se déployer. Ainsi, dans les dernières parties de son livre, il décrit la brutalité avec laquelle le modèle de l'État s'est imposé après le Moyen Âge, détruisant tous les liens profonds d'entraide qui existaient dans ces

1. Pour creuser la question, voir Clastres (1974).

2. Ce dernier considérait l'homme comme « sociable par accident, et non par nature ». Mais, pour lui, cet état de nature n'était pas une description de la réalité ; c'était une construction de l'esprit, une hypothèse philosophique qui visait à comprendre notre société et à discuter des lois et du droit.

3. Comme le biologiste, paléontologue et philosophe britannique Thomas Henry Huxley (1825-1895), ou le théoricien de la « loi du plus fort », Herbert Spencer.

4. Darwin n'a jamais nié l'importance de la coopération dans la lutte pour les moyens d'existence, mais a exagéré le rôle de la compétition. Kropotkine a fait l'inverse.

petites communautés. Pour créer une société nouvelle, pacifiée et organisée de manière plus juste, il préconise donc de ne pas lutter *contre* notre nature, mais bien de s'appuyer sur nos penchants naturels à l'entraide. Et d'en déduire (c'est logique) qu'il faut supprimer l'État et toute autre forme de grand gouvernement centralisé.

Cependant, comme le dit l'évolutionniste Stephen Jay Gould (1941-2002), « il faut se débarrasser de ce vieux stéréotype représentant les anarchistes comme des jeteurs de bombes barbus, se faufilant furtivement dans les rues, la nuit. Kropotkine était un homme génial, presque un saint selon certains, qui se prononçait en faveur d'un projet de société selon lequel de petites communautés se fixeraient, par consensus, leurs propres règles au bénéfice de tous, éliminant ainsi le besoin de recourir, dans la plupart des cas, à un gouvernement central [1] ».

L'originalité de Kropotkine tient donc au fait qu'il entre dans le débat politique avec des arguments naturalistes. Partant à la recherche des fondements *biologiques* de l'entraide, il prend à contrepied la majorité de la gauche de son époque (dont les partisans de Marx), qui adopte au contraire une conception anti-déterministe de la nature humaine – une vision qui considère que l'être humain n'est pas soumis aux lois de la nature, et que son esprit, à la naissance, est une « *tabula rasa* [2] », une page blanche totalement malléable. Pour ces

1. Gould (1997).
2. Concept selon lequel l'esprit humain naîtrait vierge et s'imprimerait par la seule expérience.

anti-naturalistes, l'identité humaine dépend donc des structures sociales, et non de la nature. Dès lors, selon eux, s'il était possible de changer l'ensemble des rapports sociaux (le fameux « grand soir »), alors il serait possible de changer la nature humaine et de fonder un Homme nouveau…

La mise à l'index de l'œuvre de Kropotkine par les courants orthodoxes de la gauche s'explique par deux raisons. D'abord, sa vision radicalement différente de l'idéal de société : il conteste les grandes organisations sociales censées inhiber la nature qui est en nous, c'est-à-dire la coupure radicale entre nous et le reste du vivant. Ensuite, son engagement révolutionnaire aux côtés des anarchistes qui prônaient un fédéralisme décentralisé et auto-gestionnaire plutôt que des structures étatiques hiérarchisées (socialisme ou communisme autoritaire). Combattu par cette gauche « autoritaire », par les élites politiques et économiques capitalistes, ainsi que par sa propre famille d'aristocrates, il sera emprisonné en 1874 à Saint-Pétersbourg pour « activités révolutionnaires ». Il parviendra à s'échapper deux ans plus tard, mais, en 1883, sera à nouveau capturé en France, et emprisonné à la prison de Clairvaux pour avoir soutenu les grèves ouvrières de Lyon. Il faudra attendre trois ans avant qu'il ne soit gracié à la suite des pressions de nombreux intellectuels, scientifiques et géographes de toute l'Europe (dont Victor Hugo). Puis le XXe siècle l'oublie.

Les œillères de notre société

Outre le fait que Kropotkine ait écrit un livre fondamental, son histoire est éclairante, car elle nous permet de comprendre pourquoi notre société a été si persistante dans son aveuglement. Elle nous plonge dans les grands récits de notre société, ses mythes fondateurs, les histoires que l'on se raconte si souvent qu'elles en deviennent évidentes, puis invisibles.

Notre société a pris l'habitude, depuis la fin du Moyen Âge et le début de la modernité, de considérer la compétition comme « naturelle » et la coopération comme « idéologique ». Philosophes et scientifiques des Lumières ont été imprégnés par cette image d'une impitoyable « nature, rouge de dents et de griffes [1] », dont il fallait s'extraire pour pouvoir fonder une société [2]. Pour eux, on ne pouvait le faire que grâce à notre pensée, à notre esprit et à notre génie. Il fallait fuir la nature ou la maîtriser [3]. L'adjectif « sauvage » est d'ailleurs devenu synonyme d'agressif, indomptable ou asocial. Jamais on ne dira de quelqu'un qu'il est « sauvage » pour mettre en valeur ses qualités d'altruisme ou de solidarité.

De nos jours, cette croyance que la nature en général (et donc la nature de l'être humain) est mauvaise s'exprime par exemple sous forme d'équations

1. « *Nature, red in tooth and claw* » : vers extrait du poème *In Memoriam A.H.H.*, écrit en 1849 par Alfred Tennyson (canto 56).

2. Disons plutôt un « fait social », car le concept de société n'existe que chez les Occidentaux « séparés » du monde vivant.

3. Terrasson (1997).

mathématiques décrivant les comportements de cet être imaginaire, rationnel et égoïste, l'*Homo œconomicus*, ou encore dans les discours de dirigeants, comme lorsque l'ancien Premier Ministre britannique Margaret Thatcher déclara en 1978 : « La société, cela n'existe pas [1]. » Elle voyait notre vie sociale comme un tissu de liens basés uniquement sur les responsabilités individuelles, où des actes d'entraide sont possibles, mais uniquement s'ils découlent de l'effort de chacun.

Cette vision du monde repose sur deux mythes particulièrement tenaces. Le premier est de considérer l'agression, la guerre et la compétition comme l'état « normal » de la nature, un état qui a été élevé au rang d'unique « loi ». Selon cette conception, les êtres vivants seraient donc des « gladiateurs » plongés en permanence dans une « arène impitoyable » où « on ne se fait pas de quartier » (Thomas Huxley). En termes économiques, c'est le modèle contemporain où des individus égoïstes et calculateurs sont en compétition permanente.

Le second mythe est assez complémentaire du premier : il nous dit que nous devrions nous séparer et nous extraire de la nature. D'ailleurs, c'est cette vision du monde – que l'Europe adopte à partir du XVIIe siècle – qui crée le concept même de *nature* pour décrire précisément ce qui

1. Entretien avec Douglas Keay réalisé le 23 septembre 1987 et paru dans *Woman's Own* le 31 octobre 1987, p. 8-10. La citation complète est : « *There is no such thing as society. There is living tapestry of men and women and people and the beauty of that tapestry and the quality of our lives will depend upon how much each of us is prepared to take responsibility for ourselves and each of us prepared to turn round and help by our own efforts those who are unfortunate.* »

n'est pas humain. Séparation nature/culture, séparation corps/esprit : l'être humain de l'époque des Lumières acquiert la conviction qu'il se distingue des « autres qu'humains » par sa subjectivité, sa réflexivité, son langage symbolique, son esprit.

Pour expliquer la persistance et la puissance de cette croyance tenace, le philosophe Jean-Claude Michéa nous invite à remonter aux interminables guerres de religion que l'Europe a connues au Moyen Âge. Les philosophes politiques du XVIIe siècle (dont Locke et Hobbes), las de ces conflits et désespérés des comportements humains, ont inventé un cadre politique à l'éthique minimale. Un cadre le plus neutre possible, qui ne demande l'intervention d'aucune religion ou morale et qui rende possible de cohabiter sans nous entretuer : le libéralisme était né[1].

Selon Michéa, cette doctrine politique s'est formée à partir de l'imaginaire d'une nature humaine sombre et égoïste, et, par extension, agressive et sanglante. La conséquence – logique – a été de croire que seule une organisation humaine aussi puissante que l'État pouvait nous permettre de sortir collectivement de ce monde « sauvage », et que seul le marché (neutre et protégé par l'État) pouvait nous permettre de satisfaire les besoins de tous en laissant libre cours à nos pulsions égoïstes. Ces croyances ont évidemment façonné toute l'idéologie occidentale, dominée par ce

1. Michéa (2002, 2008, 2010).

que le sociologue Alain Caillé appelle l'axiomatique de l'intérêt [1].

Tout cela ne s'est pas fait en un jour. Au début de la révolution industrielle, la société britannique victorienne imposait avec brutalité à une bonne partie du monde son mode de production capitaliste, et cherchait une justification théorique à ses principaux carburants: l'individualisme et la compétition. La théorie biologique de la sélection naturelle, co-découverte par Darwin et Wallace, arriva à point nommé, et les plus influents intellectuels de l'époque s'empressèrent de l'interpréter à leurs fins idéologiques.

Il est intéressant de constater que les deux visages du libéralisme (le gauche et le droit) se sont abreuvés à la même source. Le droit, stimulé par l'influent philosophe et sociologue anglais Herbert Spencer, a plutôt retenu les thèmes de la compétition, de la lutte pour la vie, de la transmission cumulative des avantages et de l'élimination des moins aptes, afin de défendre un État minimal et de justifier un «laisser-faire» qui profite aux riches et aux puissants, abandonnant les plus faibles sous le prétexte qu'ils conduisaient à une dégénération de la société. C'est ce qui est maladroitement appelé le «darwinisme social» [2].

1. À ce sujet, lire le foisonnant numéro de *La Revue du MAUSS*, n° 31, «L'homme est-il un animal sympathique? Le contr'Hobbes», paru au premier semestre 2008.

2. Darwin a non seulement toujours rejeté l'idée que l'on puisse tirer des conséquences éthiques de son travail, mais s'est battu contre le racisme, l'eugénisme ou l'esclavage. Voir Tort (2009) ou Darwin (1999 [1871]).

Le gauche, à travers des voix comme celle du grand ami et défenseur de Darwin, le biologiste Thomas Henry Huxley, a justifié la création d'un État fort qui puisse – grâce au droit – modérer cette lutte acharnée. Ce dernier était convaincu que toute société humaine qui suivrait la voie « naturelle » de la « loi du plus fort » (ce que pensait la droite) évoluerait obligatoirement vers le chaos et le malheur.

La conception de l'être humain qui prétend que le cerveau ne comporte aucun trait inné (la théorie de la page blanche) et que chacun, grâce à son esprit, fait ses choix indépendamment de la biologie (la théorie du « fantôme dans la machine ») est encore profondément ancrée dans les sciences humaines d'aujourd'hui. Mais les dernières découvertes en sciences cognitives ou en psychologie évolutive viennent changer la donne[1]. La biologie de notre espèce et de ses comportements (la formation des couples, le rôle des hormones, l'adoption, l'ontogenèse du sourire, la communication olfactive mère-bébé, etc.) ne devrait-elle pas constituer une découverte éclairante pour les sciences humaines ? Inversement – et c'est là le drame du cloisonnement des disciplines scientifiques –, les sciences biologiques font souvent fi de la subtilité et de la complexité des débats séculaires qui animent les sciences sociales sur la nature humaine. Un dialogue de sourds.

1. Au sujet du naturalisme, voir le dernier livre (monumental) d'Andler (2016).

Le mythe d'une séparation nature/culture est aujourd'hui bien ébranlé, comme en témoignent les travaux d'anthropologues tels que Tim Ingold ou Philippe Descola. Ce dernier, qui a étudié les Achuar en Amazonie, montre bien que notre conception du monde séparée des êtres vivants leur est totalement incompréhensible[1]. À la question : « Laquelle, de la nature ou de la culture, contribue davantage à la personnalité ? », le psychologue canadien Donald Hebb est connu pour avoir répondu par une autre question : « Qu'est-ce qui selon vous contribue davantage à la surface d'un rectangle : sa longueur ou sa largeur ? »

Pourquoi la science ne l'a pas vue – Une histoire de gènes

Il serait toutefois injuste de dire que la science a été totalement aveugle, au cours de ce XXe siècle, aux comportements d'entraide et aux interactions bénéfiques entre espèces. Mais tout a été lent et compliqué. Schématiquement, on pourrait distinguer trois grandes périodes. La première, qui va de Kropotkine aux années 1970 (traversée donc par deux conflits majeurs et par le début de la guerre froide), a été marquée par une accumulation d'observations, mais aussi par un manque cruel de cadre théorique, de modèles et d'expérimentations. La deuxième période, qui démarre avec une prise

1. Descola (2015).

de pouvoir du gène dès l'après-guerre, aboutit dans les années 1970 à la naissance de la sociobiologie, une discipline très controversée qui s'est donné pour objectif de comprendre les sociétés animales et humaines à travers le prisme de la génétique. La troisième période, qui s'ouvre dans les années 2000, est caractérisée par une véritable escalade du nombre d'expériences sur les mécanismes d'entraide, en particulier grâce aux avancées en économie expérimentale, en sciences politiques, en primatologie ou encore en neurosciences, ainsi qu'à l'explosion de la génétique moléculaire, qui confirme l'omniprésence et l'ancienneté des symbioses. Les années 2000 sont aussi le théâtre d'un effondrement du château de cartes théorique de la sociobiologie des années 1970 (le tout-génétique), avec l'émergence d'une flopée de modèles mathématiques et informatiques qui ont très récemment donné lieu à une « nouvelle sociobiologie », plus complète, plus crédible et plus stimulante, que nous détaillerons plus loin.

Avant les années 1970

Avant Kropotkine, les philosophes de l'Antiquité n'ont pas manqué de rendre compte de l'importance des comportements d'entraide chez les animaux. Mais celui dont Kropotkine s'est le plus inspiré fut Alfred Victor Espinas (1844-1922), l'un des précurseurs de l'éthologie et de la sociologie. Considérant que l'étude des sociétés animales devait former le premier chapitre de la sociologie, Espinas écrit en 1878 *Les Sociétés animales*, où il montre que les « unions » sont omniprésentes dans le monde animal, sous trois formes : les sociétés accidentelles (entre êtres dissemblables), les sociétés normales (entre animaux de même espèce) et les sociétés conjugales (les familles, dont le but est la reproduction).

En 1902, soit vingt-cinq ans après la parution du livre d'Espinas, Kropotkine publie *L'Entraide*. Outre la présentation des dernières découvertes, il replace l'homme dans une continuité avec l'animal grâce à ses lectures en ethnologie. Plus original encore : il inscrit l'entraide animale et humaine dans le cadre de la sélection naturelle. Kropotkine est surtout le premier à mettre en évidence le rôle fondamental des *conditions environnementales* dans l'évolution de l'entraide : dans un climat hostile (froid, sécheresse, etc.), les comportements d'entraide constituent un avantage non négligeable en termes de survie.

Il est intéressant de constater que Darwin a effectué ses observations principalement sous les tropiques, un milieu de relative abondance et de confort thermique, comparé à la Sibérie de Kropotkine. En milieu tropical, les espèces se développent beaucoup plus vite, saturant les niches écologiques (combien d'espèces d'arbres, d'insectes ou de mammifères sur un hectare de forêt tropicale ?) et laissant ainsi apparaître beaucoup plus de comportements de compétition territoriale ou reproductive qu'en milieux désertiques ou glaciaires. Dans ces derniers, il y a beaucoup moins d'abondance, et les conditions sont rudes. Ceux qui ne s'aident pas meurent, tout simplement.

Une deuxième raison pour laquelle Kropotkine a plus facilement observé l'entraide que Darwin tient probablement à sa culture. Éduqué dans les valeurs humanistes des Lumières, il a ensuite beaucoup voyagé en Europe occidentale au contact de la classe ouvrière, qui développait une culture de la solidarité et de l'association. De plus, Kropotkine, qui était lu par le monde occidental, car il publiait en anglais et en français, avait une double culture scientifique : il avait aussi été formé à l'école russe de zoologie, représentée par Karl Fedorovich Kessler (1815-1881), qui partageait les idées darwiniennes d'évolution et de sélection, mais pas sa vision malthusienne du monde.

La communauté scientifique, progressivement acquise à la représentation occidentale compétitive du monde [1], a oublié Kropotkine. Sa vision « biaisée » d'une nature coopérative ne collait pas avec celle de la biologie évolutive moderne, très majoritairement anglophone, imprégnée d'anti-communisme, et travaillant de plus en plus sur les gènes et les individus (égoïstes, bien entendu) [2]. Rares sont ceux qui ont tenté de sortir Kropotkine des limbes. On retiendra surtout un texte de 1988 signé du génial paléontologue Stephen Jay Gould [3]. Aujourd'hui,

1. C'est-à-dire centrée sur le patrimoine génétique de l'individu « égoïste » cherchant essentiellement à transmettre ses propres gènes.
2. Voir par exemple le livre de Dawkins, *Le Gène égoïste* (2003 [1975]).
3. Gould (1988).

les quelques scientifiques qui citent Kropotkine le font avec un mélange de gêne, de condescendance et de fascination : un livre « remarquable mais peu critique[1] », « merveilleusement bien écrit » mais qui « voit de la coopération animale à chaque coin de rue[2] » ; « un livre fascinant qui cherche à défier la dominance du paradigme de la lutte pour la vie[3] », « une vue positiviste convaincue et biaisée de la Nature[4] ».

Cependant, même pris avec des pincettes, il est systématiquement cité pour annoncer deux étapes historiques importantes : la rupture avec une vision ultra-compétitive du monde vivant, et la rupture avec une vision « ultra-génétique » des processus d'évolution.

Vie, mort et renaissance de la sociobiologie, 1970-2000[5]

Au milieu des années 1970, Edward O. Wilson[6], un brillant professeur de l'université Harvard spécialiste des insectes sociaux, et en particulier des fourmis, crée une nouvelle discipline scientifique : la sociobiologie. Il se propose de faire la synthèse de tout ce que nous savons sur les sociétés animales en utilisant des méthodes issues de l'éthologie, de la génétique et de la science de l'évolution. Dans son livre *Sociobiology, the New Synthesis*, paru en 1975, outre une impressionnante

1. Allee (1938).
2. Dugatkin (1999).
3. Costa (2002).
4. Gardner et Foster (2008).
5. Le détail de cette histoire est relaté en annexe.
6. E.O. Wilson est aussi celui qui a popularisé le terme de biodiversité.

compilation de l'état des connaissances expérimentales sur le sujet[1], il cimente son propos à l'aide d'une simple équation mathématique empruntée à un jeune étudiant britannique, William Hamilton, et censée expliquer l'évolution de l'ensemble des comportements sociaux. Audacieux !

L'équation de Hamilton fait référence à la génétique et décrit une idée très simple : un individu a des gènes en commun avec ses semblables (surtout sa famille) ; donc, en aidant l'un de ses proches (sous-entendu, à survivre et à se reproduire), il participe indirectement à la transmission d'*une partie de ses propres gènes*. Autrement dit, j'ai plus d'intérêt à me sacrifier pour mon frère (qui possède beaucoup de mes gènes) que pour un parfait inconnu. La théorie[2] voulait donc que les « gènes altruistes » se répandent grâce à l'entraide entre apparentés.

Au même moment, en 1975, paraît un livre qui fera date dans l'histoire de la biologie : *Le Gène égoïste*, de Richard Dawkins. Celui-ci, à l'aide de métaphores très efficaces, postule que les organismes ne sont en fait que des « robots » manipulés par leurs gènes, dont l'unique but serait de se perpétuer. Autrement dit, le socle de la vie serait la compétition entre les gènes et entre les individus. Selon cette vision très mécaniste, l'altruisme et l'entraide ne seraient donc rien d'autre que des comportements manipulateurs de nos gènes pour améliorer

1. Wilson EO (1975).
2. Appelée « sélection de parentèle », ou « *kin selection* » en anglais.

leur succès reproducteur. Tout doit être expliqué par les gènes. C'est le début de quatre décennies d'hégémonie de ce qu'on pourrait appeler la sociobiologie génétique [1].

Dans les années qui suivent, des générations de sociobiologistes s'appliquent donc à mettre en évidence les corrélations génétiques entre des organismes qui coopèrent. La prédiction est que plus des individus sont proches génétiquement, plus ils s'entraideront. Dans l'euphorie des débuts, croyant tenir là une équation universelle (et diaboliquement simple, donc belle), de nombreux chercheurs tirent le fil jusqu'à oser expliquer les comportements altruistes humains par ces arguments de proximité génétique. Wilson, le premier, dans le célèbre chapitre 23 – celui consacré à l'humain – de sa synthèse *Sociobiology*, propose que les comportements humains altruistes pourraient être expliqués par le fait que les individus faisant preuve d'altruisme aident en réalité leurs proches à se reproduire plus facilement… Une vision non seulement maladroitement simpliste et déterministe, mais surtout exempte de toute preuve expérimentale.

Une autre dérive se fait jour : la préférence « naturelle » pour la famille et pour la race. La théorie sociobiologique donne des arguments à ceux qui pensent que l'altruisme doit être corrélé à la proximité génétique. Cela encourage certains idéologues, regroupés sous

1. Exception faite de la « socioécologie » de Jean-Yves Gautier, de l'université de Rennes, qui resta très minoritaire. Voir Gautier (1983).

l'appellation de « Nouvelle Droite », à justifier le racisme. Du côté opposé de l'échiquier politique, à gauche, les critiques sont évidemment virulentes, en particulier de la part des sciences sociales, mais aussi des milieux marxistes, qui ont toujours eu horreur du déterminisme biologique.

En ce qui concerne l'être humain, les hypothèses sociobiologiques n'ont pas été étayées par les faits. La petite équation de Hamilton a été une formidable machine à se raconter des histoires autour de la génétique, une branche de la biologie qui avait le vent en poupe à l'époque et qui ne cachait pas sa volonté de domination sur les autres branches [1]. Finalement, cette théorie s'inscrivait dans une vision du monde très utilitariste, axée autour de l'individualisme, de la compétition et de l'égoïsme, et dont la naissance a probablement été portée par le contexte de la guerre froide.

Nous entrons donc dans les années 2000 avec le paradoxe suivant : la sociobiologie, qui considère la nature comme fondamentalement égoïste, a multiplié le nombre d'études sur l'altruisme et la coopération, ce qui a finalement donné lieu à d'extraordinaires découvertes.

La renaissance des années 2000

Il s'est opéré un véritable changement de paradigme en sociobiologie. Son père fondateur, E.O. Wilson, avec l'aide d'excellents théoriciens et à la lumière de nouvelles

1. Gould (1978).

découvertes de terrain et de laboratoire, a récemment « retourné » sa théorie en inversant l'hypothèse de base. L'origine du fait social ne serait plus à rechercher dans les gènes, mais dans l'influence du milieu. Dès lors, certains scientifiques commencent à reconnaître l'importance des travaux de Kropotkine, en particulier la mise en évidence de l'importance de l'environnement dans l'évolution de l'entraide.

Grâce à ce foisonnement, on peut enfin entrevoir la complexité du tableau général de l'entraide et tisser progressivement des liens entre les disciplines. Parmi les avancées les plus marquantes, citons les expériences pionnières de l'économiste expérimental Ernst Fehr, les découvertes sur les primates de Frans de Waal, Michael Tomasello et Felix Warneken, les conclusions surprenantes de la politologue Elinor Ostrom sur les biens communs, les progrès en neurosciences dus à Tania Singer ou à Jean Decety, sans oublier les expériences d'anthropologie comparative de Joe Heinrich réalisées dans d'autres cultures humaines. Même la génétique redevient fréquentable grâce aux remarquables mécanismes d'épigénétique, qui montrent à quel point l'environnement et la culture jouent un rôle important dans l'expression des gènes.

Nous allons découvrir tout cela dans les chapitres suivants.

CHAPITRE 2
L'entraide spontanée

Les humains trichent, volent, mentent et tuent avec une constance et une insistance qui ne sont plus à démontrer. Mais qui est prêt à croire qu'ils coopèrent, s'entraident, donnent et se sacrifient avec tout autant d'acharnement ? Aider l'autre spontanément, parfois au péril de sa vie, favoriser les comportements égalitaires, rejeter les injustices, récompenser ceux qui participent au bien commun : voilà des comportements qui nous paraissent aujourd'hui merveilleux – et parfois suspects ! Pourtant, un minimum d'observation et un tour d'horizon des nombreux travaux d'anthropologues, de sociologues, d'économistes et de psychologues finissent par avoir raison de nos croyances : ces comportements sont très fréquents, et c'est tout à fait normal.

Contrairement aux idées reçues…

Il existe une espèce imaginaire d'hominidés totalement rationnels, qui passent leur temps à maximiser leur profit en fonction des ressources dont ils disposent et de leurs préférences. En somme, des êtres libres et rationnels qui vivent dans un monde idéal.

*Où vit l'*Homo œconomicus*?*

Tous les scientifiques sérieux qui construisent des modèles connaissent les limites de leurs propres chimères. Si les sciences économiques ont massivement fondé leurs recherches sur le modèle théorique de l'*Homo œconomicus* popularisé par Adam Smith au XVIIIe siècle, le créateur de la fameuse métaphore de la main invisible lui-même était conscient de ses limites et de la complexité des « sentiments moraux » qui agitent les humains : moralité, irrationalité, sens de la justice ou désir d'égalité[1]. Il savait que toute la vie ne peut se résumer à un choix rationnel égoïste.

Pourtant, au XXe siècle, grâce à des équations mathématiques très « sérieuses » et à un prix de la banque de Suède en l'honneur d'Alfred Nobel – que l'on appelle aujourd'hui « prix Nobel d'économie » –, les sciences économiques ont pris la grosse tête. Elles se sont donné une légitimité qui a fait croire aux économistes – puis au reste de la population – que l'être humain

1. Smith (2011 [1759]).

ressemblait au modèle. Étrange glissement qui convertit un modèle de laboratoire en idéologie, puis en modèle de société.

Les graves crises économiques de ces dernières années ont sérieusement ébranlé cet édifice théorique et idéologique (la rationalité des agents et l'optimalité des marchés). Malgré tout, il reste debout et fait montre d'une étonnante résilience. La pensée économique dite « orthodoxe » est loin d'être morte, et peine à se remettre en question.

Quelles sont les limites du modèle ? Dans la vraie vie, les êtres humains sont loin d'être rationnels [1] et ne sont pas d'indécrottables égoïstes. Pour le prouver, certains économistes expérimentaux (trop rares dans ce monde d'équations) ont créé des jeux économiques qui permettent de mesurer les comportements en laboratoire.

Dans le *jeu du bien public*, par exemple, on réunit les participants en petits groupes. Chaque joueur reçoit une somme d'argent. Les joueurs peuvent contribuer à un pot commun qui se trouve au milieu. À chaque tour, les chercheurs prélèvent le contenu du pot commun, doublent la somme et la redistribuent à l'ensemble du groupe à parts égales, *quel que soit le niveau de*

1. Voir les travaux de Herbert A. Simon (1979, 1986) et l'ensemble de l'œuvre de Daniel Kahneman (2011). Ce mouvement d'économie expérimentale peut conserver un certain scientisme, mais il a aussi le mérite de faire émerger des expériences passionnantes et instructives – par exemple sur l'entraide –, comme le réseau de chercheurs regroupés autour d'Ernst Fehr, Herbert Gintis, Samuel Bowles, etc., que l'on nomme « *radical economists* ».

participation de chacun. Ainsi, si tout le monde participe au pot commun, chacun double sa mise. Si peu de joueurs participent, tout le monde y gagne un peu, mais ceux qui ont cru au collectif en sortent perdants… et les égoïstes ou les prudents en sortent gagnants. Imaginez que vous décidiez de faire jouer des *Homo œconomicus.* Vous prédirez qu'ils ne participeront pas au pot commun, car ils auront compris qu'ils peuvent y perdre. Ils préféreront garder leur mise en attendant que des bonnes poires remplissent le pot.

Depuis des décennies, les chercheurs pratiquent ce jeu. Ce qu'ils ont découvert n'a rien à voir avec ces prédictions. En moyenne, les joueurs placent spontanément la moitié de leur argent dans le pot commun même quand ils ne se connaissent pas entre eux[1] !

Une équipe d'économistes et d'anthropologues réunie autour de Joseph Henrich, anthropologue à l'université du Michigan (États-Unis), et de Robert Boyd, professeur à l'université de Los Angeles (États-Unis), est partie autour du globe à la recherche de cet être imaginaire. Ils ont fait jouer des jeux économiques à quinze sociétés traditionnelles, incluant des cultures de chasseurs-cueilleurs, de nomades, de semi-nomades et de sédentaires (comme les Machiguengua du Pérou, les Hadza et les Sangu de Tanzanie ou encore les Torguud de Mongolie)[2].

1. Fehr et Gächter (2000).
2. Henrich *et al.* (2001, 2005).

Au jeu du bien public, partout dans le monde, les participants ont contribué au pot commun. Les taux de participation sont extrêmement variables[1], allant d'une très faible contribution à l'entièreté de la somme qu'ils possédaient.

Prenons maintenant le jeu de l'ultimatum. Il implique deux participants qui ne se connaissent pas et à qui l'on demande de partager une somme d'argent. Le premier, qui a tout l'argent, fait à son partenaire une offre de partage, que le partenaire peut accepter ou refuser ; mais, s'il la refuse, personne n'obtient d'argent. Si les joueurs étaient des *Homo œconomicus*, le premier aurait tendance à garder les sous pour lui (partage 100 %/0 %), et le second ne refuserait aucune offre.

La réalité est tout autre : non seulement les offres de partage moyennes tournent autour de 50 %/50 %[2], mais, une fois sur deux, le second joueur refuse l'offre à partir du moment où elle est inférieure à 30 %[3]. Il préfère ne rien gagner que gagner peu, vexation oblige ! Ainsi, quel que soit le jeu, les participants ne suivent

1. Les comportements les plus coopératifs se produisent dans les cultures les plus « connectées » aux marchés (habitude des échanges avec d'autres peuples) et celles qui récompensent le plus les comportements coopératifs dans leur organisation économique. À l'opposé, les moins « généreux » des peuples (mais nettement plus que l'*Homo œconomicus*) incluent les sociétés autarciques Machiguenga et Tsimane de l'Amazonie, ainsi que les chasseurs-cueilleurs Hadzas de Tanzanie.

2. L'offre moyenne de partage dans les sociétés occidentales industrielles est de 50 %, et, dans les quinze sociétés traditionnelles, l'offre de partage a varié entre 26 et 58 %.

3. Voir par exemple Fehr et Schmidt (1999).

pas les règles de la rationalité économique. Ils sont plus altruistes que ne le prédisent les modèles, et ne se comportent pas de manière rationnelle.

Cela s'observe aussi en dehors des rapports économiques. En 2001, trois chercheurs de l'université de l'État de Californie et de l'université de l'Illinois (États-Unis) ont organisé des expériences de psychologie sociale dans vingt-trois grandes villes du monde afin de mesurer les comportements d'aide spontanée en situation de non-urgence. Il s'agissait par exemple de prévenir un passant qu'il avait fait tomber son crayon, d'offrir son aide à une personne boiteuse pour ramasser une pile de revues ou d'aider un aveugle à traverser la rue. Les résultats étaient clairs : les comportements d'entraide sont fréquents, partout.

Le taux d'aide spontanée s'est cependant montré relativement constant et homogène dans chaque ville prise isolément, suggérant que chacune avait sa propre culture de l'entraide. Comme pour les expériences économiques précédentes, les résultats d'une culture à l'autre sont très variables. Ils vont de 40 % de comportements prosociaux[1] à Kuala Lampur (Malaisie) à 93 % à Rio de Janeiro (Brésil). Les chercheurs remarquent que ces variations dépendent de deux facteurs : la culture latine (l'Espagne, le Brésil, le Costa Rica, El Salvador et le

1. Par prosocial, nous entendons une attitude, un comportement ou une institution orienté(e) vers le bien-être des autres ou d'une société dans son ensemble. Les comportements prosociaux sont altruistes *dans les actes*, indépendamment des intentions, qui peuvent être égoïstes ou altruistes.

Mexique ont été particulièrement généreux) et la productivité économique de la ville (plus les habitants ont de pouvoir d'achat, moins ils ont tendance à aider).

Partout, les gens sont spontanément prosociaux, comme l'ont montré des centaines d'expériences menées dans des dizaines de pays, sur tous les continents, et utilisant plusieurs dispositifs expérimentaux. Les êtres humains se comportent de manière beaucoup moins égoïste que certains économistes veulent nous le faire croire. Le modèle théorique de l'*Homo œconomicus* reste un modèle théorique ; il n'aurait jamais dû sortir du laboratoire.

Ce qui émerge en situation de crise

Les catastrophes sont des occasions d'observer les comportements en grandeur nature, lorsque tout ce que l'on croyait « normal » s'effondre ou que l'ordre social disparaît brutalement. Les institutions et les autorités peuvent même perdre momentanément les moyens d'exercer un contrôle et d'imposer un respect des règles communes. Seuls comptent alors les comportements spontanés. Le stress que subissent les victimes et la rapidité des événements empêchent le plus souvent les raisonnements rationnels : on fait ce qu'on peut, on agit par réflexe, sans trop réfléchir aux conséquences.

Ces mots vous évoquent peut-être des images de pillage de magasins, des scènes d'émeute lors des distributions d'aide humanitaire ou des visions apocalyptiques de films hollywoodiens. Préparez-vous à remettre en cause ces croyances. Contrairement aux idées reçues, en cas de catastrophe, les comportements de panique sont si rares que les chercheurs ont même abandonné le concept même de « panique »[1] ! Les représentations que nous avons de foules irrationnelles hurlant et courant en tous sens proviennent des histoires qu'on se raconte ou qu'on voit au cinéma, pas de la réalité. Mais nous aimons que les récits confortent les mythes qui nous ont bercés depuis toujours.

Si la panique est rarissime, l'entraide, elle, est bien au rendez-vous. L'histoire de ce qui s'est passé à la Nouvelle-Orléans en 2005 à la suite du passage de l'ouragan Katrina a déjà été maintes fois racontée[2], mais elle mérite de l'être à nouveau. Au plus fort des inondations, des journalistes et des responsables officiels ont fait état de vols et de pillages ; on aurait même parlé de viols et

1. Les témoignages sur les réactions après des catastrophes sont assez nombreux, crédibles et convergents pour permettre aux chercheurs de conclure que le comportement de « fuite panique » est extrêmement rare dans ces situations. Certains lecteurs ont peut-être en tête les images de personnes écrasées par une foule compacte lors d'un concert de rock (The Who en 1979), dans une discothèque en feu (au Brésil en janvier 2013) ou lors d'un match de football (stade du Heysel, à Bruxelles, en 1985). Ce sont des événements très rares, et « la panique est parfois invoquée après coup, pour expliquer les morts, écrasés par la pression du reste du groupe. Mais les études scientifiques de plusieurs cas ont montré que ce n'était pas la véritable cause » (J. Lecomte, 2012, p. 32). Il s'agit plutôt d'ignorance (des gens qui tentent de passer mais ne voient pas que d'autres sont écrasés) et d'une configuration spatiale précise qui crée des mouvements collectifs imprévisibles (un grand nombre de personnes dans un endroit exigu et des portes fermées).

2. Voir Solnit (2009) et Lecomte (2012), repris par Ricard (2013) et Servigne et Stevens (2015).

de meurtres. Mais on sait aujourd'hui que ces crimes n'ont jamais eu lieu. Les rumeurs ont été colportées par le maire de la ville, Ray Nagin, et le chef de la police, Edward Compass. Bien plus tard, des journalistes ont mené l'enquête et ont découvert que ces rumeurs n'étaient pas fondées, forçant Compass à démissionner et à déclarer publiquement : « Nous n'avons d'information officielle sur aucun meurtre, aucun viol, aucune agression sexuelle[1]. » Mais, sur le moment, ce mensonge a provoqué l'envoi sur place de dizaines de milliers de policiers et de militaires armés et stressés qui, eux, ont causé de réelles agressions, dont les médias se sont ensuite nourris pour justifier le mythe de la violence[2]. En réalité, sur le terrain, témoigne l'un des membres des forces de sécurité, « la plupart des gens se sont vraiment, vraiment, vraiment aidés les uns les autres, et ils n'ont rien demandé en retour[3] ».

Et ce cas n'est pas exceptionnel, comme le montre l'écrivaine Rebecca Solnit dans sa formidable synthèse sur les comportements d'entraide en temps de catastrophe[4]. En 1906, par exemple, après le terrible tremblement de terre et l'incendie qui ont détruit San

1. Cité par Lecomte (2012), p. 24.

2. Il ne s'agit pas de nier qu'il puisse y avoir des comportements de vol ou d'agression dans certains cas, mais le problème est que ces derniers sont systématiquement mis en avant par les médias, déformant notre perception des choses et laissant dans un angle mort les innombrables actes de générosité et d'entraide qui se produisent dans ces situations.

3. Rodriguez *et al.* (2006), p. 84, cité par Ricard (2013), p. 116.

4. Solnit (2009). L'ouvrage n'est malheureusement pas encore traduit en français.

Francisco, les autorités ont envoyé des militaires sur les lieux du désastre avec l'instruction d'empêcher les pillages. Armés, nerveux, croyant voir des pilleurs potentiels à chaque coin de rue, les militaires ont blessé et tué des rescapés qui tentaient simplement de fouiller dans les décombres de leur maison ou cherchaient des objets pour venir en aide à des voisins blessés. Après analyse et recoupement des témoignages, il s'est révélé que les survivants se sont spontanément organisés dans les ruines, certains se mettant même à cuisiner dans la rue pour quiconque en avait besoin, dans une atmosphère étonnamment silencieuse d'entraide, de dignité et de respect... qui se densifiait à mesure qu'on s'approchait de l'épicentre de la catastrophe[1].

Le 11 septembre 2001 à New York, dans les tours jumelles en feu, selon les témoignages des rescapés, les gens descendaient calmement les escaliers de secours dans un même silence. Ils s'entraidaient, laissaient passer les plus faibles ; certains revenaient en arrière pour aider des personnes coincées, d'autres allant jusqu'à faire preuve de galanterie. Des pompiers se sont même sacrifiés en revenant sur les lieux pour sauver les dernières personnes, en sachant pertinemment qu'ils seraient ensevelis[2].

1. Après disparition, l'ordre social émerge sous une nouvelle conformation, sans doute moins hiérarchique et donc plus propice à l'entraide. Il s'agit là d'une sorte de destruction créatrice, dont la réorganisation est orientée – pénurie et besoin de sécurité obligent – vers davantage de coopération.

2. Lecomte (2012), chapitre 1.

Tous les témoignages semblent converger: en temps de catastrophe, les gens conservent leur sang-froid et coopèrent spontanément[1]. «Thomas A. Glass, de l'université Johns Hopkins, et ses collaborateurs ont analysé les réactions humaines lors de dix catastrophes très diverses survenues entre 1989 et 1994: deux tremblements de terre, deux déraillements de train, un crash d'avion, deux explosions de gaz, un ouragan, une tornade, une explosion de bombe avec incendie. Le nombre de victimes est allé de 3 à plus de 200. Les chercheurs ont systématiquement constaté que les victimes avaient spontanément formé des groupes, animés par des leaders, et fixé des règles communément admises en se répartissant les rôles en vue de la survie d'un maximum de personnes[2].»

Lors de catastrophes soudaines, les individus, stressés ou en état de choc, sont à la recherche de sécurité avant toute chose; ils sont donc peu enclins à la violence[3]. Ils agissent de manière spontanée, «automatique» ou «inconsciente», ce qui le plus souvent fait émerger des comportements d'entraide. Ce fut le cas après le tsunami de décembre 2004 dans l'océan Indien, après le séisme qui a frappé Haïti en 2010 ou encore dans la salle de concert du Bataclan lors des attentats du 13 novembre

1. Comme le montrent les travaux de récolte et d'analyse méthodique de témoignages de rescapés effectués par John Drury, du département de psychologie de l'université du Sussex (Royaume-Uni). Voir Drury (2008, 2009, 2013).

2. Lecomte (2012), p. 30.

3. Johnson (1987), p. 171-183.

2015. Outre les nombreux élans de solidarité *à l'extérieur*, il y a eu des témoignages saisissants de rescapés décrivant des personnes *à l'intérieur* qui aidaient de parfaits inconnus au péril de leur vie. Ces conditions extraordinaires font ressortir des comportements extraordinaires. Mais est-ce également le cas dans la vie de tous les jours ?

Ce qui émerge du stress et de l'inconnu

Imaginez que vous participiez à une expérience d'économie expérimentale. Des chercheurs vous font asseoir à une table, vous présentent un inconnu (ou un groupe d'inconnus) et donnent à chacun d'entre vous la même somme d'argent. Puis ils mettent en place un scénario et observent vos comportements. Surprise : la personne en face de vous semble généreuse, elle vous donne de l'argent ! Comment réagissez-vous ? Gardez-vous l'argent ? Lui ferez-vous confiance au tour suivant ?

Essayons le jeu du bien public : vous êtes assis à une table avec dix inconnus, les chercheurs vous demandent de placer votre argent dans un pot commun et vous observent. Mais ils n'entendent pas la petite voix dans votre tête : « Dois-je investir dans le groupe ? Et s'il y avait des profiteurs ? Je me sacrifierai pour eux sans être sûr d'avoir quelque chose en retour… Ce n'est pas juste. Mais c'est vrai que si nous contribuons tous, le groupe sera plus fort… J'aimerais tellement qu'on participe tous ! Que feront-ils ? Peut-être devrais-je me contenter de ne rien miser pour commencer, par prudence… De toute façon, il y aura toujours quelques bonnes âmes pour contribuer. Je vais attendre le deuxième tour pour miser… Mais non ! Je dois donner dès le premier tour pour qu'ils aient envie eux aussi de donner… Argh ! »

Voilà pour les réflexions et les calculs, issus du cortex préfrontal. Mais qu'y a-t-il en amont ? Le modèle cognitif le plus couramment admis en psychologie et en neurosciences se déroule en deux temps. D'abord, le cerveau « primitif » (reptilien et limbique) génère des émotions et des intuitions [1], puis, dans un second temps, le cortex préfrontal tente le plus souvent de justifier ces choix intuitifs et filtre les passions au moyen d'un contrôle réflexif pour supprimer les comportements indésirables en société ou pour en favoriser d'autres plus adéquats [2].

Deux hypothèses opposées peuvent alors émerger pour expliquer les comportements d'entraide : soit nos premières pulsions seraient égoïstes, et la raison freinerait nos ardeurs en apportant un élan prosocial ; soit, à l'inverse, l'intuition serait plutôt prosociale, et la raison permettrait de tempérer cette tendance en faisant des choix personnellement plus avantageux (ou égoïstes).

1. Nous utilisons ici le terme d'intuition comme synonyme d'un mode de pensée spontané, ne faisant pas appel à une réflexion logique.

2. Les deux livres phares sur le sujet sont Damasio (1994) et Kahneman (2011). Ce modèle recoupe aussi les résultats du psychologue Jonathan Haidt, de l'université de New York (États-Unis), qui montre que nos jugements moraux (ce que nous considérons comme bien ou mal) sont avant tout intuitifs (issus des cerveaux primitifs), et que nous justifions ensuite ces choix par des raisonnements et des adhésions à des idéologies. Voir Haidt (2001, 2012).

Pour savoir laquelle des deux hypothèses se rapproche le plus de la réalité, David Rand, Joshua Greene et Martin Nowak, trois chercheurs de l'université Harvard, ont conduit une série d'expériences basées sur le jeu du bien public[1]. L'équipe a testé la psychologie des joueurs, et en particulier leur caractère coopératif ou égoïste, en fonction de leur contribution au pot commun. Plus cette dernière était importante, plus le sujet était considéré comme coopératif[2].

Les résultats sont étonnants. En mesurant le temps de décision de chaque joueur, les chercheurs se sont rendu compte que les sujets qui répondaient vite étaient plus coopératifs que ceux qui mettaient du temps à se décider. Ils ont ensuite forcé les joueurs à se décider plus vite (de manière plus spontanée), et constaté que cela augmentait les contributions au pot commun ! Au contraire, forcer les joueurs à prendre le temps de la réflexion diminuait les contributions. Enfin, dans une troisième expérience, ils ont placé les joueurs dans des conditions favorables à l'intuition[3], et ont remarqué que cela augmentait les contributions au pot commun, alors qu'un contexte de réflexion les rendait plus égoïstes.

Dans cette série d'expériences, plus les gens ont été forcés à être spontanés, plus ils ont montré de

1. Rand *et al.* (2012).

2. Globalement, tous les joueurs ont contribué de manière très généreuse, confirmant ainsi les résultats connus et décrits à la section précédente.

3. Pour mettre en condition d'« intuition », l'exercice consistait à écrire un paragraphe relatant un moment de la vie où l'intuition a fonctionné, ou un moment de la vie où la raison a échoué. Et inversement pour la réflexion.

comportements prosociaux[1]. Cela fait écho aux invraisemblables histoires de héros anonymes qui ont fait preuve d'un altruisme extrême en risquant volontairement leur vie pour tenter de sauver celle d'une autre personne. Depuis un siècle, aux États-Unis, le Carnegie Hero Fund recense ces récits et honore ces héros ordinaires en leur décernant une médaille. Des psychologues ont demandé à des volontaires de lire les récits et d'évaluer si les actes altruistes étaient plutôt spontanés ou le résultat d'une réflexion. L'impression largement majoritaire des lecteurs était qu'ils relevaient d'actes spontanés[2]. Dans une récente interview, on demandait au secrétaire du Carnegie Hero Fund s'il voyait un point commun entre tous ces actes de bravoure. Il a répondu que la plupart de leurs auteurs n'avaient pas su évaluer les risques et les bénéfices de leurs actions ; ils s'étaient simplement sentis obligés d'agir.

« La plupart des gens pensent que l'intuition est égoïste, mais nos expériences montrent que, lorsqu'on développe l'intuition chez les gens, cela augmente la coopération[3] », résume David Rand, professeur à l'université Yale, l'un des

1. La même année, une autre équipe d'économistes et de psychologues allemands et suisses a confirmé cette tendance en montrant que des sujets placés en conditions de stress (parler devant un auditoire) exprimaient plus de comportements prosociaux (confiance, loyauté et partage) que des participants non stressés (von Dawans *et al.*, 2012). D'autres équipes l'ont aussi confirmé avec d'autres jeux économiques. Voir Cornelissen *et al.* (2011) ; Schulz *et al.* (2014) ; Cappelletti *et al.* (2011). Pour une synthèse des travaux autour de cette idée, voir Zaki et Mitchell (2013).

2. Rand et Epstein (2014).

3. Hutson (2016).

chercheurs les plus actifs dans ce domaine. La question est donc : d'où vient cette intuition ?

Comment expliquer ces automatismes ?

Résumons ce que nous venons de découvrir : 1) le modèle théorique d'un humain rationnel et égoïste ne correspond pas du tout à la réalité ; 2) les *comportements* prosociaux sont très communs tout autour du globe, mais leur expression est très variable ; 3) lorsqu'on inhibe le raisonnement (par le stress, la pression, les catastrophes, ou en favorisant l'intuition), le nombre et l'intensité de ces comportements prosociaux augmentent ; et 4) lorsqu'on force les sujets à réfléchir, ils se montrent plus égoïstes.

Mais de quoi parle-t-on alors ? Quelle théorie peut expliquer ces automatismes à la fois si complexes et si plastiques ?

La fin des modèles simplistes

La tendance à l'entraide spontanée est un trait commun à toutes les sociétés (ce que les anthropologues appellent un trait universel). On serait donc tenté d'y voir un comportement inné, une sorte d'instinct ou de « nature humaine ». D'autres au contraire penseront qu'il s'agit là d'une affaire uniquement culturelle, comme si notre cerveau n'était qu'une page blanche à sa formation. Nature ou culture ? Inné ou acquis ?

Formulées comme telles, ces hypothèses et ces questions sont aujourd'hui considérées comme dépassées, car nous savons bien que les deux facteurs, le patrimoine génétique et l'environnement [1], jouent un rôle dans l'expression de nos comportements [2]. « L'idée d'un déterminisme génétique absolu, d'une frontière absolue entre gènes et environnement, entre inné et acquis, a commencé à s'estomper. Elle a cédé la place à une notion plus riche et plus ouverte : celle d'une interaction permanente entre les gènes et leurs multiples niveaux d'environnement [3]. » Ce domaine de recherche en plein essor s'appelle l'épigénétique.

La clé est donc de comprendre comment gènes et environnement sont entremêlés. Éliminons dès à présent les hypothèses trop simplistes et caricaturales. *Exit* l'*Homo œconomicus*, la théorie de la page blanche, ainsi que la notion floue d'instinct. Évitons également d'y ajouter une couche de morale (« l'Homme est naturellement bon » ; « la Nature est foncièrement mauvaise »). De même, dire que « la nature humaine est coopérative » n'apporte rien à la compréhension des choses. Il faut aller plus loin.

1. Précisons au passage que la notion vague d'« environnement » inclut les conditions du milieu (température, humidité, qualité de l'air et de l'eau, etc.), mais aussi la manière de s'alimenter, la qualité des aliments, ou encore les stress toxicologique et psychologique, et plus généralement ce que l'on nomme la « culture ». L'environnement inclut donc aussi les interactions sociales, parmi lesquelles le soin parental. Par exemple, une mère anxieuse (ou un père) qui interagira avec son bébé déclenchera chez lui l'expression de certains gènes.

2. Il est absurde de penser que l'identité et le devenir de tout organisme sont inscrits dans le code génétique. À l'inverse, il est évident qu'un poisson ou un chimpanzé élevé dès sa naissance par une famille humaine ne deviendra jamais un être humain adulte !

3. Ameisen (2008), p. 421.

Le rôle des gènes est de mettre en place un répertoire des possibles pour le futur organisme. L'expression de ses gènes est alors déclenchée (ou inhibée) par l'environnement dans lequel il navigue. « L'environnement influe sur le mode de vie, et le mode de vie influe sur la manière dont les cellules et le corps utilisent leurs gènes[1]. » Les exemples sont très simples : chez les tortues, le sexe n'est pas déterminé génétiquement, mais par la température extérieure ; chez les abeilles, une larve devient reine (féconde et vivant des années) si ses congénères lui donnent de la gelée royale, mais ouvrière (stérile et vivant quelques mois) si elle est soumise à un régime « normal ». Enfin, comme l'explique Jean Claude Ameisen, « la cartographie précise du million de milliards de connexions nerveuses dans notre cerveau n'est pas “pré-écrite” dans nos gènes, mais émerge progressivement des interactions entre nos neurones, interactions dont vont dépendre leurs activités, mais aussi leur survie ou leur mort. Et ce réseau, différent, même chez des jumeaux vrais, se modifiera au cours de notre existence en fonction de notre histoire et de notre environnement[2] ».

La découverte remarquable de l'épigénétique a été de constater que cette « activation/mise en veille » de certaines parties de notre génome par l'environnement est *héritable* : elle se transmet aux descendants ! Les jeunes héritent donc (en partie) des réactions de leurs ancêtres

1. *Ibid.*, p. 429.
2. *Ibid.*, p. 423.

à leur environnement. Dit autrement : nous sommes tous composés de fragments d'environnements passés et présents qui ont été en contact avec nos ancêtres. Ainsi, quel que soit l'héritage, chaque génération a les capacités de rebattre un peu le jeu grâce à ses propres interactions entre gènes et environnement.

Les changements épigénétiques sont fascinants, car ils modifient également les capacités d'apprentissage et de mémorisation du cerveau, et, de manière plus générale, les comportements. Si vous prenez deux organismes qui ont un cerveau structuré par les mêmes gènes et que vous les placez dans des environnements différents, ils s'exprimeront différemment, générant des organismes aux comportements dissemblables. Par exemple, chez les humains, le comportement violent n'est pas génétiquement déterminé, mais il est tout de même « conditionné par certaines structures cognitives[1] » rencontrant un milieu familial et un contexte socio-culturel particulier.

Concernant l'entraide, une équipe coordonnée par David Cesarini, du Massachusetts Institute of Technology (États-Unis), est parvenue, en comparant plus de 1 300 vrais et faux jumeaux en Suède et aux États-Unis, à chiffrer l'influence relative du facteur génétique et du facteur culturel dans l'expression d'un comportement coopératif (qui engage la confiance et la loyauté)[2]. Chez les vrais jumeaux, les gènes interviendraient pour

1. Patou-Mathis (2015) ; Karli (2002).
2. Cesarini *et al.* (2008).

10 % à 30 % dans l'expression de certains comportements coopératifs (et donc l'environnement pour 70 % à 90 %).

Si l'environnement joue un rôle si important, que penser des résultats sur l'entraide spontanée décrits à la section précédente, obtenus en laboratoire par les chercheurs de Harvard ? David Rand, Joshua Greene et Martin Nowak ont anticipé la remarque, et ont demandé aux participants de donner des précisions sur leur passé, par exemple sur la fréquence des interactions coopératives qu'ils avaient dans leur vie quotidienne. Sans surprise, les participants les plus coopératifs lors de ces expériences étaient ceux qui avaient une vie sociale plus riche et plus coopérative.

Les interactions que nous avons avec les autres (dépendantes de la culture dans laquelle nous baignons) ont la capacité d'activer ou de désactiver certaines parties de notre génome, sans cesse, à chaque naissance. Ainsi, ce que l'on nomme la « société » influence la construction de notre corps, c'est-à-dire l'expression de nos gènes, et celle de nos enfants ! « Les seules variations aléatoires de l'ADN ne sont pas la seule source d'émergence de la nouveauté [...] [1]. »

Voilà comment la culture s'imprime dans notre biologie, de génération en génération [2]. Comme le résume

1. Ameisen (2008), p. 443.

2. L'engouement pour l'épigénétique ne doit pas être vu comme un simple effet de mode. Ces recherches ouvrent de nouveaux ponts (et collaborations !) entre sciences biologiques et sciences sociales. L'effet est double :

Jean Claude Ameisen, « il s'agit, plus simplement, d'une réinitiation chez les nouveau-nés, à chaque génération, par un individu adulte – dans le cas présent, sa mère, qu'elle soit biologique ou d'adoption –, d'une manière particulière de se construire. Par-delà la nature particulière des gènes et de l'ADN dont un enfant hérite de ses parents, l'environnement extérieur et des "caractères acquis" par les parents au cours de leur existence font aussi partie de ce que l'on nomme, de manière ambiguë, "l'hérédité" [1] ».

Ainsi, un bagage génétique ultra-sensible à la socialité, qui s'épanouit dans un environnement ultra-social, a fait de nous des êtres ultra-sociaux. Le tableau semble s'éclaircir, mais il n'explique toujours pas comment fonctionne précisément notre système d'« entraide spontanée »…

Un automatisme malléable

Apprendre à conduire une voiture ou à faire du vélo nécessite une grande concentration, car le risque d'accident est important et il faut maîtriser beaucoup de paramètres simultanément : le code de la route, les pédales, la coordination des mains, le contrôle dans les rétroviseurs, l'anticipation des trajectoires des autres, etc.

l'épigénétique serait à la fois « un bon antidote à la biologisation de la culture par certains biologistes, et une manière de réduire l'anxiété que certains chercheurs en sciences humaines ont de la biologie. Il est aujourd'hui clair que le politique, l'idéologique et le biologique sont profondément entrelacés ». Voir le bon résumé sur l'épigénétique de Jablonka (2016).

1. Ameisen (2008), p. 443.

Mais un conducteur expérimenté ne pense plus à tout cela de manière consciente : il conduit en mode « automatique ». Son esprit peut se concentrer sur la liste des courses à faire ou sur la discussion avec les passagers, sans qu'il ait à réfléchir au sens du levier de vitesse ou au choix de la pédale s'il faut freiner.

Comment expliquer ces automatismes ? Après des décennies de recherches, Daniel Kahneman[1] et son collègue Amos Tversky ont construit une grille de lecture intéressante. Selon eux, nous possédons deux modes cognitifs : un mode de routine, spontané et émotionnel, appelé « système 1 », et un mode de pensée rationnelle qui demande des efforts, appelé « système 2 ». Lorsque nous nous trouvons en situation d'apprentissage, de concentration, attentifs, le système 2 tourne à plein régime, et nous devenons progressivement *consciemment compétents*. À force de répétition et d'habitude, le cerveau bascule en « système 1 » : tout s'automatise, devient plus relax, et nous devenons *inconsciemment compétents*.

Le système 1 est qualifié d'intuitif, d'« impressionniste » ou d'involontaire, et il est caractérisé par une rapidité de réaction, un état d'absence de vigilance, une absence d'effort. Dans ce mode, le sujet suppose que le monde se comportera comme prévu ; il croit les choses (ou les déduit) sans les avoir démontrées. Il fait des tas de suppositions, que Kahneman appelle des « heuristiques »[2].

1. Kahneman (2012). Son livre est passionnant !
2. Et qui mènent d'ailleurs à beaucoup d'erreurs de la vie courante.

Enfin, ce mode ne peut pas être « déconnecté », contrairement au système 2, qui peut être mis en veille.

En effet, le système 2 est fatigant, car il oblige à une concentration totale. C'est une pensée logique, qui demande du temps, mais qui évite de tomber dans les conclusions hâtives et autres pièges de la vie. Elle oblige à se poser, et à ne faire qu'une chose à la fois. Lorsque le monde ne tourne plus rond, que quelque chose ne fonctionne plus ou qu'une menace se présente, le système 2 se déclenche. La raison se met alors à chercher, calculer, contrôler, se méfier. Mais il convient de débrancher ce système régulièrement, sous peine d'épuisement.

Nous sommes tous évidemment enclins, par paresse, à « penser vite », c'est-à-dire à rester en pilote automatique (système 1). La vie est bien plus facile ainsi ! On se met à croire aux idées reçues, on fait des déductions faciles et hâtives, on agit par habitude. C'est par exemple le mécanisme qui convertit un mensonge fréquemment répété en vérité (surtout s'il est répété par des experts, car on a tendance à leur faire confiance, c'est-à-dire à éteindre notre système de remise en question).

Ce double système cognitif offre un cadre cohérent pour comprendre à la fois le côté spontané des comportements et les grandes variations observées. C'est un mécanisme rapide et puissant, mais qui reste toutefois flexible. Grâce à ce cadre, David Rand et ses collègues ont formulé l'hypothèse de l'« heuristique sociale » pour expliquer la spontanéité des comportements d'entraide[1]. Cette hypothèse stipule que les comportements coopératifs spontanés résultent des nombreuses interactions coopératives que chacun vit quotidiennement. Plus on évolue dans un contexte social coopératif, plus on développe ses automatismes prosociaux. Inversement, plus on évolue dans un contexte égoïste et compétitif, plus on développe les automatismes antisociaux.

Cela expliquerait pourquoi, en situation de stress ou d'inconnu, les comportements spontanés sont si prosociaux. Les individus se basent sur leur expérience passée, qui leur a montré que l'entraide était souvent la meilleure stratégie. Les personnes qui ont eu des interactions sociales fréquentes durant leur vie et qui ont intégré peu à peu le fait que coopérer était bénéfique (notez que le système 2 pouvait être là au départ pour apprendre) réagiront de manière altruiste en situation de stress ; peu importent les conséquences. En cas de situation extraordinaire, ils agiront comme des « héros », ou du moins seront considérés comme tels par les personnes qui les jugeront rétrospectivement (avec la raison).

Les autres, celles et ceux qui ont eu de mauvaises expériences avec leurs semblables durant leur vie ou ont évolué dans une culture qui ne favorisait pas l'entraide, réagiront spontanément comme ils ont pris l'habitude de le faire : ils montreront plutôt de la méfiance, même si on les met en situation de stress.

1. Rand (2014).

Voilà qui expliquerait pourquoi, lorsque des chercheurs ont tenté de reproduire les résultats de David Rand et de ses collègues, certains y sont parvenus [1], d'autres ont obtenu des résultats inverses (une intuition qui ne favorise pas l'entraide ou une réflexion qui la favorise) [2], et d'autres encore ont eu des résultats mitigés [3]. Ouf! Quoi de plus normal, finalement, que d'observer la réflexion (système 2) favoriser *aussi* des comportements prosociaux [4] ? C'était, au passage, tout l'objectif d'un essai sur l'entraide…

Nous avons donc la faculté de changer progressivement de comportements sociaux (d'automatismes) en fonction des expériences de la vie. Nous pouvons devenir des « serial-altruistes » lorsque notre environnement devient soudain altruiste (par exemple lorsque nous changeons de quartier, comme l'a montré une série d'expériences grandeur nature réalisées par l'évolutionniste David S. Wilson [5]).

La souplesse de ce modèle cognitif permet de mettre tout le monde d'accord [6] et d'expliquer toutes ces apparentes contradictions. Nous sommes loin d'un modèle déterministe, mais nous ne sommes pas non plus dans

1. Cappelen (2016) ; Lotito (2013) ; Nielsen (2014).
2. Voir Tinghög *et al.* (2013) ; Rand *et al.* (2013).
3. Piovesan (2009) ; Evans *et al.* (2015).
4. Baumgartner (2011) ; Spitzer *et al.* (2007).
5. O'Brien et Wilson (2011).
6. Récemment, cette hypothèse de l'heuristique sociale a pu être confortée par une méta-analyse de 67 études portant sur ce sujet. Voir Rand (sous presse).

un modèle qui nie notre part biologique, comme le suggèrent les découvertes suivantes.

En 2002, des chercheurs de l'université Emory à Atlanta (États-Unis) ont observé que les aires du cerveau impliquées dans la récompense[1] s'activaient lorsque la personne d'en face coopérait à un jeu économique[2]. D'autres équipes ont montré que ces mêmes aires sont activées par la vue de comportements équitables[3] ou par l'engagement dans un don[4]. L'entraide et la générosité non seulement font du bien au moral, mais contribuent à l'augmentation du sentiment de bonheur[5] !

Le câblage de l'entraide dans notre cerveau est renforcé par l'effet inverse : le circuit lié au sentiment de

1. De manière très simplifiée, le circuit de la satisfaction et de la récompense est composé du striatum, du cortex préfrontal dorso-latéral et du cortex orbitofrontal antérieur. C'est le circuit qui s'active lorsqu'on gagne de l'argent, qu'on étanche sa soif ou qu'on goûte un bon plat. Le striatum est l'aire liée à la satisfaction et au processus de récompense qui favorise par la suite les actions similaires. Le cortex préfrontal dorso-latéral est l'aire du contrôle cognitif, qui pèse le pour et le contre, et qui résout le conflit entre les intérêts égoïstes et les intérêts sociaux. Le cortex orbitofrontal antérieur est l'aire des émotions, très souvent favorable à la coopération (sauf chez les psychopathes).

2. Rilling (2002).

3. Tricomi *et al.* (2010).

4. Dawes *et al.* (2012) ; Hare *et al.* (2010) ; Zaki (2011).

5. Une expérience de 2008 a mis en évidence chez 632 Américains une corrélation entre le niveau de bonheur et les sommes qu'ils consacraient aux cadeaux ou à des œuvres de charité. Le même effet se retrouve lorsque des employés dépensent leurs bonus pour les autres, ou lorsqu'on donne aux employés non plus un bonus personnel et financier, mais un bonus « prosocial » (une somme pour une œuvre de charité ou de nouveaux équipements pour l'équipe sportive, par exemple). Cela a pour effet d'augmenter non seulement la satisfaction des employés, mais aussi les performances des équipes. Voir Dunn *et al.* (2008) ; Anik *et al.* (2013).

dégoût[1] s'active lorsque le partenaire de jeu ne coopère pas, garde l'argent pour lui ou triche[2]. David Rand résume cela de manière lapidaire: « Ça fait du bien d'être bon… sauf si la personne en face est un enfoiré[3]. »

À long terme, comme nous avons tendance à nous souvenir des expériences les plus agréables, il se peut que cela renforce la tendance prosociale de notre système 1. Si l'on ajoute à cela le fait que la réflexion (système 2) peut réduire les effets positifs des émotions, c'est-à-dire supprimer ce plaisir d'aider[4] (ce que ne fait pas le système 1), on comprend pourquoi notre tendance spontanée à l'entraide est si puissante et universelle!

Le directeur de l'Institut Max Planck d'anthropologie évolutive de Leipzig (Allemagne), Michael Tomasello, et son collègue Felix Warneken, de l'université Harvard, ont consacré leur carrière à observer les comportements

1. Le circuit du dégoût commence dans l'insula et rejoint le cortex orbitofrontal latéral. Comme pour le circuit de la satisfaction, la première étape est inconsciente, puis se termine dans une aire de la raison (conscience). L'insula antérieur est, entre autres fonctions, responsable du sentiment de dégoût, que ce soit par les odeurs ou la vue d'une mutilation, ainsi que de la sensation de douleur, de faim ou de soif (même lorsque l'expérience est imaginée). Il est également impliqué dans le sentiment de violation d'une norme, d'injustice et d'empathie. Le cortex orbitofrontal latéral est l'aire impliquée dans le jugement et la résolution des conflits. En cas de dysfonctionnement de ce cortex, on ne gère pas sa colère et on réagit de manière inappropriée à la colère des autres. Cette aire est forcément liée aux punitions et aux représailles.

2. Sanfey *et al.* (2003). Il serait intéressant de savoir si ces réactions de plaisir et de dégoût sont les mêmes chez les personnes ayant mis en place un système 1 altruiste vs. égoïste. Mais, pour l'instant, aucune étude n'a été faite à ce sujet.

3. Hutson (2016).

4. Rand *et al.* (2015).

prosociaux chez les bébés et les singes. Dès l'âge de 14 à 18 mois, les bébés viennent spontanément aider un adulte en difficulté [1]. Ces préférences prosociales peuvent même s'exprimer dès 3 à 5 mois [2]. Lorsqu'ils ont l'âge de pouvoir exprimer une intention (vers 12 mois), les bébés communiquent aussi volontiers des informations à l'adulte dans le but de l'aider [3]. Ces résultats montrent que, dès l'âge de 1 an, les bébés sont non seulement capables de comprendre ce que veut un adulte, mais aussi motivés à l'aider [4].

1. Si vous faites tomber un objet et que vous peinez à le ramasser, si vous avez du mal à faire tenir debout une pile de livres ou si vous ne pouvez pas ouvrir une armoire parce que vos mains sont occupées, il est fort probable qu'un bébé jouant par terre et observant la scène vienne spontanément vous aider (vous tendre l'objet, placer les livres correctement ou ouvrir l'armoire pour vous). Ces comportements altruistes émergent aussi en l'absence totale d'encouragements, de remerciements, de récompenses ou d'éloges de la part de l'adulte. Mieux, ils s'observent même si vous mettez des obstacles sur la route du bébé (ah ! que les chercheurs sont sadiques) et même si cela l'oblige à cesser de faire quelque chose d'amusant. Voir Warneken et Tomasello (2006, 2007) ; Warneken *et al.* (2007).

2. Les expériences de J. Kiley Hamlin, de l'université de Colombie-Britannique (Canada), et de Karen Wynn, de l'université Yale (États-Unis), vont jusqu'à montrer que des bébés de 5 mois, et même de 3 mois (soit avant même qu'ils aient l'âge de parler ou de pouvoir aider), sont capables de préférer des marionnettes prosociales à des marionnettes montrant des comportements égoïstes ou méchants envers une tierce personne. Voir Hamlin *et al.* (2007) ; Hamlin *et al.* (2010).

3. Par exemple, en montrant un objet que cherche l'adulte et qui se trouve hors de son champ visuel (alors qu'ils ne pointeront pas un objet se trouvant dans son champ visuel). Remarquant que les enfants cessaient de pointer l'objet lorsque l'adulte l'avait saisi, les chercheurs en déduisirent qu'ils ne cherchaient pas à obtenir l'objet pour eux, mais agissaient vraiment dans le but d'aider l'adulte. Liszkowski *et al.* (2006, 2008).

4. Nous nous demandons si les bébés qui grandissent dans un environnement plutôt antisocial coopèrent moins que ceux qui évoluent dans un

Cette « lueur chaude » que les adultes ressentent après avoir été impliqués dans un acte prosocial concerne aussi les enfants. Avant 2 ans, non seulement ils éprouvent une grande satisfaction à donner un objet qui compte pour eux [1], mais ils sont capables d'exprimer des comportements prosociaux par *anticipation* de sentiments agréables [2].

La précocité des comportements spontanés d'entraide est troublante. En effet, ceux-ci précèdent de beaucoup la formation de la capacité de raisonnement (donc la mise en place du système 2 !). Se pourrait-il que, dès cet âge, le système 1 intuitif soit déjà formé par les milliers d'interactions prosociales que le bébé a eues avec ses proches depuis sa naissance ? Ou avant sa naissance ? Si c'est le cas, alors on ne peut qu'être admiratif devant l'incroyable capacité d'absorption et plasticité du cerveau humain... Des expériences restent à faire pour arriver à décrire ce qui se passe exactement entre la naissance et 3 mois, mais ce qui saute aux yeux, c'est la facilité avec laquelle nous nous comportons de manière prosociale dès notre plus jeune âge et la puissance des mécanismes biologiques dont nous sommes dotés.

Ces prédispositions et capacités d'apprentissage se retrouvent aussi – en plus faible proportion – chez nos proches cousins les singes. C'est le cas des chimpanzés,

environnement plutôt prosocial. Nous n'avons pas trouvé d'études permettant de répondre à cette question.

1. Aknin *et al.* (2012).

2. Paulus (2016).

qu'ils soient élevés par des humains[1] ou par leur mère, et même entre individus non apparentés[2]. Comme les bébés humains, ils montrent des comportements prosociaux et généreux même si cela leur coûte un effort supplémentaire, et ne le feront pas plus fréquemment s'ils sont récompensés[3].

Avant de clôturer ce chapitre, arrêtons-nous un instant sur les situations de stress extrême vécues par les soldats sur le champ de bataille. Selon le spécialiste de la guerre moderne et du comportement au combat, le colonel Michel Goya, la grande majorité des soldats se trouvant sous le feu de l'ennemi s'obstinent à rater leur cible, tirent en l'air, s'abstiennent de tirer, voire se blottissent dans un coin en tremblant[4]. Les vrais guerriers que l'on voit dans les films, ceux qui ont des réflexes de combat et de violence extrême, ne représentent qu'une infime minorité des effectifs[5]. Et, même s'ils possèdent probablement de solides prédispositions physiques et psychiques, ils doivent subir au préalable des entraînements intensifs pour arriver à de tels niveaux d'agression.

1. Warneken et Tomasello (2006).
2. Warneken *et al.* (2007).
3. En effet, chez des bébés de 20 mois, le fait de donner une récompense matérielle fait chuter la fréquence de l'aide. C'est un phénomène connu depuis les années 1970 sous le nom d'« hypothèse de la surjustification » : pour une activité que l'enfant aime faire, une motivation extrinsèque (la récompense) mine sa motivation intrinsèque (son intérêt). Voir l'expérience sur les bébés dans Warneken et Tomasello (2008). Et la théorie psychologique dans Lepper *et al.* (1973).
4. Voir aussi le chapitre 4 de Lecomte (2012).
5. Goya (2015).

L'intérêt des formations et des entraînements militaires est donc de mettre en place un système 1 qui fasse ressortir spontanément l'agression et la violence. C'est l'une des choses les plus difficiles à faire, car cela s'oppose radicalement à la majeure partie de notre expérience de la vie quotidienne, ainsi qu'à notre indécrottable tendance à l'empathie et à la sympathie. Les militaires l'ont d'ailleurs bien compris : ils savent que l'une des plus puissantes raisons qui poussent les soldats à aller risquer leur vie sur les champs de bataille est la solidarité et la fraternité qu'ils ressentent pour leurs camarades [1].

La beauté du mécanisme cognitif qui rend l'entraide humaine spontanée réside donc à la fois dans sa robustesse et sa souplesse, dans sa force et sa fragilité, dans sa constance et sa diversité, dans son implacable atavisme et son irrésistible ouverture à la nouveauté.

1. Lecomte (2012).

CHAPITRE 3
Les mécanismes du groupe

La tendance spontanée des individus à l'entraide, si surprenante et solide soit-elle, ne suffit pas à expliquer toute la complexité de l'entraide humaine, et encore moins à faire société. Passer de l'individu à un petit groupe (par exemple, une réunion d'association), à un plus grand groupe (une entreprise) ou à un immense groupe (un pays) fait émerger de nouveaux phénomènes et de nouvelles dynamiques.

Le noyau dur de l'entraide : la réciprocité

Nous avons vu au chapitre précédent que la décision d'agir pour l'autre – que chacun prend en son for intérieur – dépend en partie de notre passé. Mais elle dépend *aussi* des autres dans le présent – leurs réactions, leurs gestes, leurs intentions, leurs paroles, leurs promesses ou même leur réputation.

Un inconnu vous arrête dans la rue et vous demande de l'aider. Peut-être hésiterez-vous. Tout dépend de votre humeur, de ce qu'il vous demande, du ton sur lequel il formule sa question ou de son apparence. Imaginez maintenant que vous emménagiez dans un nouvel appartement et que, dès le premier soir, vous croisiez votre nouveau voisin de palier. Il vous demande de l'aide. Hésiterez-vous autant ? Probablement pas, car vous savez que vous serez amenés à vous recroiser de nombreuses fois.

Aider un inconnu qu'on ne reverra jamais fait simplement appel au sens altruiste de chacun, dépendant de ses expériences, mais aussi de ce qui se présente dans l'instant présent. La prise de décision se nourrit d'indices intuitifs divers qui passent peu par le calcul et la raison. C'est un acte ponctuel qui n'a pas (ou presque pas) de conséquences sur l'avenir. En revanche, aider une personne que l'on sera amené à côtoyer par la suite, c'est créer un lien de réciprocité *à durée indéterminée*, et c'est tout autre chose ! Pour vous et votre voisin, nul doute qu'une bonne relation est la garantie d'un futur plus coopératif et plus sympathique, donc mutuellement bénéfique.

L'obligation de rendre

La réciprocité évoque la fameuse « règle d'or », un principe moral présent dans de nombreuses religions et civilisations, et qui touche aux *intentions*. Elle se résume comme suit : « Traite les autres comme tu voudrais être traité », et fonctionne aussi en version négative : « Ne fais pas aux autres ce que tu ne voudrais pas qu'on te fasse. » C'est un principe central dans l'élaboration des systèmes moraux depuis la nuit des temps, comme l'illustrent les paroles que l'on attribue à Hillel l'Ancien, un sage qui vécut à Jérusalem au temps de Jésus Christ et de l'empereur Auguste : « Ce qui est détestable à tes yeux, ne le fais pas à autrui. C'est là toute la Torah, le reste n'est que commentaire. Maintenant, va et étudie[1]. »

Mais la réciprocité n'est pas qu'une question d'intention ; elle s'étend aussi aux actes. Dans sa version négative, elle s'exprime par la loi du talion (qui est bien plus problématique pour la constitution d'une éthique et d'un système de justice), reprise par exemple dans la Torah (mais on peut la trouver dans bien d'autres textes sacrés) : « Mais si malheur arrive, tu paieras vie pour vie, œil pour œil, dent pour dent, main pour main, pied pour pied, brûlure pour brûlure, blessure pour blessure, meurtrissure pour meurtrissure[2]. »

La version positive se retrouve dans ce que l'anthropologue Marcel Mauss (1872-1950) nommait le « don » et le « contre-don » dans son plus célèbre ouvrage, *Essai sur le don*, paru en 1923[3]. Mauss est le premier à s'intéresser aux logiques du don dans les sociétés traditionnelles et à les décrire, montrant la place prépondérante

1. Talmud de Babylone, Shabbat 31a, cité dans Wilson DS (2015), p. 22.
2. Exode 21, 23-25.
3. Mauss (1968).

qu'elles occupent dans leur quotidien. Il va même plus loin : pour lui, le don est un phénomène commun à toutes les sociétés humaines. Ses travaux ont permis de mettre en évidence la survivance de telles logiques dans les sociétés modernes [1], et sa pensée constitue le point de départ *anti-utilitariste* qui rassemble des penseurs persuadés que les relations sociales entre humains ne peuvent pas se résumer à des relations économiques strictes [2].

Mauss explique que le don [3] est suivi d'un contre-don selon des codes bien précis : le don crée chez l'autre une *obligation de réciprocité*, celle de rendre. Aider quelqu'un provoque chez l'autre le désir de retourner la faveur. Le contre-don a cela d'agréable qu'il libère la personne de son obligation, et cela de remarquable qu'il ne l'annule pas, puisqu'il la transmet à son tour. Ainsi, cette triple obligation de « donner-recevoir-rendre » génère un état de dépendance réciproque qui prolonge le lien social dans le temps, telle une boucle sans fin.

À ce stade, un « déclic » se produit dans notre compréhension du schéma général de l'entraide : si l'on combine les comportements d'entraide spontanée vus au chapitre précédent (premier temps) à cette obligation de réciprocité très puissante (deuxième temps), on saisit pourquoi l'entraide est devenue un phénomène si répandu et si puissant chez les humains. Elle se multiplie

1. Godbout et Caillé (1992).
2. Voir la préface.
3. Le don peut aussi bien être matériel qu'immatériel.

et se répand par ricochet, à travers le temps et l'espace, créant ainsi une culture de l'entraide (troisième temps) qui à son tour façonnera les automatismes de chacun (retour au premier temps). Mais n'allons pas trop vite...

Attardons-nous un instant sur cet immense univers de la réciprocité, qui ne peut assurément pas se résumer à une simple loi du talion. Il contient une foule de petites règles implicites très fines, par exemple sur le délai de retour, comme l'expose Mauss : « [...] il est, dans toute société possible, de la nature du don d'obliger à terme. Par définition même, un repas en commun, une distribution de kava, un talisman qu'on emporte ne peuvent être rendus immédiatement. Le "temps" est nécessaire pour exécuter toute contre-prestation [1]. » S'il en était autrement, le contre-don perdrait tout son sens, et risquerait même d'être vexant. Si votre nouveau voisin vous offre une confiture qu'il a produite lui-même avec amour et avec les fruits de son jardin, il serait malvenu, pour le remercier, de courir au magasin et de lui offrir immédiatement un cadeau en retour ! Comme l'explique Jacques T. Godbout dans *L'Esprit du don*, rendre sur le moment reviendrait à refuser le don et à le réduire à un simple troc : « Rendre immédiatement signifierait qu'on se dérobe au poids de la dette, qu'on redoute de ne pas pouvoir l'assumer, qu'on tente d'échapper à l'obligation, à l'obligeance qui vous oblige, et qu'on renonce à l'établissement du lien social par crainte de ne pouvoir être

1. Mauss (1968).

assez munificent à son tour[1]. » Le laps de temps entre le don et le contre-don est le temps de la dette, celui qui maintient actif le lien social.

Par ailleurs – et c'est un autre petit principe implicite –, un don doit être perçu comme désintéressé, sinon il n'est pas considéré comme un don[2] et peut même être blessant, auquel cas il pourra être refusé. Sans intention, un don ne vaut donc pas grand-chose, juste sa valeur matérielle. Pour l'entraide, il en va de même : une entraide désintéressée n'a pas la même valeur qu'une entraide calculée et utilitariste. Il y a donc un gradient de la qualité des dons et des contre-dons. Toutes les réciprocités ne se valent pas. À tel point que, pour certains sociologues, l'échange marchand n'est même pas une relation de réciprocité, car il ne contient pas (ou peu) les autres dimensions de l'être humain : les sentiments, la confiance, la générosité, les rites ou même la dimension sacrée[3]. Pour notre part, nous considérons l'échange marchand comme une manifestation – certes minimaliste – d'une réciprocité anthropologique originelle, même réduite à sa simple forme économique et même dénuée d'intention bienveillante ou altruiste. L'acte marchand reste quelque chose de l'ordre de l'action collective. Un reliquat.

Voici un autre exemple de règle implicite de réciprocité : le contre-don doit être parfaitement calibré à

1. Godbout et Caillé (1992), p. 109.
2. Godbout et Caillé (1992).
3. Temple et Chabal (1995).

la personne et à la valeur perçue du don. Par exemple, le jour de votre anniversaire, lorsque vous arrivez au bureau, un collègue vous offre un livre, juste celui que vous vouliez. Belle surprise ! Vous aurez probablement à cœur de lui faire à votre tour un beau cadeau le jour de son anniversaire. Mais c'est le choix du cadeau qui est ici intéressant : ce ne peut assurément pas être une babiole symbolique à 1 euro ; ce serait vexant pour lui et gênant pour vous. Il n'est pas non plus question de lui offrir un voyage aux Maldives ; ce serait déplacé. Vous aurez peut-être envie de lui offrir *un peu plus* qu'un livre. Ce petit détail est important, car vous tenez à lui montrer votre gratitude et votre surprise : non seulement vous ne vous attendiez pas à ce geste de sa part, mais il a su trouver exactement le livre dont vous rêviez (décidément, vous commencez à apprécier votre collègue). C'est ce *petit quelque chose en plus* qui lui signalera votre intention et dévoilera la qualité du lien en train de se créer entre vous. Vous vous engagez dans une relation de réciprocité, ce qui ouvre potentiellement à autre chose qu'une simple relation de bureau…

Ce *petit quelque chose en plus* peut aussi prendre des proportions démesurées, comme c'est le cas dans ces sociétés premières de la côte pacifique d'Amérique du Nord qu'a étudiées Marcel Mauss au début du XXe siècle. Ce dernier nomma « potlatch » cette escalade sans bornes de contre-dons qui débouchait sur une compétition acharnée, les chefs de village s'employant, au cours de cérémonies grandioses, à donner des objets de grande valeur, des festins, des rites, devenus symboles de leur pouvoir et de leur richesse. Décidément, l'entraide est un phénomène complexe qui fonctionne grâce à des équilibres fragiles.

Les racines de la réciprocité

Si la réciprocité est profondément ancrée en nous, c'est probablement parce qu'elle s'appuie sur une structure très particulière de notre cerveau : les neurones miroirs[1]. Ces derniers ont été découverts dans les années 1980 par des chercheurs italiens qui travaillaient sur les macaques. Ils remarquèrent que l'aire du cerveau qui s'activait lorsqu'un singe exécutait une action s'activait aussi lorsqu'il avait l'*intention* de l'exécuter ou lorsqu'il *observait* un autre singe exécutant une action similaire.

Ces circuits cognitifs donneraient donc à ceux qui les possèdent les capacités de percevoir, de reconnaître, d'éprouver et même « d'entrer en résonance affective avec les sentiments d'autrui, et de prendre conscience de sa situation[2] ». Ainsi, à travers eux, nous pouvons ressentir la joie ou la tristesse des autres : « L'autre sourit littéralement dans notre cerveau, ce qui nous rend heureux et propices à sourire, transmettant alors le sourire dans le cerveau de quelqu'un d'autre[3]. »

1. Buccino *et al.* (2004).
2. Ricard (2013), p. 24.
3. Haidt (2012), p. 273.

Ce lien qui nous attache aux sentiments des autres et qui nous rend interdépendants s'appelle l'empathie[1]. Selon le primatologue Frans de Waal, c'est une capacité propre aux mammifères qui se serait développée au cours des millénaires à partir des soins parentaux prodigués aux petits et de l'attachement puissant qui lie un nouveau-né à ses parents.

Toutefois, l'empathie n'est pas qu'une question de résonance ou de contagion émotionnelle. « Il faut renoncer à l'idée que l'empathie soit seulement liée aux fameux neurones miroirs découverts par Rizzolatti. Elle fait intervenir à la fois l'observation, la mémoire, les connaissances et le raisonnement, autrement dit un grand nombre de régions cérébrales, et elle se construit en plusieurs étapes tout au long du développement[2]. » Selon le psychiatre et psychanalyste Serge Tisseron, l'empathie[3] se construit en trois étapes successives : l'empathie affective, l'empathie cognitive et la combinaison des deux, appelée « empathie mature[4] ».

1. L'hypothèse que les neurones miroirs jouent un rôle important dans l'empathie commence à faire son chemin. Voir Preston et de Waal (2002). Au sujet de l'empathie, voir Tisseron (2010) et Decety (2002).

2. Tisseron (2016).

3. Nous ne traitons ici que de ce que Serge Tisseron nomme l'empathie directe. Mais le psychologue décrit aussi trois autres phases : l'empathie réciproque, qui correspond à la façon dont une personne reconnaît à une autre le droit de se mettre à sa place ; l'empathie intersubjective, qui consiste à reconnaître à l'autre la possibilité de m'informer utilement sur des aspects de moi-même encore inconnus de moi ; l'empathie pour soi, qui correspond à la capacité de se percevoir soi-même comme sujet éprouvant.

4. Tisseron *et al.* (2015).

L'empathie affective correspond au « système 1 » de Kahneman, un mode intuitif au fonctionnement rapide et automatique qui apparaît dès les premiers mois de la vie. Il s'agit de la capacité de *distinguer* sa propre image de l'image de l'autre (le « stade du miroir »), et de celle d'identifier et distinguer l'émotion d'autrui [1]. L'empathie cognitive permet de *comprendre* l'état mental d'autrui (de prendre conscience qu'il peut être différent du nôtre) et utilise plutôt le « système 2 » de Kahneman, celui du calcul et de la réflexion, lent et délibératif. Elle apparaît aux alentours de 4 ans et demi et nécessite d'intégrer un grand nombre de paramètres, comme le caractère de l'autre, ses conditions de vie, sa culture, etc. Enfin, l'empathie mature articule les deux compétences précédentes en cadrant leurs défauts respectifs (se noyer dans les émotions des autres vs. manipuler froidement autrui). Dès lors, ajoute Tisseron, les sujets gagnent « en efficacité et en humanité », comme l'étudiant en médecine qui s'habitue à la souffrance des patients sans pour autant perdre sa sensibilité. L'équilibre est difficile à trouver et nécessite apprentissage et expérience ! C'est cette sagesse que Matthieu Ricard nomme la compassion : ses travaux, en collaboration avec la chercheuse en neurosciences Tania Singer, ont montré que ces trois formes d'empathie mettent en jeu des circuits neuronaux bien différents.

1. On trouvera plus de détails dans Hofmann (2008) et Decety et Cowell (2014).

C'est à partir de cette motivation émotionnelle et cognitive que naissent les intentions d'entraide et les actes d'entraide. Les travaux du psychologue Daniel Batson et de ses collègues (qui sont amplement décrits par Matthieu Ricard dans le livre *Plaidoyer pour l'altruisme*) ont montré que, lorsqu'on élevait expérimentalement les niveaux d'empathie des sujets, les comportements d'entraide augmentaient, aussi bien dans des jeux économiques [1] que dans des situations typiquement altruistes, comme le fait de se prendre un choc électrique à la place de l'autre [2]. Les sujets se sont même sentis beaucoup mieux à la vue du soulagement de la personne en face, y compris lorsque celui-ci a été causé par un tiers, ce qui suggère qu'une réelle motivation altruiste peut exister derrière un comportement de réciprocité [3].

L'empathie est un mécanisme très profondément ancré en nous. On connaît depuis longtemps les capacités des très jeunes enfants à réconforter les personnes qui expriment une détresse émotionnelle [4]. On découvre peu à peu ces mêmes capacités chez d'autres espèces animales. La perception de l'état émotionnel des autres pourrait être un trait aussi ancien que l'apparition des mammifères et des oiseaux [5].

1. Batson et Ahmad (2001).
2. Batson *et al.* (1981).
3. Batson *et al.* (1988).
4. Preston et de Waal (2002) ; Batson (1991).
5. De Waal (2008).

Mais le plus étonnant est sans doute ceci : souvenez-vous des expériences qui montraient que les aires du cerveau de la satisfaction s'activaient lorsqu'un partenaire coopérait. Les chercheurs ont reproduit la même expérience en remplaçant le partenaire par un ordinateur, et ont constaté que les aires de satisfaction s'activaient nettement moins, ce qui souligne à quel point tout cela reste bien une affaire humaine[1]. Cette magnifique expérience fait directement écho aux propos du philosophe de la réciprocité, Martin Buber[2] : le rapport entre une personne et un objet (« Je-Cela ») est radicalement différent du rapport entre deux personnes (« Je-Tu »). Il y a un monde de différence ! Reconnaître le Tu, c'est reconnaître que l'autre me reconnaît ; cela nécessite « un engagement vif et intense » qui ouvre un nouvel univers, celui de la réciprocité, de la relation.

Le passage au groupe : la réciprocité étendue

Nous venons de décrire une relation de réciprocité directe (A aide B et, en retour, B aide A) entre deux acteurs qui se reconnaissent et qui peuvent développer une relation de long terme basée sur une obligation de réciprocité. Cette relation particulière, ce lien, peut s'étendre et se démultiplier entre les personnes d'un groupe. Voyons comment cela est possible.

1. Rilling *et al.* (2002) ; Sanfey *et al.* (2003).
2. Buber (2012).

Revenons à l'expérience du jeu du bien public, où les joueurs pouvaient choisir de contribuer à un pot commun qui est redistribué entre tous à chaque tour (= coopérer) ou de ne pas contribuer en recevant quand même une partie de la redistribution (= profiter). Souvenez-vous des résultats : il se trouve toujours entre 40 % et 60 % des participants pour contribuer *dès le premier tour* au pot commun, même lorsqu'il s'agit d'inconnus. C'est donc un bon début !

Le problème, ce sont les profiteurs, les tricheurs et les égoïstes, car ils entraînent le groupe dans leur spirale[1]. À partir du moment où quelques personnes cessent de contribuer *et où d'autres s'en rendent compte*, de nombreux coopérateurs cessent leur participation, provoquant un effondrement rapide des contributions au bien commun. Résultat ? Tout le monde (ou presque) en sort perdant, alors même que chacun pensait tirer profit de la situation *individuellement*.

L'entraide au sein d'un groupe est un fragile équilibre qui peut basculer en un clin d'œil. Cela peut arriver même lorsque les individus entretiennent de bonnes relations de réciprocité, même lorsqu'une majorité d'entre eux sont bien intentionnés, et même lorsque tout le monde est parfaitement conscient que l'entraide est profitable au groupe. Il suffit d'un petit nombre d'actes

1. L'équipe d'économistes suisses réunie autour d'Ernst Fehr constate dans ses expériences qu'il y a toujours 10 % à 15 % d'individus systématiquement égoïstes. Ce sont des chiffres qu'il faudrait recouper et vérifier, mais ces premières observations sont frappantes. Voir Fehr *et al.* (2008).

antisociaux pour retirer à la majorité l'envie d'être vertueux. « Ah, vous trichez ? Eh bien, puisque c'est comme ça, je me retire du jeu, ne comptez plus sur moi pour coopérer. »

Des simulations informatiques montrent que ces effets en cascade peuvent également se produire en sens inverse : sous certaines conditions, il suffit de quelques super-coopérateurs pour qu'une majorité de non-coopérateurs se mettent à coopérer [1]. Dès lors, quels sont les mécanismes qui favorisent le maintien ou la généralisation de l'entraide au sein d'un groupe ?

La réputation (la réciprocité indirecte)

Reprenons l'exemple de votre voisin de palier qui, à la première rencontre, vous demande de l'aide. Ajoutons une troisième personne, par exemple le concierge. Vous ne le connaissez pas encore, mais votre voisin lui a probablement dit que vous étiez serviable, voire sympathique. Tout l'immeuble sera donc rapidement au courant, et il y a de grandes chances pour que, lorsque vous aurez besoin d'aide pour porter un meuble, un autre voisin se précipite à votre secours avec un grand sourire. Votre réputation vous aura précédé.

1. Grâce à une simulation informatique, deux chercheurs de l'université de Zurich ont montré que, dans un groupe majoritairement composé de profiteurs (et de très peu de coopérateurs), le fait de simplement laisser aux individus le choix de se déplacer vers des endroits plus favorables (en évitant les tricheurs) provoquait une apparition soudaine et spectaculaire de niveaux de coopération. Voir Helbing et Yu (2009).

L'apparition de cette troisième personne inconnue (et de toutes les autres de l'immeuble ou du groupe) ajoute une autre dimension à la réciprocité. Un acte considéré comme prosocial ou altruiste peut avoir des échos à travers le groupe et revenir vers vous par des voies détournées. C'est ce que les chercheurs appellent la « réciprocité indirecte » : vous aidez quelqu'un du groupe, sachant que la réciprocité pourra venir *de n'importe quelle autre personne du groupe* (ici, les habitants de l'immeuble) [1].

Mais, pour cela, il faut avoir une grande confiance dans la fiabilité de tous les membres. Il faut donc les connaître. Or, dans les grands groupes, on ne peut pas connaître tout le monde, et il est difficile de se faire une estimation personnelle des qualités de chacun. L'anonymat, de manière très discrète, voire imperceptible, ouvre la possibilité d'un relâchement des obligations de réciprocité (oubli, défection, je-m'en-foutisme, etc.). Cette faille peut à elle seule faire chuter brutalement le niveau général d'entraide par des effets d'imitation et de rétroaction. Même les personnes bien intentionnées cesseront finalement de coopérer à la vue de ces « profiteurs ».

La réputation est précisément le mécanisme qui permet de garantir un haut niveau de confiance en plaçant une sorte d'« étiquette de fiabilité » sur chacun

1. On peut même distinguer la « réciprocité indirecte en amont » (A aide B, ce qui motive B à aider C) de la « réciprocité indirecte en aval » (A aide B, ce qui motive C à aider A).

des membres du groupe, autrement dit en permettant de *reconnaître les personnes sans les connaître*. Dans les grands groupes qui restent à taille «humaine» (le quartier, le village, l'entreprise, etc.), on saura vite, grâce à une bonne circulation de l'information (les cancans et les ragots), qui sont les tricheurs et les profiteurs. Inutile pour eux de se fabriquer une fausse réputation, tout finit par se savoir ! La réputation devient donc une information très précieuse, comme un score qui s'actualise à chaque interaction et qui révèle nos actions passées. Ce score ressemble à un capital que l'on peut accumuler, mais aussi perdre. Il représente la promesse pour chaque individu d'un avenir (socialement) prospère.

La caractéristique remarquable de ce mécanisme, qui a dû apparaître dans les groupes très soudés de chasseurs-cueilleurs, est qu'il permet d'étendre notre confiance à des personnes que nous ne connaissons pas, c'est-à-dire d'agrandir considérablement la taille des groupes bien au-delà du cercle familial, des amis, des voisins, de la tribu. Ce mécanisme est aujourd'hui particulièrement visible sur les plates-formes d'échange et de vente en ligne (eBay, Airbnb, etc.), sur lesquelles chacun peut évaluer publiquement la qualité d'une interaction qu'il a eue avec une autre personne (à travers les étoiles et les commentaires). Ainsi se co-construit une confiance mutuelle, une sorte de réciprocité indirecte généralisée [1].

1. Remarquez cependant que la réputation n'explique pas à elle seule le niveau de coopération dans un groupe beaucoup plus vaste, comme un pays ou une culture. Nous y reviendrons dans la section suivante.

L'apparition d'Internet a en effet étendu notre capacité à construire d'immenses réseaux de réputation et d'entraide entre inconnus… qui peuvent même rester anonymes !

La réputation, à l'instar de la réciprocité directe, est un mécanisme très complexe, aux multiples possibilités d'affinage. Celui-ci se fonde par exemple sur des sentiments très forts, comme la crainte de la honte ou la volonté de conserver son honneur (toutes deux provoquent une augmentation de 50 % de la participation au bien commun dans un jeu économique [1]). Nous avons aussi tendance, par exemple, à aider plus volontiers les personnes qui ont la réputation de prendre soin des autres [2].

Afin de comprendre le rôle de la réputation dans la stabilisation des niveaux d'entraide au sein d'un groupe, trois évolutionnistes allemands ont organisé deux séries d'un double jeu économique (un jeu qui mesure la contribution au bien public et un jeu basé sur la réputation). Dans la première série, les joueurs alternent le jeu du bien public et le jeu de réputation : on observe alors des contributions élevées au bien public, car les joueurs font attention à leur réputation. Lorsqu'on leur propose uniquement le jeu du bien public (sans la réputation), les niveaux de contribution

1. Selon une étude datant de 2011 et impliquant 180 étudiants. Voir Jacquet *et al.* (2011).

2. Pour une bonne synthèse sur les phénomènes de réputation, lire Milinski (2016).

chutent au bout de quelques tours. Puis, lorsqu'on fait jouer ces mêmes joueurs au jeu de réputation, ces niveaux remontent immédiatement[1].

Cette expérience est remarquable, surtout pour la petite astuce finale : les trois dernières expériences de chaque série (de 20 tours) étaient consacrées uniquement au jeu du bien public. Mais les chercheurs ont piégé les participants : ils ont dit à la moitié des joueurs qu'il restait encore trois tours, sans le dire à l'autre moitié. Résultat : les contributions ont chuté drastiquement lorsqu'on a prévenu les joueurs de la fin de l'expérience (au diable la réputation !), alors que les participants que l'on n'avait pas prévenus ont continué à coopérer, pensant que leur réputation était toujours en jeu… Voilà une élégante démonstration de la puissance de la réputation.

Hors des laboratoires, dans la vie réelle, les résultats sont similaires. Par exemple, le fait de rendre publics les noms des personnes qui donnent leur sang ou qui contribuent à des œuvres de charité augmente les niveaux globaux de dons[2] ; en Californie, les incitants qui agissaient sur la réputation étaient plus efficaces que les incitants économiques pour motiver les gens à participer à des programmes de prévention[3] ; en Colombie, dans une communauté de pêcheurs, le fait de révéler publiquement la contribution au bien commun d'un pêcheur (chaque fois tiré au sort) s'est révélé bien plus

1. Milinski *et al.* (2002).
2. Karlan et McConnell (2014) ; Lacetera et Macis (2010).
3. Yoeli *et al.* (2013).

efficace pour faire participer l'ensemble du groupe au bien commun qu'une instance autoritaire de régulation extérieure, si efficace fût-elle [1].

On a également découvert que le fait de montrer les visages de personnes possédant une bonne réputation (c'est-à-dire de coopérateurs) activait la zone du cerveau associée à la récompense et au plaisir [2]. De même, lorsqu'une personne à la piètre réputation faisait défaut ou cessait de coopérer, les aires engagées dans le sentiment de dégoût s'activaient. Vous ne serez pas surpris d'apprendre que ce dégoût est beaucoup moins prononcé lorsque la trahison vient d'une personne à la très bonne réputation [3]. Il est bien connu qu'on pardonne plus facilement à ceux que l'on estime…

Le mécanisme de la réputation semble aussi très profondément ancré en nous, car il est présent très tôt chez les bébés ainsi que chez d'autres espèces de primates. À partir de 6 mois, les bébés peuvent juger une personne en tenant compte de son comportement envers des tiers [4] ; similairement, des singes capucins ont eu ten-

1. Lopez *et al.* (2012).
2. Phan *et al.* (2010).
3. Delgado *et al.* (2005).
4. Hamlin *et al.* (2007). Dans une autre expérience, l'équipe de Michael Tomasello a demandé à des enfants de 5 ans de partager leurs autocollants avec un inconnu (qui était absent du dispositif) devant un autre enfant inconnu. Ce dernier, dans la moitié des cas, a été présenté à l'enfant comme un possible futur partenaire de jeu ; dans l'autre moitié des cas, il est resté anonyme. Résultat : les enfants ont partagé près de 50 % de cartes en plus dans le premier cas de figure, lorsque leur réputation était en jeu. Voir Engelmann *et al.* (2013) ; Leimgruber *et al.* (2012).

dance à refuser de la nourriture venant d'humains qu'ils avaient vus *ne pas coopérer* avec d'autres humains [1].

Si vous trouvez ces études troublantes, que dites-vous de celle-ci : des humains adultes se sont révélés plus coopératifs lorsqu'on a placé à côté d'eux un robot doté de grands yeux ou lorsqu'on a affiché sur le mur un dessin représentant deux yeux, comme dans le célèbre roman de George Orwell, *1984*, où l'omniprésent Big Brother observe tout [2]. Se sentir regardé en permanence revient à jouer sa réputation à chaque instant, avec cette impression d'être jugé *par le groupe dans son ensemble*. Bien que stressante, cette situation n'en est pas moins très efficace pour favoriser des comportements vertueux [3]. C'est d'ailleurs ce principe qu'utilisent (peut-être inconsciemment, allez savoir...) les institutions religieuses pour maintenir un ordre social et une morale : comportez-vous bien, car Dieu voit tout et entend tout [4] !

La réputation est puissante, car elle joue sur des sentiments comme notre appartenance à un groupe, la peur de l'avenir et de la solitude, ou encore la honte et l'honneur. Elle nous sert de guide pour décider avec

1. Anderson *et al.* (2013).

2. Voir Haley et Fessler (2005) ; Mifune *et al.* (2010). Il est à noter toutefois que ce phénomène n'est pas observé chez les enfants, ce qui montre que la culture influence grandement les mécanismes de réputation. Voir Vogt *et al.* (2015).

3. Cela n'est pas sans rappeler le fameux dispositif carcéral de « surveillance totale » inventé par le philosophe utilitariste Jeremy Bentham, le panoptique, où les geôles transparentes permettent au gardien de voir en permanence ce qu'il se passe dans chaque cellule.

4. Gervais et Norenzayan (2012).

qui interagir, et représente aussi une bonne mesure de la richesse (sociale) de notre avenir. Comme un ciment dont l'excès figerait la société dans une dystopie étouffante, elle reste néanmoins indispensable pour donner un minimum de cohésion aux sociétés humaines, c'est-à-dire pour généraliser les comportements d'entraide aux grands groupes.

Récompenses et punitions (la réciprocité renforcée)

Lorsqu'un participant à un jeu économique se comporte de manière prosociale (générosité, altruisme, coopération, etc.), les autres joueurs ont tendance à le récompenser. Cela semble normal. Ce qui est plus surprenant, c'est le fait que les personnes qui récompensent le font souvent à leur détriment (cela leur coûte de l'argent)[1]. Ce phénomène, appelé la *récompense altruiste*[2], est aujourd'hui très bien établi, depuis des décennies, dans plusieurs cultures, par de nombreuses expériences mettant en jeu des objets, des services ou des sommes d'argent allant jusqu'à deux à trois mois de

1. Par exemple, prenez deux personnes qui possèdent 10 euros chacune et faites-les jouer en deux séquences. Le joueur qui commence peut décider de donner une partie de son argent ou rien à l'autre. Puis l'autre décide à son tour de donner une somme au premier. Cette situation laisse la possibilité à des joueurs égoïstes de ne pas donner en retour ou de ne rien donner au premier coup s'ils anticipent une défection de l'autre. En dépit de cette possibilité, en moyenne plus de 50 % des personnes testées donnent en retour des sommes plus élevées que ce qu'elles ont initialement reçu. Elles récompensent la générosité – le fameux « petit truc en plus » de la réciprocité. Voir Fehr *et al.* (1993) ; Berg *et al.* (1995) ; Hayashi *et al.* (1999).

2. Fehr et Fischbacher (2003).

salaire[1]. Il est sûrement lié au fait que beaucoup d'entre nous éprouvent un réel plaisir à voir un autre donner ou coopérer, comme l'ont mis en évidence les expériences en neurosciences[2]. Dès lors, se montrer coopératif au sein d'un groupe n'améliore pas seulement notre réputation, cela déclenche du plaisir chez les autres, et donc des retours bénéfiques immédiats et très concrets.

Toutefois, au pays de l'entraide et de l'altruisme, tout n'est pas si rose. Une impressionnante flopée d'expériences ont aussi montré que l'un des moyens les plus efficaces de favoriser l'entraide était la punition. En 2000, dans une expérience devenue un classique (et qui implique le non moins classique jeu du bien public), les économistes Ernst Fehr et Simon Gächter observent la dynamique typique : les gens participent assez bien au début d'un jeu, puis, au bout d'une dizaine de tours, cessent de contribuer au bien commun (avec des niveaux proches de 0 %). Chacun décide de garder ses billes en constatant que certains ne s'en sont pas privés. Mais, à partir du onzième tour, les chercheurs annoncent aux joueurs qu'ils ont la possibilité de punir les membres du groupe qui ne participent pas assez (en leur retirant des gains). Les niveaux de coopération grimpent alors immédiatement à 65 % et atteignent presque 100 % au bout de quelques tours ! En refaisant l'expérience inverse (les dix premiers tours avec punition, suivis de dix tours sans

1. Buchan *et al.* (2002) ; Fehr *et al.* (2002).
2. Rilling *et al.* (2002).

punition), l'effet est le même : la participation « pour le bien du groupe » est exceptionnellement élevée lorsqu'il y a punition, puis chute dramatiquement lorsque cette contrainte disparaît [1].

Le résultat est d'autant plus spectaculaire qu'il fallait payer de sa poche pour punir les profiteurs (leur retirer des gains). Ce phénomène, nommé la *punition altruiste*, se retrouve également dans de nombreuses cultures [2]. C'est un mécanisme tout aussi bien calibré que les précédents : plus le coût de la punition est élevé (pour ceux qui l'administrent), plus les autres membres du groupe se mettent à coopérer [3]. De plus, il suffit souvent d'une *menace de punition* pour provoquer l'effet escompté. Le système devient ainsi rapidement viable à long terme, car, une fois le principe d'une punition altruiste instauré, les coûts de punition baissent (logique, puisqu'elle est de moins en moins nécessaire) [4].

Si l'on demande à des personnes de se répartir en deux groupes, l'un qui n'a pas de système de punition et l'autre qui en possède un, la majorité des personnes rejoignent spontanément le premier groupe (*a priori*, les humains n'aiment pas se faire taper sur les doigts). Cependant, au bout de quelques tours du jeu du bien

1. Fehr et Gächter (2000).
2. Fehr et Gächter (2002).
3. Car ils se rendent compte que l'intention des « administrateurs de récompense et de punition » est réellement de favoriser la coopération au sein du groupe, et n'est pas un acte simplement égoïste. Ils voient que les autres ont de fortes intentions prosociales.
4. Gächter *et al.* (2008).

public, la majorité des joueurs finissent par migrer vers le groupe avec punition, car les niveaux de coopération y sont beaucoup plus élevés ! Les effectifs du deuxième groupe croissent inexorablement malgré l'austérité des règles, et les niveaux de coopération restent très élevés même avec l'arrivée d'individus du premier groupe (ceux qui n'aiment pas les punitions). Ainsi, dans une compétition entre groupes humains, ceux qui pratiquent des systèmes de punition se révèlent plus puissants, car ils coopèrent beaucoup plus [1]. L'ironie de l'histoire, remarquent les chercheurs, est que les transfuges issus du premier groupe, lorsqu'ils arrivent dans le deuxième groupe, se mettent à appliquer les nouvelles règles punitives avec un certain zèle…

Ces tendances à préférer les personnes prosociales et à fuir ou punir les personnes antisociales (ou celles qui n'ont pas les mêmes règles morales que le groupe) s'observent dès l'âge de 3 mois [2]. Nous avons déjà dit que, chez l'adulte, la vue d'un comportement prosocial stimulait le circuit de la satisfaction et de la récompense, tandis que la vue d'un comportement antisocial (défection, tricherie, égoïsme, etc.) déclenchait l'activation de l'aire impliquée dans le dégoût. On remarque que, pour la punition, c'est l'inverse : voir un coopérateur se faire punir stimule les aires impliquées dans le dégoût, et punir un joueur antisocial (ou le voir se faire

1. Gürerk *et al.* (2006).
2. Hamlin et Wynn (2011) ; Hamlin *et al.* (2011) ; Hamlin *et al.* (2010).

punir) stimule le circuit de la satisfaction[1] ! Nous pouvons ainsi compléter les propos de David Rand, que nous ne citions que partiellement au chapitre précédent : « Ça fait du bien d'être bon… sauf si la personne en face est un enfoiré. Dans ce cas, ça fait du bien d'être méchant. »

La punition touche aussi aux deux systèmes cognitifs de Kahneman : la satisfaction de voir un tricheur se faire punir fait appel aux systèmes 1 et 2, à des jugements conscients (dans le cortex préfrontal) et à des processus inconscients. La force de ces sentiments (plaisir et dégoût) est même proportionnelle au niveau de tricherie et à l'importance de la punition. Étonnamment, le processus inconscient est bien plus finement calibré que le jugement conscient[2]. Soyons plus précis : le choix de punir une autre personne active l'aire de la satisfaction située dans le cerveau limbique (système 1), et le choix de *payer pour avoir l'occasion de punir* un tricheur (la punition altruiste) stimule en plus l'aire liée à la délibération (système 2). Enfin – et c'est remarquable –, l'activation du circuit de la satisfaction (le plaisir) peut être le reflet d'une *anticipation du plaisir* à montrer un comportement prosocial. Plus le plaisir a été grand de voir un tricheur se faire punir lors d'une première expérience, plus le participant aura tendance à punir fortement lors d'une deuxième expérience[3]. Cela indique surtout que

1. Singer *et al.* (2006).
2. Sanfey *et al.* (2003) ; Knoch *et al.* (2006) ; Singer *et al.* (2006).
3. De Quervain *et al.* (2004). Une autre expérience confirme cette relation de causalité : il a été montré que les gens prenaient plaisir à payer des

toute cette circuiterie neuronale de punition/récompense peut jouer deux rôles : elle réagit à des comportements observés (mon voisin m'aide, donc j'ai du plaisir), mais elle peut aussi en être à l'origine (j'ai du plaisir de savoir que nous allons bientôt nous entraider). Voilà de quoi faire naître des cercles vertueux !

Même si la punition semble très efficace, il ne faudrait pas en déduire qu'elle est toujours un outil adéquat pour stimuler les groupes. Certains lecteurs pourront être troublés par ces résultats alors même que de récentes études en neurosciences sur l'apprentissage révèlent au contraire que la punition a des effets dévastateurs sur les enfants, parce qu'elle fait appel à des émotions comme la peur, la colère ou l'angoisse. En effet, dans l'apprentissage, « les pratiques axées principalement sur l'affirmation de valeurs, la surveillance, la menace et la punition sont contre-productives, car elles suscitent méfiance, soumission, fuite ou rébellion. Faire régner l'ordre ne suffit pas à construire un climat positif au sein d'une école [1] ». Pour favoriser le respect, la convivialité et la réciprocité entre élèves, ainsi qu'entre élèves et professeurs, c'est-à-dire pour créer un climat de confiance et de sécurité, mieux vaut valoriser les comportements souhaités que de détecter et punir les comportements non souhaités.

contributions obligatoires (type impôts) uniquement s'ils savaient que c'était utile à la société et servait une bonne cause. À bon entendeur… Voir Harbaugh *et al.* (2007).

1. Galland (2015).

Cela n'est pas contradictoire[1]. Il se peut que les participants à des expériences où la punition était efficace (des adultes) aient tout simplement été éduqués dans des systèmes punitifs, et qu'ils y soient très sensibles. La grande question est de savoir comment réagiraient à ces expériences de punition des adultes ayant été éduqués avec les pédagogies bienveillantes... Peut-être n'auraient-ils pas besoin de contraintes pour se montrer prosociaux. Peut-être réagiraient-ils de manière antisociale à l'instauration des mesures punitives.

C'est d'ailleurs ce qui s'observe parfois. Au cours de ces nombreuses expériences économiques à travers différentes cultures[2], un étrange phénomène a régulièrement été constaté : certains joueurs punissaient les plus coopératifs au lieu de punir les profiteurs ! Baptisé *punition antisociale*, ce comportement s'explique ainsi : lorsqu'une personne est punie, elle se venge ensuite sur les plus vertueux, car elle les suspecte d'être à l'origine de sa punition. Cela n'a donc rien à voir avec un quelconque calcul économique ni une volonté de favoriser le bien commun, mais plutôt avec des émotions comme la colère, le ressentiment, l'honneur ou la vexation. On

1. Dans le cas de l'apprentissage, contrairement aux expériences économiques entre adultes, les enfants et les adultes ne sont pas sur un pied d'égalité. Les enfants ne peuvent normalement pas punir les adultes en retour (s'ils le font, c'est en bravant un interdit), et ils ne peuvent pas non plus punir un comportement adulte illégitime. Peut-être cela explique-t-il le rôle beaucoup plus discutable de la punition des enfants par les adultes dans un cadre d'apprentissage.

2. Herrmann *et al.* (2008).

trouve plus fréquemment ces réactions dans les cultures où le sacrifice et l'altruisme s'expriment au sein de petits clans, essentiellement envers la famille et les proches plutôt qu'envers des inconnus. Ce phénomène est donc plus rare dans les grandes démocraties, où l'anonymat et les comportements prosociaux envers des inconnus sont fréquents.

D'autres économistes et psychologues ont aussi mis en évidence des cas où la menace de punition déclenchait l'inverse de l'effet escompté : des comportements antisociaux et l'effondrement des niveaux de coopération. Cela arrivait lorsque la punition était utilisée pour le bien personnel du punisseur, et non pour le bien du groupe – autrement dit, lorsque la punition n'était plus « socialement juste [1] ». Tout dépend donc de la qualité de la punition. Elle doit être légitime et bien proportionnée pour être juste.

Il s'agit maintenant de comprendre pourquoi les mécanismes de punition subsistent, alors qu'il existe d'autres systèmes de renforcement des comportements vertueux bien moins coûteux, plus sympathiques et tout aussi efficaces (comme la réputation ou la récompense). Une part de la réponse pourrait être : parce que l'utilisation *conjointe* de deux mécanismes (par exemple réputation + punition) augmente l'efficacité de l'effet prosocial. Et, dans ce cas précis, il s'agit même de la stratégie la moins coûteuse, car au sein d'un même groupe, à long terme, les punitions

1. Fehr et Rockenbach (2003).

deviennent rares[1] étant donné que la simple *menace* d'une punition vient à suffire (la menace est bien moins coûteuse pour le groupe que la punition elle-même)[2]. La menace n'est donc active et efficace que si elle est appuyée par d'autres systèmes plus « positifs », comme la réputation.

En conclusion, la punition, pour être efficace, doit donc être juste, bien proportionnée, mais aussi parcimonieuse et discrète. Un mécanisme de dernier recours.

Ce double mécanisme qui récompense les comportements prosociaux (la carotte) et punit les comportements antisociaux (le bâton) est appelé *réciprocité renforcée* (*strong reciprocity*)[3]. Il a été confirmé de nombreuses fois en laboratoire et sur le terrain, parfois lors d'interactions impliquant des inconnus, dans de nombreuses cultures humaines et dans des situations pouvant mettre en jeu beaucoup d'argent. Si beaucoup d'études montrent que les gens sont plus motivés par des facteurs intrinsèques que par des facteurs extrinsèques (comme la récompense et la punition)[4], il semble toutefois que la réciprocité renforcée soit d'une grande efficacité pour maintenir la

1. Mais étrangement plus sévères.
2. Rockenbach et Milinski (2006).
3. Une méta-analyse de 187 expériences a montré que la récompense et la punition avaient des effets comparables sur l'augmentation des comportements prosociaux. Voir Balliet *et al.* (2011). Il semble cependant exister une différence entre les deux mécanismes. Des groupes qui établissent des systèmes de punition font effectivement participer plus de personnes au bien commun, mais la contribution moyenne des individus reste la même, alors que les groupes qui arrivent à coopérer sans punition (avec récompense) ont une contribution moyenne individuelle beaucoup plus élevée. Voir Dreber *et al.* (2008).
4. Deci et Ryan (1985).

cohésion d'un groupe. Au-delà de l'intention de chacun (purement altruiste vs. forcée par le regard des autres), les faits sont là : les personnes du groupe coopèrent, et le groupe s'en trouve renforcé.

Les très grands groupes : la réciprocité invisible

Supposez qu'on vous propose, en liquide, l'équivalent d'une semaine de salaire en vous disant que cette somme vous appartient à condition de la partager avec quelqu'un d'autre. Votre anonymat est garanti et vous pouvez partager la somme comme vous le souhaitez. Si l'autre personne accepte ce partage, très bien, mais si elle le refuse, le jeu est annulé, et personne n'empoche d'argent. C'est le jeu de l'ultimatum, que nous avons décrit précédemment.

Les normes sociales

Maintenant, on vous confie le rôle de l'observateur. Vous êtes la troisième personne. Vous ne gagnez rien, mais vous avez le droit de punir un joueur pour un comportement antisocial ou égoïste, par exemple le premier joueur s'il garde tout pour lui ou partage de manière inéquitable. Vous n'êtes guidé que par votre morale ; il n'y a aucun enjeu pécuniaire pour vous. Ferez-vous usage de ce droit, comme 60 % des observateurs l'ont fait lorsque les partages étaient injustes [1] ?

1. Fehr et Fischbacher (2004b). Les chercheurs remarquent cependant que les observateurs punissent moins fort que les joueurs directement concernés par le comportement antisocial.

Cette expérience montre bien, à très petite échelle, comment naissent des normes sociales. Un mécanisme (ici, la punition) se trouve étendu à des personnes *qui ne participent pas* aux échanges, des observateurs, comme si l'obligation de réciprocité (donner-recevoir-et-rendre) devenait tout à coup théorique, se projetait sur les autres, se mettait à flotter dans l'air, comme si elle devenait une norme intégrée par les membres du groupe.

Les normes sociales sont des standards culturels qui incluent les coutumes et les conventions, basées sur des croyances partagées par les membres d'un groupe. Elles définissent quels comportements sont acceptables et lesquels ne le sont pas. Même lorsque nos objectifs propres ne sont pas en phase avec une norme de notre groupe, nous sommes contraints de suivre cette dernière (par un système de punition, un dispositif légal, etc.). Les normes peuvent être explicites (lois, coutumes, etc.), mais aussi en grande partie implicites, car intériorisées. Bien souvent, nous respectons des normes sans le savoir, lorsque nous apprécions réellement la valeur des comportements qu'elles engendrent.

La réciprocité est l'une des normes sociales les plus évidentes, les plus répandues à travers le monde et les plus étudiées (on l'appelle parfois « coopération conditionnelle »). Elle veut que, lorsque quelqu'un nous aide, nous l'aidions à notre tour, et que, à l'inverse, si une personne ne nous aide pas, nous nous abstenions de l'aider. Les personnes qui ne se comportent pas ainsi violent la norme et suscitent chez les autres une volonté de les contraindre à respecter cette norme. Selon les économistes Ernst Fehr et Urs Fischbacher, cette volonté de contraindre, *motivée par des raisons non égoïstes*, est un puissant outil pour la mise en application de la norme sociale[1].

Deux faits expliquent cela : premièrement, une majorité de personnes souhaitent punir les personnes antisociales même si cela leur coûte (punition altruiste) ; deuxièmement, le fait de savoir que les sanctions disciplinent réellement les gens (qu'elles sont efficaces) génère la croyance que les autres coopéreront plus, ce qui provoque des comportements hautement coopératifs chez les personnes qui respectent les normes. Encore une spirale vertueuse !

Les normes naissent des interactions entre membres d'un groupe (au sens large : pays, régions, langues, religions, entreprises, sports, professions, etc.). Une grande étude menée à travers 33 pays a montré que la variabilité et la « force » des normes sociales étaient une « construction collective partagée ». Les croyances sont homogènes au sein des cultures (pays) et hétérogènes entre les cultures[2]. Certaines cultures possèdent des normes strictes (et une faible tolérance aux comportements déviants) alors que d'autres sont régies par des normes plus libres (et une grande tolérance). Toutes ces différences dépendent de leur histoire (conflits, menaces,

1. Fehr et Fischbacher (2004).
2. Gelfand *et al.* (2011).

régimes politiques, structure sociale, religion, etc.), ainsi que de leurs caractéristiques écologiques (densité de population, niveau de ressources, menaces environnementales et sanitaires, etc.).

L'homogénéisation d'une culture et l'apparition de normes reposent aussi sur notre étonnante capacité à imiter nos semblables – capacité qui prend racine dans les neurones miroirs. C'est d'ailleurs un mécanisme utilisé par la publicité, notamment lors des campagnes de levée de fonds des organisations humanitaires : montrer les comportements altruistes de personnes célèbres (auxquelles on peut s'identifier facilement) incite au don [1] et crée par la même occasion un schéma de comportement (un « mème ») qui se répand dans la population.

Les psychologues expliquent aussi que l'environnement dans lequel nous nous trouvons influence notre tendance à l'altruisme : on aura plus tendance à aider quelqu'un s'il fait beau, si on est de bonne humeur, si on a reçu une bonne nouvelle, si la personne a souri ou si elle a de l'humour, etc. Mais l'inverse est aussi vrai ! Imaginez donc les effets dévastateurs que peuvent avoir les nouvelles quotidiennes déprimantes des journaux télévisés sur nos tendances prosociales… Ces petits mécanismes créent des « bulles » de comportements à différentes échelles, comme autant de petites « boules de neige » qui grossissent et éclatent continuellement au sein de la population. C'est l'ensemble de ce bouillonnement

1. Pour une synthèse grand public en français, lire Guegen (2005).

qui crée progressivement, de manière émergente (c'est-à-dire du bas vers le haut) et absolument imprévisible à terme, un ensemble de normes sociales, un savoir-vivre commun, une culture.

Grâce à cette norme sociale, l'obligation de réciprocité semble s'appliquer non plus à une personne, mais *au groupe dans son ensemble*. Théorique, intégrée, elle influence et précède toute interaction particulière, et participe ainsi à la cohésion générale du groupe.

Les institutions

Il est temps de préciser ici que les normes sociales n'apparaissent pas que dans les très grands groupes. Certes, elles sont nécessaires à leur existence, mais en réalité elles apparaissent bien avant, dès la formation de petits groupes, comme cela a été le cas au sein des petites peuplades de notre lointain passé, et encore aujourd'hui. En Nouvelle-Guinée, par exemple, l'ensemble de la vie sociale des tribus est régulé par des normes sociales bien intégrées par tous les membres [1].

La particularité des normes dans les très grands groupes est qu'elles sont soutenues et pérennisées par des institutions. Sans ces dernières, il serait impossible de compenser la « dilution » de la réciprocité. Les institutions englobent des structures aussi diverses que les religions, les États, les marchés, les systèmes juridiques, les droits de propriété, les syndicats, les corporations, les

1. Bernhard *et al.* (2006).

règlements intérieurs, les chartes, etc.[1]. Grâce à elles, les normes sociales se figent dans le marbre et survivent aux individus.

À l'image des normes, les institutions, dans toutes les cultures, sont créées principalement pour favoriser les comportements considérés comme vertueux et empêcher les comportements antisociaux (délits, crimes, abus, etc.) afin de maintenir la cohésion du groupe[2]. Mais plus la taille des groupes augmente, plus les normes sociales ont besoin d'institutions structurées et solides.

1. Par exemple, pour le système de récompense, les États décernent des médailles aux personnes ayant fait preuve de bravoure ou participé au bien commun de manière exceptionnelle, ou encore accordent des déductions fiscales pour les dons faits aux associations d'intérêt public ; certaines entreprises ou certains hôpitaux consacrent du temps au bien-être de leur personnel, à la résolution des conflits, aux rencontres informelles, etc. Pour plus de détails, se référer au chapitre 8 de Lecomte (2016). Pour le système de punition des actes antisociaux, les institutions de l'État utilisent la police, la justice et les prisons ; les associations et les entreprises excluent ou licencient ; les religions infligent des sévices physiques ou menacent de représailles dans une vie ultérieure, etc.

2. Aujourd'hui, troublées par l'augmentation des « incivilités », de nombreuses institutions (Europe, État, écoles, entreprises, etc.) décident de mettre en place des incitants économiques pour favoriser les comportements prosociaux. Comme le souligne l'économiste Samuel Bowles (2008), du Santa Fe Institute (États-Unis), « les institutions conçues pour favoriser l'intérêt personnel inhibent l'expression des "sentiments moraux" », le sens de la justice, le désir d'autonomie, la dignité, l'altruisme, l'amitié, la confiance, etc. Elles le font peut-être en toute bonne foi (influencées par l'idéologie néolibérale et la religion du marché), mais le résultat est désastreux. Non seulement elles inhibent l'auto-détermination des individus et dégradent leurs motivations intrinsèques, mais elles véhiculent le message que l'égoïsme est un comportement approprié. Répandre une culture de l'égoïsme déforme les systèmes cognitifs spontanés (système 1) dans le sens antisocial, créant ainsi un climat de méfiance généralisée, terreau pour une catastrophe sociale annoncée.

Reprenons. Au cœur de l'entraide, à petite échelle, on a une *solidarité «chaude*[1]» entre deux ou plusieurs personnes liées par des relations de réciprocité directe entrelacées d'émotions profondes. Au fur et à mesure que le nombre d'interactions augmente avec la taille du groupe, la réciprocité doit prendre appui sur des mécanismes de soutien de plus en plus puissants, externes, artificiels… bref, à taille «inhumaine». C'est la *solidarité «froide»*.

Le système de sécurité sociale, par exemple, n'est rien d'autre qu'un formidable outil d'entraide et de réciprocité généralisée, mais nous le percevons difficilement comme tel, car il ne met plus en jeu les émotions et les sentiments de la réciprocité «chaude». Il est puissant, mais il est devenu invisible.

Pour justifier l'existence du Léviathan, ce grand et froid monstre social, le philosophe Hobbes affirmait: «Les conventions, sans le glaive, ne sont que des paroles, dénuées de la force d'assurer aux gens la moindre sécurité.» Il n'avait pas tort… du moins pour les grands groupes, dont la cohésion est très difficile à assurer! Gardons-nous cependant de généraliser cette affirmation à l'ensemble des manières d'être en collectif.

La stabilité des institutions repose sur leur légitimité. Une punition pour comportement antisocial administrée par une personne du groupe choisie au hasard sera beaucoup moins bien acceptée (imaginez un passant quelconque vous mettre un PV!) qu'une autre

1. Référence aux notions du sociologue Pierre Rosanvallon.

administrée par une personne à l'autorité plus légitime (une charte que vous avez signée, un représentant que vous avez élu, etc.) [1].

Pour résumer, les normes et les institutions (la réciprocité invisible) permettent de stabiliser les comportements d'entraide, donc la cohésion d'un groupe, à des niveaux exceptionnellement hauts et constants, dans des groupes exceptionnellement grands et hétérogènes, et même entre de parfaits inconnus, ce qui est unique dans le monde vivant.

Vue sous cet angle, cette extension paraît merveilleuse. Mais elle cache des écueils et des risques qu'il convient de garder à l'œil. Car une institution, une fois créée, développe sa propre pulsion de vie ainsi qu'une nouvelle raison d'être : se maintenir en place. Bien ancrée dans un sillon qu'elle trace avec une rigueur et une constance proportionnelles à sa taille et à sa puissance, l'institution peut progressivement s'écarter de la raison d'être du collectif d'individus qu'elle est censée protéger. Plus la taille de l'institution est grande, plus ce risque est important.

Ces « décalages » font apparaître tout ce qu'il peut y avoir d'absurde et de toxique dans l'institution, broyant des individus et empêchant à terme le groupe de s'adapter aux conditions changeantes de la vie. « Le réel a quelque chose d'intrinsèquement chaotique que les humains ont besoin de stabiliser en lui imposant une lisibilité et, par

1. Baldassari et Grossman (2011). Bien évidemment, à condition que les élus respectent eux aussi les règles dont ils sont les garants…

là, une prévisibilité. Et ce que procure toute institution, c'est justement une lisibilité arrêtée du réel, une stabilisation ultime des phénomènes. […] La grande malice de l'idée d'institution est de prétendre qu'elle nous affranchirait du règne des passions, des aléas incontrôlables de l'existence, qu'elle serait un au-delà des passions, quand elle n'est que l'une d'elles, et certainement l'une des plus morbides[1]. »

Entre la passion de l'échange direct entre deux personnes, la chaleur des interactions au sein d'un petit groupe et la froide efficacité d'un grand groupe, l'équilibre à trouver est délicat. Le tout est de ne pas perdre pied, de rester connecté à l'esprit des liens que nous créons et détruisons sans cesse, à tous les niveaux.

1. Comité invisible (2017), p. 67-69.

CHAPITRE 4
L'esprit du groupe

Cette revue des mécanismes qui font émerger l'entraide au sein d'un groupe (réciprocité, récompense, punition, réputation, normes, etc.) peut nous laisser une légère impression de manque. Tout semble trop mécanique, trop formel, bien éloigné des passions de la vie de tous les jours, des mystères du « sentiment collectif » ou des moments « magiques » qui font naître des dynamiques de groupe incroyables.

Peut-être avez-vous encore le souvenir d'une réunion extraordinaire où un élan formidable a parcouru l'assemblée ? Avez-vous remarqué comme parfois, dans certains groupes, il se passe « quelque chose », comme un courant, une alchimie qui déplace des montagnes ? Et comme, à d'autres moments, ou dans d'autres collectifs, c'est le contraire : les tensions sont palpables, des conflits éclatent pour un rien, la mayonnaise ne prend pas, et personne ne comprend vraiment pourquoi ?...

Combien de fois avons-nous échoué dans nos tentatives pour « créer du commun » ou « produire de l'intelligence collective » ? Lors de ces échecs – qui souvent restent mystérieux –, on remet rarement en question la structure du groupe et ses règles de fonctionnement. La tendance est plutôt à reporter la faute sur les individus : untel nous a lâchés parce qu'il a fait une rencontre amoureuse, un autre a un caractère instable (c'est comme ça depuis tout petit), une autre est enceinte (ça doit être les hormones), etc.

Il faut le reconnaître : les petits collectifs qui se créent sont souvent maladroits ; ils expérimentent, bricolent, tâtonnent. Comme l'analyse David Vercauteren dans son livre *Micropolitique des groupes*, lorsqu'il s'agit de mettre en place un collectif on a paradoxalement l'habitude de faire confiance à notre intuition, au « naturel », alors que tout cela demande au contraire une connaissance fine des mécanismes qui sont en jeu. Il est donc nécessaire de mieux apprivoiser les conditions (et les ingrédients) qui permettent à l'entraide d'apparaître, et plus précisément d'arriver à dompter ces moments de basculement ou de « grâce » qui donnent vie au collectif.

Un moment magique : quand le groupe fait corps

Trois ingrédients permettent aux groupes de réaliser un bond considérable dans leur tentative de cohésion :

le sentiment de sécurité, le sentiment d'égalité et le sentiment de confiance.

Le sentiment de sécurité

Prenez une cellule vivante. Elle est constituée d'une membrane lipidique qui l'isole du monde extérieur. Cette membrane joue quatre rôles. Premièrement, elle *contient*. À l'origine de la vie, la membrane a permis à des molécules organiques de s'auto-organiser. En distinguant ce qui est dedans de ce qui est dehors, elle permet aux éléments à l'intérieur de s'aligner sur un « objectif » sans se laisser trop influencer par l'extérieur. Deuxièmement, la membrane *protège* de l'extérieur, en particulier des éléments qui pourraient nuire à ses constituants. Troisièmement, elle *garantit une identité*, car à sa surface se trouvent des signes distinctifs grâce auxquels elle peut communiquer avec l'extérieur, c'est-à-dire signaler qui elle est (un globule rouge ? une amibe ?) ou à quel ensemble plus vaste elle appartient (un corps humain ?), et surtout signaler sa fonction. Quatrièmement, la membrane permet de *filtrer les échanges avec l'extérieur* – eau, oxygène, gaz carbonique, sucres, vitamines, hormones, etc. En modifiant les paramètres de la membrane, la cellule peut décider de ce qui entre (les nutriments) et sort (les déchets). Il ne s'agit jamais d'un mur infranchissable ! Sinon, il n'y aurait pas de vie possible. À l'opposé, sans membrane, la vie ne peut pas non plus se maintenir. Enfin – et c'est un point important –, une membrane n'est pas une structure pré-existante dans laquelle des organites viendraient s'installer. Elle est fabriquée par la cellule elle-même, qui l'entretient tout au long de sa vie.

Ce qui caractérise un être vivant, ce sont donc les qualités et les quantités d'échanges qu'il réalise avec ce qui l'entoure grâce à cette membrane. Être vivant, c'est maintenir ce fragile équilibre, cette imperceptible tension, entre le dedans et le dehors, entre l'enfermement et le relâchement total.

À une échelle supérieure, les organismes possèdent aussi des membranes. Les insectes sociaux construisent des nids qui les isolent de l'extérieur et une signature chimique sur leur cuticule qui identifie les individus faisant partie de la colonie. Pour d'autres animaux, il s'agit du système immunitaire et de la peau. Dans le domaine de la psychologie, on parle de « moi-peau » pour désigner la membrane psychique qui entoure notre espace d'intégrité personnelle. Au niveau d'un pays, on définit un citoyen par des règles de droit dont les critères d'inclusion peuvent varier suivant les politiques qu'on décide de mettre en place.

Les groupes d'individus, quelle que soit leur taille, possèdent aussi des membranes, immatérielles, qui fonctionnent selon les mêmes principes (*contenir*, *protéger*, *garantir une identité*, *filtrer les échanges*) et qui se constituent de l'intérieur. Elles permettent de créer au sein du groupe un sentiment de sécurité, indispensable pour pouvoir laisser s'exprimer chacun des individus qui le composent. Si la membrane est bien faite, si tout le monde a intégré l'objectif (la « raison d'être » du groupe[1]), alors chacun peut voir l'autre comme un allié. Une membrane trop poreuse ou mal définie (lorsque certaines personnes peuvent entrer ou sortir du collectif sans que les autres sachent pourquoi) cause chez les membres du groupe un sentiment de malaise et d'insécurité. Or, sans sentiment de sécurité, chaque individu se recroqueville et reconstruit dans l'urgence une petite membrane autour de lui-même (ce qui est coûteux et stressant), et la compétition entre les individus réapparaît immédiatement. « La diversité fait peur… si elle ne peut pas s'exprimer dans un cadre de sécurité », résume Marine Simon après des années de « facilitation » de groupes.

Idéalement, que ce soit dans les petits groupes ou dans les grandes structures, chacun devrait être en permanence responsable de la co-construction et de l'entretien de cette membrane. Celle-ci a besoin de l'adhésion d'un maximum de personnes, et si possible de tous. Dans le cas contraire, le risque est de voir s'exprimer des plaintes de la part de ceux qui ne l'acceptent pas comme telle, des remarques, voire des actes de sabotage ou de boycott, ce qui met en danger le sentiment de sécurité du groupe. Il est donc bien plus efficace de passer régulièrement du temps à travailler pour redéfinir sa membrane que de laisser les choses se faire toutes seules, ou de faire semblant d'ignorer ce problème. Ainsi, tout le

1. Dans une entreprise, par exemple, ce sont les valeurs, la vision ou la mission ; pour certains secteurs industriels, ce sont les chartes et codes de conduite ; pour un pays, c'est sa constitution, etc.

monde reste en phase, les nouveaux se sentent inclus, et la raison d'être du groupe (son identité) peut évoluer, lui permettant de s'adapter à son environnement (toujours variable).

Ces métaphores et ces dynamiques existent aussi à plus grande échelle. Pensons, par exemple, à la construction européenne : son espace économique commun a été créé en retirant les membranes qui protégeaient les pays (les douanes), alors que la membrane européenne était encore bien fragile (absence de sécurité sociale commune, d'homogénéisation des droits des citoyens, de police et d'armée communes, etc.). Les citoyens, les entreprises et les pays ont ainsi été brusquement plongés dans un bain de compétition, ce qui a créé un sentiment généralisé d'insécurité extrêmement toxique [1].

Logiquement, on a vu émerger spontanément des mouvements de repli identitaire nationaliste, autonomiste ou régionaliste, expression d'un besoin primaire de protection, de sécurité. Ces « membranes » nationales ou régionales sont les premières à être brandies, dans la précipitation, probablement parce qu'elles sont les seules que nous connaissions (pour en créer de nouvelles, il faudrait les construire ensemble). Tant que d'autres membranes de sécurité (dont les qualités sont à définir entre tous les membres) n'auront pas été recréées,

1. On pense aussi au Royaume-Uni, un pied dedans, un pied dehors, même après le Brexit, qui crée comme une sensation de « courant d'air » au sein de la communauté… et qui ne participe pas à la définition d'une vraie « membrane » européenne.

chacun tentera de retrouver un semblant de sécurité où bon lui semble, à la hâte.

La force de cohésion d'un groupe est liée à la qualité de sa membrane. Grâce au sentiment de sécurité que celle-ci procure, on peut commencer à s'y sentir bien, assouplir sa « carapace » (sa membrane individuelle), c'est-à-dire s'ouvrir aux autres, aller vers eux, et tisser des liens [1].

Le sentiment d'égalité

Voilà un paramètre qu'il est sage de ne pas ignorer ! Le sentiment d'égalité peut servir à souder un collectif, et son absence peut facilement et rapidement détruire la cohésion d'un groupe. Plus précisément, un sentiment d'inégalité déclenche des émotions antisociales très puissantes, qui réduisent à néant les possibilités d'ouverture radicale et mutuelle entre individus, et donc d'entraide.

On en a aujourd'hui la preuve dans les très grands groupes (les pays). Au niveau économique, par exemple, les épidémiologistes Richard Wilkinson et Kate Pickett ont clairement montré (en observant de nombreux indices provenant des chiffres de l'ONU) que la santé d'une population ne s'améliorait pas avec la richesse globale du pays (l'augmentation du PIB), mais plutôt avec la réduction des inégalités entre les revenus [2].

1. Ce processus sera aussi indispensable pour pouvoir sortir des fonctionnements typiques des structures hiérarchiques pyramidales. Mais c'est une autre histoire…

2. Pickett et Wilkinson (2011). Le besoin d'égalité peut concerner autre chose que les revenus économiques, comme le statut des personnes ou les valeurs (hiérarchie, origine ethnique, genre…).

Autrement dit, les inégalités sont corrosives pour la cohésion sociale.

Le problème est que nos sociétés sont embourbées dans des niveaux ahurissants d'inégalités économiques et sociales. Loin d'être cantonnée à des cercles restreints de marxistes-léninistes, la réflexion sur les inégalités agite aujourd'hui le monde scientifique. Les plus grands économistes, de Thomas Piketty (*Le Capital au* XXI*e siècle*) à Joseph Stiglitz (*Le Prix de l'inégalité*), en passant par Anthony Atkinson (*Inégalités*) ou Amartya Sen (*L'Idée de justice*), dénoncent leurs effets délétères sur les sociétés et les systèmes démocratiques.

Ainsi, les preuves sont nombreuses de leurs répercussions néfastes sur les comportements d'entraide. Une équipe de chercheurs en psychologie de l'université de Berkeley et de l'université de Toronto a montré que des sujets de classes sociales inférieures (c'est-à-dire à faibles revenus) sont plus enclins à la générosité, soutiennent plus d'actions de charité, font plus confiance à un étranger et ont plus tendance à aider une personne en détresse que les sujets de classes supérieures… y compris si pour cela ils doivent donner de leur propre poche[1]. Ils se sentent plus concernés par le bien-être des autres, ce qui a pour effet de favoriser la confiance et l'entraide, des valeurs qu'ils considèrent comme des

1. Il s'agissait d'une série de onze expériences sur l'effet des classes sociales sur les comportements d'entraide, testant plusieurs centaines de personnes de 18 à 60 ans grâce à des jeux économiques sur ordinateur ou à des tests en conditions réelles. Voir Piff *et al.* (2010).

atouts indispensables pour les temps difficiles à venir. Autrement dit, les pauvres ont tendance à investir dans le « capital social ». Au contraire, les participants les plus aisés expriment moins de compassion, ainsi qu'une éthique qui privilégie leurs propres besoins [1].

Socialement parlant, il n'est rien de plus délétère que de montrer comment vivent les plus riches. En faisant interagir 1 462 participants à des jeux économiques en réseau avec de l'argent réel, une équipe de l'université Yale a pu mesurer l'impact de la visibilité des inégalités (le fait de voir que les autres sont plus riches ou plus pauvres) sur les comportements sociaux : plus les inégalités étaient visibles, plus le niveau d'entraide diminuait au sein des groupes [2].

1. Dans d'autres expériences impliquant des centaines de sujets, ceux au statut social élevé ont été plus susceptibles d'enfreindre le code de la route, de partir sans payer, de chaparder quand on les a laissés seuls dans une pièce ou encore de tricher à un examen. Ils ont aussi été plus enclins à tricher pour augmenter leurs chances de gagner un prix, à mentir, à approuver un comportement immoral au travail, et enfin – très éclairant – à tolérer la cupidité des autres (Piff *et al.*, 2012). Parallèlement, des chercheurs britanniques ont mesuré que plus le statut social d'une personne (sa réputation, son prestige et l'estime qu'on lui porte) était élevé, moins elle avait tendance à coopérer, à participer au bien commun et à partager des valeurs et des désirs égalitaires. Et ces tendances apparaissaient dès l'âge de 4 à 5 ans (Guinote *et al.*, 2015).

2. Nishi *et al.* (2015). Il y a encore pire que de voir le niveau de vie des riches : c'est de les envier. Selon des psychologues de l'université de Groningen qui ont fait passer un test à 200 étudiants, celles et ceux qui dans leur vie ont tendance à prendre comme modèles les « *winners* » montrent une inclination plus nette à l'égoïsme que les autres étudiants (celles et ceux qui ne prennent pas comme références ces riches dont tout le monde considère qu'ils ont « réussi »). Van den Berg *et al.* (2015).

Les comportements immoraux et antisociaux des classes supérieures n'apparaissent de manière significative que lorsque les niveaux d'inégalité sont très élevés [1]. Dans ce cas, et lorsque les inégalités deviennent visibles pour tous (comme c'est le cas dans les sociétés modernes), le fossé entre les classes devient toxique. Il mine les sentiments de confiance et d'équité, ainsi que la membrane du groupe. Pire : plus il y a d'écarts entre classes, plus les *individus* aisés ont tendance à se refermer sur eux-mêmes, et plus les *classes* aisées s'isolent des classes inférieures (et, malheureusement, plus elles accaparent le pouvoir). Le résultat ? Un désinvestissement général et une baisse du niveau global de richesse du groupe. À grande échelle, cette spirale infernale des inégalités devient un facteur aggravant de l'effondrement d'une civilisation [2].

Au contraire, lorsqu'un groupe est caractérisé par un faible niveau d'inégalité (les petits groupes de chasseurs-cueilleurs, par exemple [3]), les plus riches coopèrent volontiers pour le bien du groupe, ce qui augmente globalement le niveau de vie de tous, y compris des moins riches. Dans ce cas, la visibilité des niveaux d'inégalité favorise la confiance et l'équité. Au cours de leur longue histoire, les humains ont été habitués à vivre dans des petits groupes où la visibilité des statuts sociaux était importante (pour faire fonctionner le mécanisme de

1. Côté *et al.* (2015).
2. Motesharrei *et al.* (2014). Cette idée est développée dans le chapitre 8 de Servigne et Stevens (2015).
3. Apicella *et al.* (2012).

réputation), car cela augmentait le niveau de confiance et de cohésion entre les individus. Mais, dans les très grands groupes, où les niveaux d'inégalité peuvent exploser, l'effet devient paradoxal et contre-productif.

Le désir d'égalité n'est donc pas un simple détail, ni même un vernis idéologique un peu terni que l'on tenterait de réhabiliter. C'est réellement un trait constitutif de notre humanité, l'un des fondements de notre vie en société. Mais d'où vient donc ce besoin si intense ?

Lors d'un jeu économique, si l'on demande à des personnes de se répartir des biens ou de l'argent *spontanément*, elles le feront de manière assez égalitaire, même entre inconnus ou lorsqu'il n'y a pas de possibilité de réciprocité [1]. Beaucoup de joueurs sont même prêts à payer de leur poche pour redistribuer les avoirs de manière plus juste au sein du groupe (en retirer à ceux qui en ont le plus et en donner à ceux qui en ont le moins). Et si les redistributions ne sont pas possibles, beaucoup sont prêts à donner aux plus démunis, à récompenser les altruistes, à punir les égoïstes et ceux qui possèdent le plus [2].

Quelle est la motivation profonde de ces « justiciers » ? Un désir de punition ? Un désir de voir prospérer l'entraide dans le groupe ? Un simple désir d'égalité ? En 2007, une équipe de chercheurs coordonnée par Christopher Dawes, de l'université de Californie

1. Heinrich *et al.* (2004).
2. Sanfey *et al.* (2003).

(États-Unis), a répondu à cette question, montrant qu'il s'agissait vraiment d'un besoin d'égalité (et non pas de favoriser l'entraide)[1]. Plus finement, ils ont même révélé que les « corrections » que les joueurs s'infligeaient étaient proportionnelles aux niveaux d'inégalité : plus un joueur avait été favorisé lors d'une distribution inégale, plus les autres joueurs avaient tendance à lui retirer des gains. Les chercheurs ont ensuite demandé aux participants d'évaluer leur sentiment (plus ou moins embêté, plus ou moins en colère…) envers ceux qui gagnaient plus. Ces émotions négatives étaient proportionnelles aux niveaux d'inégalité, et ceux qui les exprimaient le plus vivement étaient ceux qui payaient le plus de leur poche pour réduire les inégalités (punition altruiste)[2].

Lorsque des participants se répartissent de l'argent de manière égalitaire, l'imagerie par résonance magnétique dévoile une activation des aires de la satisfaction et de la récompense (aussi bien entre deux joueurs que dans un groupe[3]), les mêmes circuits neuronaux qui

1. Dawes *et al.* (2007).

2. Cela fait écho à une étude datant de 2005 qui avait montré que le fait de pouvoir exprimer sa colère devant les autres (autrement que par une punition économique) avait pour effet de diminuer le désir de punir un partenaire de jeu jugé inique (et, inversement, que le fait de ne pas exprimer sa colère augmentait les taux de punition) (Xiao et Houser, 2005). De plus, dans une étude sur de jeunes mamans, des économistes ont montré que cette tendance égalitariste était fortement corrélée au désir de *ne pas participer* à une compétition qui générait des gagnants et des perdants. La principale motivation des participantes à rechercher l'égalité, précisaient les chercheurs, n'était pas la peur de perdre, mais au contraire le fait qu'elles ne souhaitaient pas gagner (c'est-à-dire créer des perdants) (Bartling *et al.*, 2009).

3. Tricomi *et al.* (2010) ; Dawes *et al.* (2012).

provoquent le sentiment de satisfaction à voir un tricheur se faire punir[1]. Inversement, une situation inégalitaire provoque une activation des aires impliquées dans le dégoût (cortex insulaire antérieur), la même qui s'active à la vue d'un comportement de tricherie ou d'égoïsme, ou lorsqu'on voit un altruiste se faire punir[2].

Colère, indignation, dégoût : des émotions fortes tournent autour de ce désir d'égalité. Mais ne s'agit-il pas plutôt d'un désir de justice ? Car, finalement, qu'est-ce que l'égalité ? Imaginez la situation : au moment d'une pause repas, donneriez-vous autant de nourriture à un grand bûcheron qu'à un enfant de 4 ans ? Est-ce si juste de partager de manière égalitaire ? Et comment partageriez-vous cette même nourriture entre un bûcheron qui travaille comme un fou et un autre qui se la coule douce ? Voilà toute la différence entre l'égalité (tous pareils) et l'équité (distribution juste)[3].

L'origine de ces besoins d'égalité et d'équité remonte très loin. Dès 3 ans et demi, les enfants peuvent

1. De Quervain *et al.* (2004).

2. Wright *et al.* (2011).

3. Schématiquement, il existe trois manières de rendre une inégalité équitable : la chance, le travail et l'utilité. On sait depuis une vingtaine d'années que les situations inéquitables causées par le hasard sont beaucoup plus fréquemment tolérées que lorsqu'elles sont générées volontairement (Blount, 1995). Mais la chance n'est pas la meilleure excuse. Pour faire accepter des inégalités, bien plus efficaces sont l'implication personnelle (je mérite plus parce que j'ai travaillé plus) et les considérations d'efficacité (je mérite plus parce que j'en ferai quelque chose de plus utile) (Engelmann et Strobel, 2004). On peut par exemple accepter que des collègues plus productifs reçoivent plus que les autres, et il en va de même pour les projets qui bénéficient plus à la collectivité.

distribuer des ressources de manière égalitaire lorsque cela concerne des tierces personnes[1]; dès 2 ans, ils peuvent partager des ressources avec un adulte qui en fait la demande[2]; dès 15 mois, ils peuvent déjà être sensibles à une situation d'égalité entre deux personnes et offrir leur jouet préféré à des adultes qu'ils ne connaissent pas[3]. Très jeunes, les comportements d'entraide sont l'expression du développement et des préoccupations d'égalité[4].

Vers 3-4 ans, les enfants ont tendance à réduire les situations d'inégalité *qui les désavantagent.* « Les enfants de 3 ans utilisent le langage de l'équité, mais principalement à leur propre avantage, c'est-à-dire pour favoriser leur égoïsme[5] », explique l'économiste Ernst Fehr, coauteur d'une étude parue en 2008 dans la revue *Nature*[6]. Puis, vers 7-8 ans, l'aversion envers l'inégalité passe un autre cap : ils se mettent à réduire aussi les inégalités *qui leur profitent.* « Ce n'est pas simplement de la générosité, il s'agit bel et bien d'égalitarisme, explique le chercheur. Si l'autre enfant a moins, je veux bien lui donner, mais je ne veux pas non plus qu'il ait plus que moi. » À cet âge, il s'agit encore de recherche d'égalité.

1. Rochat *et al.* (2009) ; Olson et Spelke (2008).
2. Brownell *et al.* (2009).
3. Schmidt et Sommerville (2011).
4. Blake *et al.* (2014).
5. Entretien d'Ernst Fehr dans la revue *Nature*, 28 août 2008, n° 454, p. viii.
6. On peut trouver d'autres expériences à ce sujet : voir Shaw et Olson (2012).

Ce n'est qu'à l'adolescence que l'on commence à affiner ses jugements et à parler d'équité [1].

Ces comportements « égalitaristes » sont aussi observés chez les primates. En 2003, les primatologues Sarah Brosnan et Frans de Waal ont montré que les capucins bruns (*Cebus apella*) s'indignaient et boycottaient l'expérience s'ils voyaient leur congénère obtenir une meilleure récompense pour le même effort, ou pire (grosse colère !) si celui-ci recevait une récompense sans rien faire du tout [2]. Ces émotions sont courantes chez les espèces de primates dites « tolérantes » (qui partagent leur nourriture et coopèrent beaucoup, comme les capucins et les bonobos), mais pas chez les espèces organisées en hiérarchies despotiques (comme les chimpanzés). Ces découvertes, ajoutées à celles réalisées dans de nombreuses autres cultures humaines [3], appuient ainsi l'hypothèse d'une origine évolutive de ce désir très puissant d'égalité [4].

1. Au début de l'adolescence, on se met à accepter les inégalités produites par le mérite (je mérite plus parce que j'ai travaillé plus), et à la fin de l'adolescence le critère d'efficacité est pris en compte (je mérite plus parce que j'en ferai quelque chose de plus utile) (Almas *et al.*, 2010).

2. Brosnan et de Waal (2003).

3. Une autre étude réalisée en 2015 dans sept pays (cultures) différents confirmait que l'aversion pour l'« inégalité désavantageuse » (= je veux l'égalité lorsque l'autre possède plus que moi) était commune à toutes les cultures et apparaissait entre 4 et 9 ans, alors que l'aversion pour l'« inégalité avantageuse » (= je veux l'égalité lorsque je possède plus que l'autre) n'apparaissait que plus tard, et seulement dans trois cultures étudiées (Canada, États-Unis et Ouganda) (Blake *et al.*, 2015). Voir une plus ample discussion dans Boehm *et al.* (1993).

4. Boehm (1999).

Le sentiment de confiance

La confiance se construit par l'expérience. Lorsqu'on rencontre un étranger, ou lorsqu'on arrive dans un groupe d'inconnus, on reste d'abord prudent, on garde ses distances, on observe, on s'observe. Pour se rapprocher, il faut des signes de confiance, des gages de bonne volonté. Le spécialiste de la communication Franck Martin énumère 16 attitudes qui permettent de créer d'authentiques relations de confiance[1] : faire confiance *a priori*, faire preuve de respect, de bienveillance, d'honnêteté et d'intégrité, de compassion, d'humilité, d'ouverture, de générosité (le don), de patience, de gratitude, d'optimisme, de détermination, d'humour, et surtout d'authenticité[2]. Enfin, deux dernières conditions peuvent être importantes : le fait de bien communiquer (parler, se faire comprendre, informer, etc.) et celui de bien définir et faire respecter un cadre de sécurité (des règles explicites que l'on se donne).

La confiance qui s'installe est paradoxalement à la fois puissante et fragile, nécessaire et fuyante, désirée et capricieuse. Elle est capable de déplacer des montagnes, mais peut disparaître en un clin d'œil. Entre deux personnes, ce « partage d'âme » (Marcel Mauss) peut prendre racine sur un intérêt commun (je lui fais confiance, car il a

1. Martin (2015).

2. Certaines personnes, dont Franck Martin, parlent aussi de « congruence » lorsqu'il y a accord parfait entre le comportement, la pensée et les émotions d'une personne. Dans ce cas, « la magie opère » (Franck Martin), et la personne rayonne alors de toute la puissance de son langage non verbal.

tout intérêt à me garder comme ami, il a aussi besoin de moi) ou sur un amour véritable et inconditionnel. De manière générale, cette petite fée a tendance à fuir les échanges économiques rationnels… sauf s'ils sont gravés dans le marbre par des normes et institutions fortes.

Entre plusieurs personnes, lors de la création d'un syndic d'immeuble, d'une association de quartier, d'une ferme autogérée, d'une start-up ou d'un cercle d'entraide d'alcooliques anonymes, la priorité est de créer un « cadre de sécurité ». Pour cela, il faut que chaque personne puisse participer à l'élaboration de règles, bien les définir, les comprendre, les expliciter et les respecter. La confiance peut grandir à partir de ce solide cadre de sécurité : une membrane sûre (voir début de chapitre) et des règles communes comprises et respectées.

Les règles permettent à l'action collective d'avoir lieu, à la fois en stabilisant la coopération et en encadrant la compétition et l'égoïsme. Sans règles partagées, une véritable entraide généralisée entre les membres d'un groupe a peu de chances d'émerger, et seuls apparaîtront des actes d'altruisme spontanés (chapitre 2) et quelques relations entre pairs (réciprocité simple, chapitre 3).

Il est vital pour un groupe de veiller à rappeler et cultiver (adapter, si nécessaire) les règles afin que chacun puisse en être « co-gardien ». L'objectif est que chacun les sente suffisamment solides pour pouvoir se reposer dessus. Lorsque chaque individu acquiert la certitude, par exemple, qu'on ne se moquera pas de lui, qu'on respectera ses opinions, qu'on ne le trahira pas à l'intérieur de cette membrane ou qu'il ne subira pas de représailles pour avoir montré son authenticité, alors un puissant sentiment de confiance se fait jour et traverse le groupe. La contagion est d'autant plus rapide qu'une confiance *envers le groupe dans son ensemble* permet de ressentir instantanément et spontanément de la confiance *envers chaque membre du groupe*, y compris ceux que l'on ne connaît pas encore. Simplement parce qu'ils appartiennent au groupe. Voilà la magie.

À plus grande échelle, la confiance est une construction institutionnelle, une croyance collective, un ciment psycho-social dont l'armature est entretenue par l'ensemble des normes et des institutions du groupe. Dans les sociétés non modernes, la confiance (et donc l'entraide) se développe dans les sphères de la famille ou du clan. Dans les sociétés modernes, elle peut naître entre deux inconnus. Mais, pour cela, il faut des normes et des institutions solides et partagées, ce qui est généralement le cas. Ne confiez-vous pas volontiers votre voiture à un garagiste, votre santé à un médecin, votre nuque à un ostéopathe, votre vie à une entreprise qui vous propulse à 300 kilomètres-heure sur des rails ou à 900 kilomètres-heure dans les airs ? N'avez-vous pas fait confiance à des agriculteurs, des éleveurs, des ingénieurs chimistes, des industriels et des traders lorsque vous avez mangé des lasagnes surgelées en famille la semaine dernière ? (Bon, d'accord, ce n'est pas le meilleur exemple…)

Le besoin de confiance se retrouve partout, du couple aux accords sur le climat, en passant par les entreprises ou les familles. La confiance est aussi ce qui construit une légitimité politique et garantit le succès politique, économique et social d'une société[1]. Couramment définie comme la croyance (ou l'attente) sur les motifs bienveillants des autres lors d'une interaction sociale, elle est simplement essentielle pour l'initiation et le maintien des relations sociales.

Les mécanismes que nous avons décrits au chapitre précédent (don et contre-don, réputation, normes et institutions) sont autant de garde-fous qui permettent d'augmenter les niveaux de confiance au sein de groupes toujours plus grands. Nous rappelons ici la prudence à observer envers les mécanismes de punition, qui, bien qu'ils soient efficaces pour faire respecter les normes d'un groupe, et donc favoriser l'entraide, peuvent parfois être contre-productifs lorsqu'il s'agit de créer de la confiance. Il faut qu'ils soient mis en place collectivement et de manière participative, et que les sanctions soient bien proportionnées (c'est-à-dire justes).

Nous l'avons tous senti un jour : ce qu'il y a d'agréable lorsque la confiance s'installe, c'est le relâchement qu'elle permet. Faire confiance à quelqu'un, à un groupe ou à une institution, autorise à relâcher l'attention ou la vigilance à l'égard des autres. On peut mettre la raison et le calcul au repos, et s'abandonner à autrui. On peut lâcher

1. Plus largement, dans les sociétés où la confiance est faible, le taux d'investissement et de croissance est plus bas. La confiance est également plus importante dans les sociétés homogènes (ethniquement, socialement et économiquement) (Zak et Knack, 1998).

le système 2 et s'en remettre au 1. Nos choix reposent alors « sur une foi raisonnable dans la stabilité du monde : en général, les avions ne s'écrasent pas, les médecins sont compétents et les pieds de chaise sont solides. L'esprit peut rester confiant [1] ».

« La confiance, au fond, n'est rien d'autre qu'une suspension provisoire de l'esprit critique [2]. » Une suspension qui permet aux automatismes coopératifs et altruistes – que nous sommes nombreux à avoir – de s'exprimer pleinement. Cette situation présente deux avantages : elle permet d'une part d'économiser de l'énergie, qui peut ainsi être consacrée à autre chose, et en particulier au groupe, au projet commun ou aux soins portés aux autres, et d'autre part de s'ouvrir à l'autre, c'est-à-dire non seulement de laisser s'exprimer notre authenticité, très souvent généreuse, mais aussi de donner le champ libre à la spirale vertueuse de la réciprocité, et, peut-être, à l'amitié et à l'amour. Cette relation de confiance et de respect, comme le montre aussi le livre de Franck Martin, a pour conséquence de transformer positivement les gens, et, par un effet boule de neige, de faire avancer des réalisations communes.

Cela est à mettre en parallèle avec le syndrome d'épuisement généralisé dont souffrent les habitants de nos sociétés. Le climat de compétition généralisée et de

1. Weinberg (2015), p. 35.
2. Kaufmann (2015).

recherche permanente de compétitivité entre entreprises, entre régions, entre pays et entre peuples génère un immense besoin d'apaisement, de protection et de sécurité. Mis à part les subterfuges qui sont censés nous consoler, comme les drogues ou la consommation matérielle – et qui ne consolent pas –, nous n'avons plus vraiment de refuges où suspendre notre méfiance, à tel point que se montrer véritablement authentique sur son lieu de travail nous paraît être un acte révolutionnaire. Le réconfort de la famille, du voisinage et de l'État s'effrite, et, curieusement, l'un des bastions des sentiments de sécurité et de confiance est devenu le couple : « un lieu tout simple mais essentiel de réconfort et de consolation face à une société très dure parce que basée sur la compétition généralisée [1] ».

Les études scientifiques sur la confiance sont très nombreuses et datent de plus d'un demi-siècle [2]. Un seul livre ne suffirait pas à en faire la synthèse. Signalons toutefois brièvement quelques avancées sur ses bases physiologiques, en particulier le rôle clé d'une hormone du cerveau, l'ocytocine, mis en évidence ces dernières années. Le taux de cette hormone augmente lorsqu'on a des rapports intimes avec une personne, par exemple lorsqu'on s'embrasse ou qu'on reçoit un massage [3]. Elle est depuis longtemps considérée comme l'hormone

1. *Ibid.*
2. Pour une synthèse des travaux sur le rôle de la confiance dans les relations sociales, voir Yamagishi (2011) ; Ostrom et Walker (2003).
3. Morhenn *et al.* (2012).

de l'attachement, qui, chez les mammifères, prépare la femelle à la maternité[1].

Récemment, une équipe de psychologues et d'économistes a organisé des jeux économiques en ayant préalablement pris soin, en double-aveugle, d'injecter un spray d'ocytocine dans les narines des participants. Le résultat est étonnant, puisque les joueurs ayant reçu l'hormone ont investi plus d'argent dans un jeu collectif impliquant de parfaits inconnus que les joueurs ayant reçu le placebo[2]. Une autre série d'expériences a confirmé ces résultats, avec le même jeu économique, mais sans spray nasal, simplement en mesurant le taux naturel d'ocytocine dans le sang des participants et en montrant qu'il était corrélé aux niveaux de confiance que les joueurs se portaient[3]. Une dose d'ocytocine augmente également le temps que l'on passe à observer la région des yeux de la personne qui se trouve en face[4], et améliore la capacité à deviner les états émotionnels des autres à partir d'expressions subtiles[5]. Il semble que cette hormone inhibe les aires du cerveau impliquées

1. Elle provoque la contraction de l'utérus, la poussée de lait, ainsi que la puissante motivation à toucher et prendre soin de son bébé. Chez les mâles, des cerveaux très réceptifs à cette hormone provoquent des comportements de protection de leur bébé, ainsi qu'un rapprochement avec leur conjointe.

2. Kosfeld *et al.* (2005). Dans le même principe de jeu, mais en conditions solitaires, l'effet de l'ocytocine sur les prises de risque est nul, ce qui montre qu'elle joue bien un rôle dans les relations sociales, et non dans la simple inhibition du risque.

3. Zak *et al.* (2005).

4. Guastella (2008).

5. Domes *et al.* (2007).

dans l'anxiété causée par la *possibilité de non-réciprocité* de la personne en face[1].

Mais il y a deux bémols à apporter. Le premier est que les études suivantes ont eu du mal à retrouver des résultats aussi clairs, ce qui montre la complexité et la diversité des effets de l'ocytocine chez les humains[2]. Le second est que les chercheurs ont parallèlement découvert d'autres effets bien moins sympathiques de cette hormone[3]. Par exemple, elle peut augmenter les tendances à la violence conjugale chez les personnes déjà agressives[4]. En l'état actuel des choses, pour Sue Carter, chercheuse en neurosciences à l'université de l'Indiana (États-Unis) et spécialiste de l'ocytocine, « ce n'est pas une molécule que les gens devraient s'auto-administrer ou avec laquelle ils devraient jouer[5] ». Nous reviendrons sur cette hormone à la fin de ce chapitre.

La relation entre confiance et entraide a fait l'objet de nombreuses expériences. Il a par exemple été montré que des personnes dont l'aire du cerveau appelée insula est endommagée et qui manifestent des troubles de la personnalité se montrent incapables de maintenir un niveau d'entraide et de confiance, car ils ne perçoivent plus les états intérieurs des autres, n'arrivent plus à calibrer leur empathie, et surtout ne parviennent plus

1. Baumgartner *et al.* (2008).
2. Bartz *et al.* (2011) ; Nave *et al.* (2015).
3. Miller (2013).
4. DeWall *et al.* (2014).
5. Shen (2015).

à évaluer si leurs sentiments sont réellement liés aux autres[1].

Pour couronner le tout, les relations d'entraide impliquant de la confiance ont tendance à améliorer le sentiment de bien-être (le bonheur et la satisfaction générale), ce qui en retour favorise l'augmentation des niveaux de confiance, et donc d'entraide[2]. Ainsi, les liens de confiance solides que l'on entretient au niveau local (couple, amis, famille, voisins, etc.) favorisent le bien-être et la confiance en soi, et constituent le terreau idéal pour développer la confiance envers de plus larges institutions, lesquelles à leur tour favoriseront des niveaux de confiance élevés au sein de ces grands groupes, et donc auront une influence sur les niveaux de confiance sur le plan local. Une vraie spirale vertueuse.

Ces spirales existent aussi en version vicieuse. La confiance s'évanouit d'un coup, sans crier gare. Selon les économistes Yann Algan et Pierre Cahuc, depuis les années 1950, en France, le dysfonctionnement des institutions et du modèle social (trop de centralisation, de hiérarchie et de corporatismes) serait à l'origine d'une réelle dégradation du sentiment de confiance[3]. La France serait même devenue un pays de défiance, par rapport notamment aux pays scandinaves, ce qui aurait des répercussions économiques considérables et éroderait peu à peu la capacité des Français à maintenir

1. King-Casas *et al.* (2008) ; Craig (2002) ; Singer (2009) ; Craig (2009).
2. Tov et Diener (2008).
3. Algan et Cahuc (2007).

leur « membrane », c'est-à-dire leur sentiment d'unité nationale.

Des mesures plus précises de cette défiance sont riches d'enseignements. Alors que la confiance s'effondre vis-à-vis des élites, elle n'est pas du tout ébranlée dans la sphère privée : 95 % des Français font confiance aux gens qu'ils connaissent personnellement, 94 % à leur famille, 74 % à leurs voisins, 68 % aux gens qui ont une opinion religieuse différente, 63 % aux ressortissants d'autres nationalités. Pour finir de tordre le cou aux idées reçues, 80 % des Français se sentent « assez ou très heureux [1] ». Ils sont tout de même 39 % à penser que « la plupart des gens cherchent à tirer profit de vous ». Cela montre d'une part que la situation est grave pour les élites politiques et économiques, et d'autre part que notre société est encore très cohésive et le potentiel d'entraide largement présent.

La naissance d'un superorganisme

L'ouverture aux autres est toujours un risque. Mais, une fois que les sentiments de sécurité, d'égalité et de confiance ont permis de le surmonter, et que dans le groupe règne une certaine cohésion, alors les individus, relâchés et en confiance, ont à loisir de s'impliquer pleinement *pour le bien du groupe*, ce qui réduit considérablement les coûts de transaction et d'organisation, et rend les collectifs bien plus efficaces. Les individus peuvent alors ressentir un puissant sentiment d'appartenance,

1. Chiffres du CEVIPOF cités par Perrineau (2015).

ainsi qu'un attachement profond à l'intérêt collectif. Cet intérêt est si fort qu'il peut transcender les intérêts individuels. C'est alors que le groupe émerge *en tant qu'entité*, prend vie et devient superorganisme.

Toutefois, à la différence des colonies d'insectes sociaux ou des cellules d'un animal, ce phénomène est toujours réversible pour les groupes humains : les superorganismes « culturels » peuvent se dissoudre aussi vite qu'ils se créent[1]. Par exemple, un cadre qui se sent en fusion avec son entreprise pendant un séminaire rentre chez lui le soir en tant qu'individu ; un supporter de foot ne sentira les frissons de la meute qu'en certaines occasions ; et une réunion, si productive soit-elle, a une durée limitée… Pour les groupes humains, la membrane reste toujours souple et temporaire. C'est précisément pour cette raison que l'on doit veiller régulièrement à l'expliciter et la faire retravailler par l'ensemble du groupe.

Au fond, nous pourrions dire que les trois ingrédients à l'origine de l'esprit d'un groupe (sécurité, égalité et confiance) œuvrent à réduire les ego de chacun, à les faire lâcher, à en guérir[2]. Faire émerger un superorganisme

1. C'est aussi le cas des groupes de dauphins, d'éléphants et de nombreux autres mammifères : on utilise le terme de « fission-fusion » pour caractériser la dynamique de leurs sociétés. Voir par exemple Couzin et Laidre (2009).

2. « Nos ego sont le résultat de blessures narcissiques non intégrées que nous cherchons sans cesse à faire réparer par les autres, ceux qui ne les ont pas provoquées. De cette manière, nous perpétuons les blessures et collectionnons les dettes relationnelles et affectives. Parce que les pratiques d'intelligence collective posent les bases d'interrelations saines, elles invitent naturellement à la guérison, elles réduisent les possibilités de création de nouvelles blessures narcissiques », nous dit Marine Simon.

revient à provoquer un « lâcher-prise » radical et généralisé de tous les ego d'un groupe et à les rassurer quant au fait qu'ils ont tout à gagner à s'ouvrir, c'est-à-dire à se laisser transformer par les autres (souvenez-vous de l'exemple de l'anémone portée par l'escargot au début du livre). Alors, et alors seulement, la réunion des individus présents peut donner plus que la somme de leurs ego, si remarquables soient-ils. C'est la force du superorganisme.

Cela dit, cette « fusion » n'est pas forcément le destin ni l'objectif de chaque groupe. Elle est juste un outil dont le groupe peut se servir. Pour être plus précis, nous pensons que, chez les humains, quelle que soit la cohésion d'un groupe, l'individu devrait toujours rester autonome et responsable [1].

Vers des principes universels ?

Les « fondamentaux », une mise en pratique

Il est fascinant de constater à quel point les pratiques ancestrales des peuples premiers respectaient ces besoins et favorisaient les trois sentiments décrits (sécurité, égalité et confiance). C'est en s'inspirant de ces pratiques qu'ont été mis en évidence des « fondamentaux » qui servent de guide pour organiser des réunions dans n'importe quelles circonstances. Ils nous évitent de retomber systématiquement dans les écueils fréquents tels que des interventions intempestives de « grandes gueules »

1. Voir, dans Laloux (2015), le principe de « *wholeness* ».

interrompant les autres, ou les timides qui gardent le silence mais n'en pensent pas moins. Ces principes soignent la membrane, et donc la sécurité, l'écoute de chacun, et donc l'égalité (et l'équité), et invitent assez facilement la confiance là où n'émergeaient que trop souvent la peur et la méfiance [1].

• D'abord, se disposer en cercle. Le cercle est à la base de nombreuses cultures. C'est une forme millénaire de rencontre qui favorise les conversations respectueuses. Symbole de l'égalité, c'est un dispositif où chacun peut à la fois voir tous les membres du groupe et le groupe comme un tout.

• Pratiquer le tour de parole (éventuellement avec un bâton de parole). Non seulement cela oblige ceux qui ont du mal à prendre la parole à faire un effort pour s'exprimer, mais cela incite ceux qui ont le « sang chaud » à retourner plusieurs fois leurs arguments dans leur tête avant de les formuler. Souvent, pendant ce délai, ils se rendent compte que leur intervention n'était pas d'une nécessité absolue, ou que leurs idées ont finalement été exprimées par quelqu'un d'autre. Le sentiment d'équité qui en ressort est très profitable au groupe.

• Laisser la place au silence. Cela permet de laisser mûrir sa pensée et d'augmenter la qualité de ce que

1. Nous avons découvert ces fondamentaux lors d'une interview avec Marine Simon, puis nous les avons mis en pratique. Nous pouvons témoigner qu'ils transforment non seulement l'ambiance et les rapports entre les personnes, mais aussi les personnes elles-mêmes. Ils déclenchent des effets bénéfiques en cascade !

l'on aurait dit de façon trop spontanée. On est souvent surpris de l'effet du silence. Certains groupes s'imposent une respiration profonde avant chaque prise de parole[1]. Ce délai permet à ce qui a été dit précédemment d'atterrir, et à ce qui va être dit de subir une dernière maturation.

• Placer la parole au centre. Lorsque quelqu'un parle, il doit s'adresser à l'ensemble du groupe en « plaçant » sa parole au centre. Il est préférable que les individus ne s'interpellent pas directement entre eux (éviter l'utilisation toxique du « tu »). Ainsi, non seulement le sentiment collectif se renforce, mais on évite les dialogues intempestifs qui « prennent en otage » le groupe.

• Faire en sorte que les opinions s'additionnent au lieu de se combattre. Créer un climat de coopération et éviter la compétition permet de laisser s'exprimer la créativité de chacun et de faire naître des idées et solutions dont la créativité et la qualité seront supérieures à la somme des avis individuels. L'intelligence collective peut alors se déployer, ce qui redonne confiance au groupe et renforce la membrane.

• Faire respecter les règles. Pour « sécuriser » un groupe, il est indispensable d'établir des règles de fonctionnement (ponctuelles ou durables), et de bien les respecter. Un animateur sera souvent nécessaire, et sera explicitement nommé « gardien » du cercle et des règles.

1. Une pratique poussée très loin chez les *quakers*. Voir par exemple Massard-Vincent (2011).

S'il ne fait pas bien son travail, et si des individus sentent que les règles ne sont pas bien respectées, la confiance peut s'évanouir rapidement et la compétition refaire son apparition. Enlevez la membrane commune, et tout le monde réendosse sa carapace de protection !

Ces dernières années, une myriade de nouvelles techniques de gouvernance, dites « collaboratives » ou d'« intelligence collective [1] », ont fait leur apparition, aussi bien en entreprise qu'au sein du mouvement de la transition [2]. Elles permettent de plonger dans l'« inconscient » des groupes, c'est-à-dire les forces internes qui les traversent, leur architecture invisible (non explicite), les non-dits et les émotions. Leur efficacité est remarquable, car, à travers leur démarche biomimétique, elles misent avant tout sur la coopération et voient le groupe comme un organisme vivant [3].

Les principes d'une bonne gouvernance

Peut-on généraliser ces principes ? Imaginez un village où tous les paysans font paître leurs vaches sur un

1. Par exemple la Sociocratie, l'Holacratie, les six chapeaux de Bono, le World Café ou le Forum ouvert. Ces techniques sont décrites plus en détail dans Servigne (2011), et les principes d'intelligence collective sont explicités dans Marsan *et al.* (2014).

2. Mouvement initié en Angleterre par Rob Hopkins pour provoquer un changement radical et rapide des territoires vers une plus grande résilience (capacité à se remettre des chocs) en prévision du pic pétrolier et du changement climatique. Initialement appelé « villes en transition », ce mouvement n'est plus circonscrit uniquement aux villes et compte plusieurs milliers d'initiatives à travers le monde (Hopkins, 2010, 2014).

3. Chapelle et Decoust (2015), chapitre 15.

pâturage commun. Pour augmenter ses gains personnels, chaque paysan a la possibilité d'acheter plus de vaches : c'est le comportement que prédit la théorie économique classique. Le problème est que le pâturage ne peut supporter qu'un nombre limité de bêtes. L'augmentation du nombre de vaches conduira inévitablement à la surexploitation du pâturage, et donc à la banqueroute de l'ensemble des paysans. Autrement dit, l'ensemble du groupe perd à cause de l'égoïsme de chacun. C'est la fameuse « tragédie des biens communs », décrite dans un célèbre article du biologiste Garrett Hardin paru en 1968 dans la revue *Science*[1].

Cette métaphore venait en réalité s'opposer au mythe – si répandu à l'époque – de la main invisible d'Adam Smith, qui stipulait au contraire que l'intérêt égoïste de chacun favoriserait le bien commun. L'ironie de l'histoire est que l'idée de Hardin a été très bien acceptée par la communauté scientifique (elle a même fait école), et les deux solutions qu'il a proposées pour éviter cette tragédie sont devenues des recommandations systématiques dans le monde entier : il fallait soit privatiser le terrain en petites parcelles individuelles (chaque paysan gère sa parcelle comme il l'entend), soit nationaliser l'ensemble du pâturage et le gérer à l'aide d'une structure centralisée. Seuls le marché et/ou l'État étaient en mesure de gouverner les ressources communes. C'était un imaginaire de guerre froide… Hardin ajoutait même que,

1. Hardin (1968).

si nous n'options pas pour l'une de ces deux solutions, nous « approuvions la destruction des biens communs » !

Jusque dans les années 1980, les experts et les chercheurs ont baigné dans ce mythe. Progressivement, certains rapports ont commencé à pointer l'inefficacité, voire l'incapacité, du marché et de l'État à gouverner des biens communs naturels (eau, forêt, etc.), c'est-à-dire des systèmes naturels complexes [1]. À l'époque, aucun théoricien n'avait imaginé que, dans le monde réel, les paysans ne sont pas des êtres rationnels et égoïstes. Comme les autres humains, ils se parlent, s'organisent, s'entraident et s'inventent des règles de gestion pour préserver leur bien commun.

C'est en partant de cette nouvelle conception de la nature humaine (irrationnelle et prosociale) que la politologue Elinor Ostrom et ses collègues sont parvenus à étudier et décrire de nombreux exemples de gouvernance de biens communs qui ne sombraient pas dans la tragédie. Mieux : ces chercheurs ont même montré que, *lorsque certaines conditions sont réunies*, des groupes d'usagers sont parfaitement capables de s'auto-organiser, de se fixer des règles et de bien gérer leurs

1. Il y a schématiquement deux types de biens communs : ceux pour lesquels l'utilisation par une personne ne diminue pas la part des autres (*public goods*), tels que l'air, les ondes hertziennes ou le jazz ; et ceux pour lesquels il y a une rivalité entre les usagers, car les ressources sont limitées (*common-pool resources*), par exemple les forêts ou les pêcheries. Évidemment, les enjeux autour de ces derniers sont importants, car ce sont des systèmes très fragiles. Le monde est rempli d'exemples de mauvaise gestion de ces biens communs : disparition d'une forêt ou des poissons d'un lac, épuisement ou pollution d'une nappe phréatique, etc.

ressources[1]. Mais quelles sont ces fameuses conditions ? Pourrait-on en faire des principes généralisables à tous les collectifs ?

C'est la question centrale qui a animé dès 1973 le Workshop in Political Theory and Policy Analysis à l'université de l'Indiana (Bloomington, États-Unis), un institut créé par Elinor et Vincent Ostrom et réunissant des chercheurs du monde entier autour de ces fameuses conditions garantissant une gouvernance soutenable. Dans l'ouvrage *La Gouvernance des biens communs*[2], Elinor Ostrom propose un ensemble de huit principes fondamentaux issus de l'analyse de centaines de cas de gouvernance à travers le monde et caractéristiques des expériences réussies. Ces principes sont tout simplement géniaux, car 1) ils sont facilement compréhensibles et mémorisables, 2) ils permettent d'embrasser la complexité humaine, et 3) ils sont très flexibles : ils s'adaptent à toutes les conditions locales. Ils sont le contraire d'un programme rigide « clés en main ».

1. Après un demi-siècle de preuves accumulées contre les hypothèses de Smith et de Hardin, cette chercheuse a été récompensée en 2009 par le prix Nobel d'économie – fait incroyable pour une personne qui n'était ni économiste, ni un homme…

2. Ostrom (2010). En anglais, le livre a paru en 1990 sous le titre *Governing the Commons*.

Les principes fondamentaux de la bonne gouvernance d'un bien commun [1]

La question des limites

1A. Limites des usagers. Établir des limites claires entre les usagers légitimes et les non-usagers.
1B. Limites de la ressource. Établir des limites claires de la ressource et des parts que chacun peut prélever sans l'épuiser.

La question de la bonne échelle

2A. Congruence avec les conditions locales. Les règles d'usage et d'approvisionnement des ressources doivent être adaptées aux conditions écologiques et sociales locales (en termes de temps, d'espace, de technologie, etc.).
2B. Congruence entre usage et approvisionnement. Les bénéfices obtenus par les usagers doivent être proportionnels aux quantités de travail, de matériel ou d'argent que le groupe investit pour l'approvisionnement de la ressource.
3. Imbrication. Pour des ressources plus grandes, les organisations doivent rester à petite échelle et se coordonner en multiples niveaux imbriqués.

La question du sentiment d'égalité et d'équité

4. Participation. Toutes les personnes concernées par les règles mises en place par le groupe peuvent participer à la modification de ces règles.

1. Les huit principes fondamentaux de 1990 ont été légèrement modifiés par Michael Cox *et al.* (2010) (doublement des principes 1, 2 et 4). Leur version est plus précise et plus fonctionnelle que l'originale. Les principes 1A, 2A, 2B, 4B sont « très fortement supportés » par les données de terrain. Les autres le sont « modérément bien ». Nous avons regroupé les principes en catégories.

La question du rapport à l'environnement

5A. Surveillance des usagers. Les surveillants qui sont mandatés par les usagers doivent contrôler les niveaux d'usage et d'approvisionnement des usagers.
5B. Surveillance de la ressource. Les surveillants qui sont mandatés par les usagers doivent surveiller et évaluer les capacités de la ressource.

La question du sentiment de justice (*et des punitions*)

6. Sanctions graduelles. Les usagers qui violent des règles se voient infliger *par les autres usagers, par des mandatés ou par les deux* une sanction proportionnelle à la gravité de leur acte.
7. Mécanismes de résolution des conflits. Les usagers doivent avoir accès rapidement et à bas prix à des mécanismes de résolution de conflits.

La question de la sécurité (*du groupe*)

8. Reconnaissance du droit d'exister. Les droits des usagers d'élaborer leurs propres règles et institutions doivent être tolérés (ou au minimum ne doivent pas être remis en cause) par des autorités extérieures.

Cela fait maintenant vingt-quatre ans que ces principes sont testés sur le terrain. Bien entendu, ils ont été critiqués [1], et parfois contredits, mais dans l'ensemble ils résistent bien au temps. Un article paru en 2010

1. Une critique que l'on fait souvent à ces principes est qu'ils ne sont applicables qu'à des ressources locales. Or chacun sait que tout n'est pas gouvernable uniquement localement. C'est une critique recevable, mais qui ne diminue en rien la pertinence des principes pour les petits systèmes. Elle invite juste à continuer des recherches sur leur généralisation à grande échelle…

analyse 91 études effectuées sur des biens communs aussi divers que les forêts, les pêcheries, les pâturages ou l'irrigation[1]. Résultat : les principes sont bel et bien corrélés avec le niveau de succès de la gestion des ressources. Mieux : ils s'adaptent à tous les types de ressources étudiées !

Ces huit principes sont communs à toutes ces expériences. L'une des découvertes les plus importantes d'Ostrom est le fait que les groupes possèdent chacun leurs raisons et leurs manières d'implémenter ces principes (suivant leur culture), générant ainsi une diversité de normes et de conventions. Voilà ce que nous disent ces principes universels : il peut y avoir mille raisons (intentions altruistes aussi bien qu'égoïstes) et mille moyens (lois, normes culturelles, traditions, etc.) d'arriver au même résultat : une entraide largement partagée dans le groupe[2].

Sont-ils généralisables à d'autres systèmes que les biens communs naturels ? Dans un article paru en 2013, Elinor Ostrom, Michael Cox et l'évolutionniste David S. Wilson répondent par l'affirmative : ils proposent de rendre ces principes universalisables[3] après s'être rendu compte qu'ils ressemblent étrangement aux principes fondateurs de la biologie évolutive, et en les appliquant avec succès à des situations aussi diverses que le voisinage (des voisins qui suivent ces principes arrivent facilement

1. Cox *et al.* (2010), p. 38.
2. Wilson DS (2015), p. 65-68.
3. Wilson DS *et al.* (2013).

à des relations coopératives et respectueuses)[1] ou l'éducation (les structures éducatives qui ne suivent pas ces principes donnent de mauvais résultats)[2]. « Ces principes de design [conception] produisent un environnement social extrêmement favorable à l'expression de la prosocialité[3]. » Pour David S. Wilson, « devenir une personne hautement prosociale nécessite plus que des conseils et des encouragements. Cela nécessite la création d'environnements sociaux qui font en sorte que la prosocialité réussisse dans un monde darwinien [soumis aux principes de la sélection naturelle]. Mettez en place un tel environnement et les gens deviendront prosociaux sans qu'on leur demande[4] ».

Cette proposition assez osée a l'avantage de la simplicité, c'est-à-dire qu'elle nous donne la possibilité de la tester dans notre vie de tous les jours... Elle constitue aussi un appel du pied aux chercheurs enthousiasmés par cette idée. Affaire à suivre ?

1. Pour aller plus loin, voir Wilson DS (2011).
2. Dans une expérience grandeur nature, David S. Wilson et son équipe ont implémenté les principes d'Ostrom dans une école (Regents Academy, Binghamton, États-Unis), en y ajoutant deux autres principes (créer une atmosphère de sécurité et mettre en place des objectifs d'apprentissage à long terme récompensés sur le court terme), avec un étonnant succès (Wilson DS, 2015, p. 127-128). Ce livre n'est pas encore traduit en français.
3. Wilson DS (2015), p. 125.
4. Wilson DS (2015), p. 131.

L'entraide poussée à l'extrême

La dissolution du soi

Lorsque nous nous sentons en confiance dans un groupe, nous pouvons ouvrir notre « membrane de sécurité » individuelle et nous sentir faire corps avec le superorganisme qui se crée : une famille, un club, un village, une entreprise, une nation, une religion, etc. Mais jusqu'où pouvons-nous aller ?

Dans les témoignages des « justes » qui ont sauvé la vie de juifs pendant la Seconde Guerre mondiale, il est souvent fait état de la satisfaction d'avoir simplement sauvé des vies humaines, sans distinction de religion, de nationalité ou d'idéologie. Ces héros s'étonnent d'ailleurs de recevoir des médailles pour cela, trente ans après ! Selon Kristen Monroe, qui a étudié les raisons de leur altruisme, « le seul point commun qui se dégage des multiples témoignages des sauveteurs est une vision du monde et des autres fondée sur la conscience de l'interdépendance de tous les êtres et leur humanité commune [1] ». Ainsi, certaines personnes ouvrent leur « membrane » à l'humanité tout entière ! Et c'est en substance l'appel de Kropotkine à la fin de *L'Entraide* : « Un appel est fait ainsi à l'homme de se guider, non seulement par l'amour, qui est toujours personnel ou s'étend tout au plus à la tribu, mais par la conscience de ne faire qu'un avec tous les êtres humains [2]. »

1. Cité par Matthieu Ricard (2013), p. 135.
2. Kropotkine (1906), p. 356.

À bien y réfléchir, s'ouvrir aux humains revient tout de même à exclure les autres êtres vivants. Peut-on étendre le principe d'empathie au monde vivant dans son ensemble ? Dans sa fable *Défaite des maîtres et possesseurs* [1], le romancier Vincent Message s'amuse à inverser les rôles : l'espèce humaine n'est plus dominante sur terre, elle est réduite au statut d'animal domestique par une autre espèce qui a pris le dessus. Cette dernière nous utilise à diverses fins, et notamment nous chérit parce que nous lui fournissons un peu de compagnie, et parce que nous lui servons de nourriture industrielle. Ainsi met-elle en place des filières d'abattage d'adolescents qui n'ont rien à envier à ce que nous infligeons actuellement à certaines espèces animales… Glaçant. Pour l'auteur, « ce changement de rôle permet, je l'espère, de s'identifier à eux, de sortir du spécisme, de cette idéologie invisible qui fait que nous ne considérons pas leurs intérêts, car nous les estimons trop différents de nous ou inférieurs à nous [2] ».

Dans ce récit, le principe de réciprocité (ne pas faire aux autres ce qu'on ne voudrait pas qu'ils nous fassent) tourne à plein régime et met en relief un principe moral étendu aux « autres qu'humains ». « Qu'est-ce que cela fait de voir son habitat ravagé quand on est un animal sauvage ? D'être enfermé dans un appartement et de ne sortir que quand votre maître le veut quand on est un

1. Message (2016).
2. Abescat (2016).

animal de compagnie ? Qu'est-ce que cela fait de vivre confiné dans un élevage industriel, restreint dans ses mouvements, coupé de ses formes spontanées de sociabilité, et de ne sortir des hangars que pour prendre la route de l'abattoir[1] ? » Et l'écrivain Milan Kundera d'ajouter : « La vraie bonté de l'homme ne peut se manifester en toute pureté et en toute liberté qu'à l'égard de ceux qui ne représentent aucune force. Le véritable test moral de l'humanité (le plus radical, qui se situe à un niveau si profond qu'il échappe à notre regard), ce sont ses relations avec ceux qui sont à sa merci : les animaux. Et c'est ici que s'est produite la faillite fondamentale de l'homme, si fondamentale que toutes les autres en découlent[2]. »

Combien d'entre nous ont déjà ressenti une ouverture totale au monde, au Grand Tout ? C'est un sentiment extrêmement jouissif de faire unité avec toute chose, un sentiment que les anglophones appellent la *wholeness*, et que Freud nommait le « sentiment océanique ». Certains l'atteignent rapidement par les drogues[3], d'autres par des voies plus durables (sagesses, méditations, extases mystiques, etc.). L'humain est capable de cette ouverture totale, mais dans quelles conditions ? Est-ce généralisable ? Pouvons-nous envisager une société basée sur de tels sentiments ? Quels seraient les risques et les écueils ?

1. *Ibid.*
2. Kundera (1984), p. 421.
3. Lire Huxley (2001), où il raconte sa prise de mescaline.

La question nous dépasse, mais nous pouvons déjà constater que, *dans certains cas*, un altruisme poussé à l'extrême peut nous jouer de mauvais tours et mener à des pathologies. En effet, certaines personnes montrent des intentions – voire des comportements – altruistes mal ajustées, beaucoup trop exagérées, inutiles, improductives ou même auto-destructrices. Par exemple, le fait de se sentir toujours coupable du malheur des autres peut mener à la dépression ou à des obsessions compulsives, ou favoriser le syndrome de stress post-traumatique. L'empathie, également, peut piéger des personnes dans des relations de dépendance très néfastes, en particulier chez le personnel médical, très exposé. Ce nouveau champ d'étude en plein essor appelé l'*altruisme pathologique*[1] nous montre encore une fois nos limites. En prendre conscience et l'accepter est un pas de plus vers une culture de l'entraide.

L'extase collective

À faibles doses, les principes fondamentaux que nous avons décrits plus haut constituent un ciment puissant des collectifs et améliorent simplement la santé d'une organisation minée par la compétition interne. Le collectif acquiert une vie propre, mais les individus restent souverains, libres et conscients. Cependant, il arrive que le basculement vers un superorganisme soit si puissant qu'il efface les individualités de chacun. Le groupe prend

1. Voir Oakley (2012).

alors le dessus sur les individus, pour le meilleur ou pour le pire…

L'entraînement militaire, par exemple, est un moyen très efficace de supprimer l'individualité au profit du groupe. À travers une souffrance partagée par les jeunes recrues et un traitement radicalement égalitaire, on crée un lien très puissant d'entraide qui, selon l'historien et ancien combattant de la Seconde Guerre mondiale William McNeill [1], est la principale raison pour laquelle des humains décident de courir vers le feu ennemi : ils ne laissent pas tomber leurs camarades, par fraternité. Sur le champ de bataille, pendant ces instants très intenses de communion (par la souffrance et la proximité de la mort), les individualités s'évanouissent au profit d'un « nous », dans une sorte de transe ou d'extase que de nombreux vétérans considèrent comme les moments les plus forts de leur vie [2].

Ce mécanisme qui efface l'individualité fait penser aux comportements d'abeilles se sacrifiant pour le bien du groupe. C'est ce qui fait dire au psychologue Jonathan Haidt que les humains se comportent en effet à 10 % – sous certaines conditions – comme des « essaims d'abeilles » et à 90 % comme des « singes ». Par cette métaphore, il veut signifier que nous sommes la plupart du temps des primates fonctionnant selon les mécanismes sociaux « classiques » (ceux que nous avons

1. Cité par Haidt (2012).
2. Haidt (2012), p. 257.

décrits précédemment), mais qu'il arrive que nous basculions dans un état où ces règles n'ont plus cours, car les individualités s'effacent au profit d'un groupe ou de quelque chose qui les dépasse totalement, quelque chose de sacré, comme une extase collective.

Dans son livre *The Righteous Mind*, Haidt se réfère au grand sociologue Émile Durkheim, qui distingue dès 1887 deux niveaux dans les collectifs. Prenant l'exemple des religions, Durkheim note que les individus sont mus par des sentiments et des croyances individuels, comme « l'honneur, le respect, l'affection et la peur », qui les guident dans leur vie de tous les jours. C'est le premier niveau (le niveau « singe » selon Haidt).

Mais, parfois, remarque Durkheim, les individus sont liés par des sentiments très forts qui les rattachent à une entité sociale plus grande, ce que le sociologue appelle le second niveau (le niveau « abeille » selon Haidt). Dans ces moments extraordinaires, où les hiérarchies sont temporairement dissoutes, ils sont totalement pris dans un sentiment d'unité, comme faisant partie du grand tout. « Or, dit Durkheim, le seul fait de l'agglomération agit comme un excitant exceptionnellement puissant. Une fois les individus assemblés, il se dégage de leur rapprochement une sorte d'électricité qui les transporte vite à un degré extraordinaire d'exaltation [1]. »

Parmi les déclencheurs des extases qui font totalement disparaître l'ego et le soi, Haidt recense la profonde

1. Durkheim (1915), p. 211.

communion avec la nature sauvage (*wilderness*), l'usage chamanique de plantes et de champignons hallucinogènes comme le peyotl, l'ayahuasca ou les psilocybes, accentué par divers rituels, ou encore l'utilisation du tambour ou de danses avec masques et peintures [1]. Ce sont des effets similaires que l'on retrouve dans l'entraînement effréné des soldats et leurs marches au pas cadencé, ou encore dans les secousses enivrantes des *rave parties*.

On peut retrouver ces phénomènes à petite échelle, par exemple dans les chorales, les événements sportifs ou les meetings politiques. À grande échelle, cette capacité extraordinaire de fusion (et donc d'entraide) que possède l'être humain, ce lien très puissant qui fait naître des sentiments profonds « d'amour, de confiance et d'équité [2] », a certainement été à l'origine des immenses réalisations humaines… et aussi d'immenses désastres. Certaines religions ainsi que les grands régimes politiques autoritaires utilisent ces passions cohésives à leur profit depuis des lustres. C'est le cas des expériences fascistes [3] :

1. Nous ne disons pas que les rituels chamaniques mènent nécessairement à l'adhésion à des régimes politiques ou à la fusion avec un superorganisme. En revanche, ils permettent de faire apparaître le « sentiment océanique » (Freud), c'est-à-dire de faire disparaître le sentiment de « soi » afin de faciliter le contact avec d'autres dimensions du monde. Voire par exemple Kounen (2008).

2. Haidt (2012), p. 259.

3. Mais, paradoxalement, et contrairement aux moments extatiques de reliance (l'état de se sentir relié), les régimes fascistes se servent de ces moments de communion pour renforcer la hiérarchie au profit de la figure charismatique du leader, et pour accentuer la tendance à rejeter les autres communautés.

d'immenses foules en transe, une identité, un ennemi commun, un destin commun, une solidarité à la vie, à la mort.

Comme mentionné plus haut, la seule manière d'éviter ces écueils est de rester en alerte sur l'autonomie et la responsabilité individuelles (de ne pas y renoncer trop longtemps), de rester vigilant sur la raison d'être du superorganisme et d'être conscient des dynamiques de « fission-fusion » des groupes que nous formons (passer d'« abeille » à « singe », et inversement) et qui nous constituent afin de les apprivoiser et de ne plus les craindre.

Le passage à l'extase collective n'est pas un objectif à atteindre, et encore moins le destin de tous les groupes humains. Il s'agit juste d'une caractéristique dont nous sommes dotés et dont il faut être conscients. C'est un outil formidable, et une arme à double tranchant.

La fermeture du groupe

Deux mécanismes physiologiques de l'attachement social participent à la puissance de ces phénomènes de « super-entraide » : l'ocytocine et les neurones miroirs.

Dans une expérience de 2006, l'équipe de Tania Singer (la spécialiste des neurosciences qui a « étudié » le cerveau de Matthieu Ricard) a observé le cerveau de participants (masculins et féminins) en interaction avec deux types de personnes : celles qui prenaient des décisions équitables et faisaient facilement confiance, et d'autres qui prenaient des décisions inéquitables et qui se méfiaient. Administrer des chocs électriques douloureux aux participants provoquait une activation du « cerveau emphatique » des cobayes à la vue de la douleur des partenaires « sympathiques ». Mais l'activation était bien moindre lorsque la punition était destinée aux « antipathiques » (avec en prime une activation des aires de la satisfaction). Curieusement, cet effet a été très significatif chez les sujets masculins et beaucoup moins prononcé chez les sujets féminins[1]. Plus généralement, cela suggère que nous aurions tendance à ressentir des liens forts avec les personnes qui se conforment à notre matrice morale, et moins forts avec celles qui ne s'y conforment pas (quand nous ne ressentons pas même de la répulsion).

On observe la même tendance à la préférence envers ses semblables avec l'ocytocine, cette fameuse hormone fascinante et controversée. Plusieurs expériences coordonnées par le psychologue Carsten de Dreu, de l'université d'Amsterdam (Pays-Bas), montrent qu'une dose d'ocytocine biaise favorablement les décisions économiques au profit de personnes du même groupe de jeu[2] (un effet observé aussi pour l'affinité ethnique[3]), avec une augmentation du sentiment de confiance et d'amour envers les membres de son propre groupe. Toutefois, elle n'augmente pas la défiance ou la haine envers les autres, mais induit plutôt une forme de protectionnisme

1. Les sujets féminins auraient donc plus d'empathie pour les personnes qui n'ont pas la même matrice morale. Voir Singer *et al.* (2006).
2. De Dreu *et al.* (2010).
3. De Dreu *et al.* (2011).

(d'« agression défensive ») dans les situations où le groupe est menacé et où les individus ressentent plus de peur. On pourrait décrire ce sentiment comme une volonté de blesser *si telle est la meilleure manière de protéger les siens.* Cet effet défensif de l'ocytocine va même jusqu'à faire en sorte que les sujets mentent plus volontiers et plus rapidement à des jeux économiques afin d'aider les membres de leur groupe [1].

L'ocytocine ne serait donc pas une hormone de l'amour universel, mais plutôt une hormone de l'attachement envers ceux que l'on considère comme nos semblables. Cet effet physiologique a par ailleurs aussi été observé chez des rongeurs : des mâles qui ne possédaient plus de récepteurs à ocytocine dans leur cerveau n'arrivaient plus à savoir quelles femelles faisaient partie de leur clan [2].

Si impressionnants que soient les effets de cette hormone, ils doivent pour l'instant être interprétés avec précaution. Les effets sur les comportements sociaux humains sont très subtils et complexes, tantôt liants, tantôt perturbateurs, selon l'état cognitif des individus et selon le bain culturel dans lequel ils sont plongés. L'équipe de David Rand a par exemple montré très récemment que l'administration de cette hormone

1. Shalvi et de Dreu (2014). De même, la préférence communautaire peut expliquer les comportements de corruption. « Lorsqu'on cherche à promouvoir l'entraide dans nos organisations et dans la société, nous devrions prendre note que, dans certaines circonstances, l'entraide doit être surveillée plutôt qu'encouragée sans ambiguïté. » Voir Weisel et Shalvi (2015).

2. Ferguson *et al.* (2000).

favorisait effectivement la « préférence intra-groupe » pour des sujets placés en « mode intuitif » (système 1), mais que l'effet était inversé pour les sujets placés en « mode réflexif » (système 2)[1]. Les prochaines années seront riches d'enseignements à ce sujet...

Notre capacité à reconnaître nos semblables et à discriminer ce qui nous est étranger est une compétence qui s'acquiert très tôt. Parmi les expériences déjà mentionnées de Kyley Hamlin et Karen Wynn sur la morale des bébés, l'une d'elles a mis en évidence que des bébés de 9 mois (et plus encore à 14 mois) avaient des émotions positives envers des personnages qui partageaient les mêmes goûts qu'eux... et envers des personnages *qui se comportaient mal avec ceux qui n'avaient pas les mêmes goûts qu'eux*[2] !

Des chercheurs suisses se sont rendu compte que la tendance au partage équitable que montrent les jeunes enfants était bien plus marquée lorsque les enfants faisaient partie du même groupe[3]. Cinq ans plus tard, le même économiste, Ernst Fehr, mais avec une autre équipe, montrait que cet effet augmentait encore significativement durant la phase de socialisation à l'adolescence, et ce de deux manières : la méchanceté envers les autres à partir de 12-13 ans, et l'altruisme envers les siens à partir de 14-15 ans[4].

1. Ma *et al.* (2015).
2. Hamlin *et al.* (2013).
3. Fehr *et al.* (2008).
4. Fehr *et al.* (2013). Les causes de ce changement ne sont pas mentionnées, pas plus que l'analyse du contexte culturel des participants.

Ce phénomène a aussi été quantifié en 2006 entre deux petites communautés indigènes (non hostiles) de Papouasie-Nouvelle-Guinée. Grâce à un jeu économique où un tiers pouvait décider de punir (moyennant un coût) un comportement considéré comme injuste (qui violait une norme sociale), les chercheurs se sont rendu compte que ceux qui punissaient étaient plus laxistes envers les « violeurs de norme » de leur propre communauté, et plus sévères lorsqu'un étranger montrait un comportement injuste envers un membre de leur propre communauté [1]. Cela mériterait évidemment d'autres d'expériences sur d'autres cultures, d'autres âges, ainsi qu'une comparaison entre les genres.

La tendance à l'entraide préférentielle entre personnes du même groupe au détriment des étrangers est un phénomène courant que les chercheurs appellent l'« altruisme de paroisse » (*parochial altruism*) [2]. Son existence s'expliquerait par le cadre de compétition qui sévit entre groupes humains depuis des siècles, voire des millénaires – c'est-à-dire, pour en finir avec les euphémismes, dans le cadre de l'histoire immémoriale des guerres. Ce pourrait être un mécanisme qui a des bases physiologiques et sélectionné au fil des générations pour protéger la vie sociale des groupes (bandes, clans, tribus, etc.) dans des situations de menace extérieure.

1. Bernhard *et al.* (2006).

2. L'effet de paroisse (*parochialism*) est défini comme la tendance à favoriser les membres de son groupe ethnique, racial ou linguistique.

Les effets combinés d'une entraide « sacrée » (c'est-à-dire qui nous dépasse, ou extatique) et d'un altruisme de paroisse ressemblent furieusement aux mécanismes qui soudent les communautés religieuses les plus extrêmes – où l'on devient totalement altruiste envers les membres de sa communauté et impitoyable avec les autres. Plus pacifiquement, une étude a montré aux États-Unis que les 20 % de la population les moins croyants donnent en moyenne 1,5 % de leurs revenus à des œuvres caritatives diverses, alors que les 20 % qui fréquentent le plus des lieux de culte donnent en moyenne 7 %... à leurs propres organisations religieuses [1].

Le revers de la médaille de cette incroyable capacité des humains à établir des liens puissants est que, poussée à son paroxysme, elle peut provoquer un aveuglement (extase et impossibilité de remise en cause) doublé d'une « fermeture » du groupe, c'est-à-dire une compétition *entre les groupes*. Les membranes individuelles s'effacent au point que seul compte le superorganisme, lequel voit sa membrane collective s'imperméabiliser et se rigidifier au détriment du reste du monde.

On voit ici se dessiner un principe général du vivant : une forte interdépendance entre les niveaux d'organisation. Comme le note l'évolutionniste David S. Wilson, de la même manière que « l'égoïsme d'une personne peut être néfaste pour sa famille, l'altruisme envers sa famille peut devenir néfaste pour son clan ou sa communauté,

1. Putnam et Campbell (2012), cité par Haidt (2012).

un altruisme pour le clan ou la communauté peut être néfaste pour la nation, et l'altruisme envers la nation peut être néfaste pour le village global [1] ».

Un moment tragique : quand l'entraide s'effondre

Nous avons vu que plusieurs facteurs participent à l'effondrement de l'entraide dans un groupe : une perte de confiance, un trop fort sentiment d'insécurité, d'injustice ou d'inégalité, une absence de système coercitif, un excès d'anonymat, et surtout la présence de quelques comportements antisociaux ostentatoires. Existe-t-il d'autres facteurs d'effondrement de l'entraide ?

Certains événements ont le pouvoir d'aggraver tous ces facteurs en donnant des raisons aux gens de craindre que leur environnement social ne puisse pas perdurer. C'est le cas des grandes catastrophes (événements climatiques extrêmes, pénurie de ressources, épidémies, guerres, etc. [2]), et plus généralement des événements qui mettent en danger les groupes. « De façon alarmante, les

1. Wilson DS (2015), p. 137. Par exemple, la bonne santé d'une entreprise ne garantit pas que sa contribution sera bénéfique à l'ensemble du système économique auquel elle appartient. Cet auteur évoque aussi la corruption, qui peut s'apparenter à de l'entraide entre les membres d'un clan ou d'une communauté, au détriment de l'intérêt du groupe supérieur (ici, le pays). Dans ce cas, il se peut que, si un dirigeant remet les pendules à l'heure en éliminant la corruption et en unifiant la nation, ce ne sera pas forcément une bonne nouvelle pour les relations internationales…

2. Homer-Dixon (1999) ; Diamond (2005) ; Servigne et Stevens (2015).

sociétés peuvent basculer de la coopération au conflit en raison d'un simple changement de croyances[1]. »

La problématique de l'effondrement de l'entraide se situe donc sur le terrain de l'imaginaire. Non pas parce que les menaces sont fictives, mais parce que l'entraide disparaît lorsque les gens cessent de croire en leur futur, lorsqu'ils ne tiennent plus compte des avantages que pourraient leur apporter leurs comportements prosociaux. Ce qui apparaît indispensable à la possibilité d'entraide, c'est donc « la croyance que nous avons sur les croyances des autres, et sur la manière dont les comportements se traduisent socialement[2] ».

Un enchaînement de catastrophes peut donc avoir un effet cumulatif. De plus en plus d'individus basculent dans la méfiance, et il arrive un moment (souvent imprévisible) où un seuil est franchi. La méfiance puis la défiance se généralisent, selon le terreau culturel et idéologique, et les normes sociales s'évanouissent du simple fait que les gens cessent d'y croire et d'y participer. L'ancien professeur d'économie de l'université de Cambridge (Royaume-Uni) Partha Dasgupta rappelle que, à cause de ces dynamiques, « des gens qui se réveillent amis ou voisins le matin peuvent se retrouver en guerre à midi[3] ».

La clé, à l'approche de catastrophes, se situe donc dans les histoires qu'on se raconte, les mythes et les récits, car

1. Dasgupta (2009), p. 3308.
2. *Ibid.*
3. *Ibid.*, p. 3306.

ils nourrissent nos croyances. Il faut être attentif aux indices (fausses rumeurs, propagande, fictions auto-réalisatrices, etc.) qui annoncent de telles ruptures de confiance et d'imaginaire, car celles-ci sont en général beaucoup plus soudaines que les ruptures « physiques » comme les pénuries, les catastrophes climatiques ou les migrations de masse.

Malheureusement, reconstruire la confiance, la réciprocité, le bien commun, et plus globalement l'entraide, est beaucoup plus long que de les détruire. La raison en est simple : « La non-coopération ne requiert pas autant de coordination que la coopération. Ne pas coopérer signifie généralement se retirer. Pour coopérer, les gens doivent non seulement se faire confiance mutuellement, mais ils doivent aussi se coordonner sur la base de normes sociales que tout le monde comprend[1]. »

Ce chapitre nous a montré que, pour développer une vraie culture de l'entraide, affinée, profonde, partagée et complexe, nous devons être pleinement conscients de ses écueils et de ses vulnérabilités, tout comme de ses forces et de sa magie.

1. *Ibid.*

CHAPITRE 5
Au-delà du groupe

Poursuivons notre enquête. Jusqu'ici, nous avons vu comment l'entraide pouvait émerger à partir d'actes individuels spontanément altruistes (chapitre 2), puis comment elle s'était déployée dans les petits et les grands groupes grâce à différents niveaux de réciprocité (chapitres 3 et 4).

La question est maintenant de comprendre ce qui se passe à l'extérieur du groupe. Pour cela, il reste deux angles morts à éclaircir : quel rôle joue le « reste du monde » dans l'entraide à l'intérieur d'un groupe ? Et, surtout, quelles sont les conditions pour que des groupes s'entraident ?

Le principe du grand méchant loup

Pour souder une équipe, c'est bien connu, rien de tel qu'une menace extérieure. L'idéal est qu'elle soit clairement identifiable et qu'elle représente un réel danger pour le groupe. Schématiquement, il existe deux types de menaces extérieures : les autres groupes et un milieu hostile. Dans les deux cas, il s'agit pour le groupe de s'unir et de se coordonner pour mieux s'adapter à la menace : résister, combattre, innover, etc.

La compétition avec d'autres groupes

En 1961, le grand psychologue turc Muzafer Sherif publiait les résultats d'une expérience devenue célèbre, « l'expérience de la caverne des voleurs » (« *The Robbers Cave Experiment*[1] »). Pendant trois semaines, dans un camp d'été (au Robbers Cave State Park, dans l'Oklahoma, aux États-Unis), les chercheurs ont rassemblé 22 garçons de 11 à 12 ans (sociologiquement semblables, mais qui ne se connaissaient pas) et les ont répartis en deux groupes similaires. Pendant cinq à six jours, chaque groupe (séparément, sans savoir qu'il y avait un autre groupe) a pu faire émerger un sentiment d'identité (ils se sont donné un nom) et une hiérarchie grâce à des activités qui leur donnaient un objectif commun.

Dans un deuxième temps, les groupes ont été mis en compétition à travers plusieurs jeux (sports, activités en pleine nature, etc.), avec récompenses à la clé pour les gagnants. Les chercheurs ont observé deux choses pendant cette deuxième phase : une augmentation nette

1. Sherif *et al.* (1961).

de la motivation des participants et, simultanément, l'apparition de comportements altruistes et coopératifs à l'intérieur d'un groupe, ainsi que l'apparition d'attitudes négatives et hostiles envers les membres du groupe opposé (par exemple, ils se charriaient, s'évitaient ou entonnaient des chants guerriers lorsqu'ils se réunissaient tous à la cantine le soir). Ces réactions devenaient particulièrement agressives lorsque les deux groupes luttaient pour obtenir la même récompense.

Ce résultat s'est révélé généralisable à de nombreuses conditions (conflits réels, expériences à l'échelle d'un pays ou d'un petit jeu économique, etc. [1]), au point de devenir une sorte de principe de base : *un contexte de conflits inter-groupes renforce les relations intra-groupes* (l'entraide, l'altruisme, la solidarité, etc.) [2] et provoque une plus forte identification des membres d'un même groupe [3]. Mais la compétition est coûteuse en énergie, car elle fait émerger des émotions fortes, comme la colère, la haine ou la culpabilité.

La « magie » cohésive de la compétition est de permettre aux membres d'un groupe de prendre conscience

1. À noter toutefois que cette expérience a été réalisée sur des garçons. Nous n'avons pas trouvé d'études montrant des différences entre genres.

2. Voir par exemple les émeutes en Irlande du Nord (Silva et Mace, 2014) ; des expériences pendant la guerre entre le Hezbollah et Israël en 2006 (Gneezy et Fessler, 2011) ; des expériences sur des populations rescapées d'un violent conflit au Burundi (Voors *et al.*, 2012) ; ou des conflits artificiels lors d'expériences économiques en laboratoire (Bornstein *et al.*, 2002 ; Erev *et al.*, 1993 ; Gunnthorsdottir et Rapoport, 2006 ; Puurtinen et Mappes, 2009 ; Sääksvuori *et al.*, 2011 ; Tan et Bolle, 2007 ; Burton-Chellew et West, 2012).

3. De Cremer et Van Vugt (1999).

explicitement de leurs intérêts communs, et donc de s'aligner sur un même objectif. Cet effet est très puissant et aussi très sensible, puisqu'il apparaît même dans des groupes qui ne durent qu'un tour de jeu (sans possibilité de punition ni de réputation)[1].

Avoir un bon ennemi sous la main est un moyen facile de faire naître la cohésion dans votre groupe. Mais comment fabrique-t-on un ennemi ? Dans son livre au titre on ne peut plus explicite, *La Fabrication de l'ennemi, ou comment tuer avec sa conscience pour soi*[2], le spécialiste des affaires stratégiques et militaires Pierre Conesa montre bien comment l'ennemi est avant tout une construction (idéologique, stratégique, politique, etc.) qui joue un rôle primordial dans les sociétés humaines[3]. De nombreux penseurs ont théorisé cette dynamique, comme l'influent juriste et philosophe nazi Carl Schmitt, pour qui la fonction même du politique était d'établir une distinction entre ami et ennemi, c'est-à-dire de construire une identité *contre* un « autre »[4]. L'ennemi, précise Conesa en analysant la pensée de

1. Puurtinen et Mappes (2009).

2. Conesa (2011).

3. L'auteur propose une typologie des ennemis : il y a l'ennemi proche (conflits frontaliers), l'ennemi planétaire (guerre froide), l'ennemi intime (guerre civile), le barbare (occupation), l'ennemi caché (complot de l'ombre), la guerre du bien contre le mal (guerres religieuses ou idéologiques), l'ennemi conceptuel (en l'absence d'ennemi, on désigne « le terrorisme »), et l'ennemi médiatique (désigné par les médias, et non les stratèges).

4. Nous retrouvons les mécanismes du chapitre précédent : la formation d'une membrane qui sert à délimiter le dedans-dehors et à forger une identité, puis un sentiment de sécurité.

Schmitt, « rend de multiples services. Il fait fonction notamment d'anxiolytique par sa responsabilité (réelle ou imaginaire) dans nos angoisses collectives. La fabrication d'un ennemi peut cimenter la collectivité, peut être une échappatoire pour une autorité en difficulté sur le plan intérieur[1] ». Schmitt, comme tous les penseurs, est bien un produit de son époque…

L'étape préliminaire à la fabrication d'un ennemi est la séparation. Avant d'aller guerroyer, il faut se construire un imaginaire du « nous et eux », fabriquer un épouvantail, « un autre soi-même qu'il faut “altériser”, noircir et rendre menaçant, afin que l'usage de la violence puisse apparaître légitime[2] ». Tout est bon ; la mythologie, les mots, les histoires, les théories anthropologiques, les idéologies, etc. « Le discours sur l'état de l'Union de George Bush, le 29 janvier 2002, désignant unilatéralement les trois pays de l'“axe du mal”, est un exemple contemporain de production artificielle d'ennemis par la plus puissante démocratie du monde[3]. » Depuis, cette grande puissance a pu s'inventer un épouvantail théorique global, la « lutte contre le terrorisme », à la fois pour justifier les guerres de prédation et pour favoriser sa cohésion nationale.

Dans de nombreuses sociétés, le sacrifice aidait le groupe à « dévier la violence collective vers un homme

1. Conesa (2011), p. 17.
2. *Ibid.*, p. 38.
3. Alors qu'aucun de ces trois pays – l'Irak, l'Iran et la Corée du Nord – n'était impliqué dans les attentats du 11 septembre 2001. Voir *ibid.*, p. 14.

ou un animal. Le sacrifice préserverait ainsi l'unité du groupe[1] ». C'est le même rôle que jouent les boucs émissaires ou l'ennemi[2]. La guerre, poursuit Conesa, « peut être analysée comme un rituel sacrificiel qui maintient, voire reconstitue, l'unité de la collectivité, qu'elle soit nation, camp, église, alliance ou groupe ethnique[3] ». L'ennemi devient la victime sacrificielle qui soude le groupe.

Un environnement hostile

Cependant, construire un ennemi pour exister n'est pas une fatalité ; c'est une facilité. Des conditions environnementales difficiles ou des catastrophes naturelles peuvent provoquer le même effet de cohésion. La grande différence, quand on fabrique un ennemi humain, c'est qu'on ne joue pas la carte de la vengeance, c'est-à-dire de la réciprocité négative.

Mais il s'agit toujours de s'organiser, de résister et de se battre contre quelque chose. En cas de coup dur, les bénéfices du groupe sont absolument vitaux. S'unir paraît indispensable, car il devient impossible de vivre seul. Collecte de nourriture, économies d'échelle, chaleur partagée, division du travail, garde des enfants,

1. *Ibid.*, p. 39.
2. Girard (1982).
3. Conesa (2011), p. 39. Tout cela reste typique d'une culture « hiérarchique pyramidale » qui aurait besoin de justifier son pouvoir et sa domination. Ce ne sont pas nécessairement les impulsions de départ de celles et ceux qui se trouvent tout en bas de la pyramide…

défense du groupe, etc. : les individus ont *besoin les uns des autres.*

Dans les grands groupes (les pays, par exemple), la résistance à des conditions difficiles se traduit par un durcissement des normes sociales et rend les institutions beaucoup plus strictes. Selon une étude comparant 33 cultures, les pays subissant moins ces menaces possèdent des normes plus faibles et un degré de liberté individuel plus important [1].

Un objectif commun à atteindre

Les menaces extérieures ont le mérite de définir clairement un objectif commun au groupe (détruire l'ennemi, survivre à une catastrophe, reconstruire, etc.). Très récemment, une équipe de psychologues et d'évolutionnistes a montré à travers une expérience que l'entraide au sein des groupes pouvait très bien être stimulée *uniquement* par la mise en place d'un objectif global commun… sans la présence de menace ni de compétition [2] !

Les chercheurs ont donné à un groupe un objectif à atteindre, mais sans compétition avec d'autres groupes, et ont obtenu les mêmes effets de cohésion qu'avec la compétition. Pour cela, il fallait que le défi mette en jeu un seuil à franchir (que l'objectif soit visible et quantifiable), de telle sorte, analysent les chercheurs, que

1. Gelfand *et al.* (2011).
2. Jordan *et al.* (2017).

les joueurs soient fortement motivés *individuellement* par ce défi (et pas forcément mus par une motivation collective)[1]. Le grand avantage de ce mécanisme, par rapport à la compétition, est qu'il évite les effets d'antagonisme (stress, mécanique identitaire, dénigrement des autres, etc.), car les joueurs sont motivés par le prix à gagner, et non par le désir d'enfoncer l'autre.

Il conviendrait désormais de revoir les dizaines d'études précédentes réalisées en conditions de compétition pour vérifier quelle est vraiment la nature de la motivation des joueurs (gagner le prix ou détruire l'autre ?), et par exemple d'analyser les éventuelles différences entre les individus, entre les cultures, entre les types d'éducation, entre les genres, etc.

Une « superentraide » au sein d'un groupe n'est donc pas obligatoirement dépendante d'un sentiment de haine à l'égard des autres groupes ou de l'arrivée de catastrophes. Il est tout à fait possible d'obtenir de bons niveaux d'entraide sans détériorer le regard ou les actes (antisociaux) que l'on porte sur les membres des autres groupes (les « étrangers »). Développer ce genre de mécanisme est assurément l'un des grands chantiers à venir…

1. Le groupe doit atteindre un seuil dit « non compétitif » pour gagner collectivement. Un individu faisant partie de ce groupe peut trouver une motivation à coopérer avec son groupe si l'objectif est de gagner ce prix, partagé de manière équitable. Ce serait la présence d'un seuil de type « tout ou rien », d'une ligne d'arrivée, qui motiverait les joueurs.

Les groupes peuvent-ils s'entraider ?

Revenons un instant sur l'expérience de la caverne des voleurs (le camp d'été). Après avoir forgé un esprit d'équipe, puis mis les groupes en compétition, les expérimentateurs ont demandé aux groupes rivaux de cesser la compétition et de coopérer pour résoudre des problèmes communs. Résultat ? Le simple contact entre les anciens groupes rivaux s'est révélé insuffisant pour réduire les attitudes négatives…

Dépasser la compétition entre les groupes

Dans la dernière partie de son essai, Pierre Conesa se demande si l'on peut « déconstruire » un ennemi. La réponse est positive, mais les manières qu'ont eues les humains de le faire sont variables, avec des succès mitigés : réconciliation d'ennemis « héréditaires », création de commissions d'historiens à propos de génocides, expiation, amnistie, aveu, justice internationale, etc.

Schématiquement, pour déconstruire la rivalité entre deux groupes et les faire passer de la réciprocité négative (loi du talion) à la réciprocité positive (don et contre-don), il existe deux voies : soit l'un des deux prend les devants, soit chacun avance vers l'autre. La manière unilatérale est plus facile, mais moins rapide : « Un changement de discours est une manière intéressante de déconstruction d'une hostilité. Mais les relations apaisées se tissent avec le temps, avec des rapports politiques plus qu'avec des déclarations[1]. » La voie de réconciliation bi- ou multi-latérale est bien plus efficace, mais plus laborieuse.

L'exemple de l'Europe de l'après-guerre offre un cas de réconciliation à plusieurs (avec un lourd passé !) qui s'est fait dans un climat exempt de menace extérieure commune. L'Europe s'est bâtie très lentement, autour d'un consensus, dans un environnement d'abondance et de confort, sans environnement hostile. Un vrai défi !

L'ex-Yougoslavie est un autre cas de réconciliation entre groupes ethniques formant une mosaïque très hétérogène au passé conflictuel. Dans une expérience récente, un médecin et une politologue des universités Stanford et Harvard (États-Unis) ont formé des groupes multiethniques de croates catholiques et de bosniaques musulmans pour les faire jouer à des jeux économiques. Ils ont observé que la coopération entre ethnies n'émergeait pas si les organisateurs ne mettaient pas en place un cadre institutionnel solide qui chapeautait les relations inter-groupes (la « membrane de sécurité »)[2].

Dans un tout autre genre, l'analyse de la rivalité entre les partisans de Barack Obama et ceux d'Hillary Clinton lors de la course à l'investiture dans la campagne présidentielle américaine de 2008 a révélé une dynamique en deux temps bien marqués[3]. D'abord, durant tout l'été, la forte rivalité entre Obama et Clinton a créé un

1. Conesa (2011), p. 295.
2. Alexander et Christia (2011).
3. Rand *et al.* (2009).

favoritisme de clan (voir « La fermeture du groupe », dans la section précédente), puis, immédiatement après la convention nationale du parti démocrate, en septembre, qui a désigné Obama comme candidat, cette rivalité s'est évanouie [1]. À partir de ce moment, les démocrates se sont soudés [2]. Pour les partisans de Clinton, le nouvel ennemi n'était plus Obama, mais le candidat républicain.

Revenons une dernière fois sur l'expérience de la caverne des voleurs. La seule voie qui a permis aux deux groupes rivaux de basculer vers des relations coopératives a été le fait de trouver une raison d'être supérieure à eux tous : un nouvel ennemi commun, des conditions difficiles ou un objectif partagé dans lequel chaque équipe pouvait bénéficier du résultat de l'entraide (co-construction).

Ces expériences montrent deux choses. D'abord, des groupes au passé conflictuel peuvent renoncer à leur rivalité : oui, c'est possible ! Ensuite, cela ne se fait pas

1. Remarquons que, dans cette expérience, les comportements de paroisse (préférence identitaire et actes altruistes envers les membres de son camp) ont été beaucoup plus marqués chez les hommes que chez les femmes. De manière générale, les hommes montrent une plus forte tendance à la préférence intra-groupe, à la compétition inter-groupes, à la recherche de domination sur les autres groupes et à la préférence identitaire basée sur la religion ou l'origine ethnique. Voir Sidanius et Pratto (1999). De plus, cette tendance à la préférence identitaire se développe chez les garçons de 3 à 8 ans, mais pas chez les filles. Voir Fehr *et al.* (2008).

2. Ce genre de fission-fusion entre groupes est très fréquent. Par exemple, à l'heure où nous écrivons ces lignes, Kurdes et Arabes, appuyés par la coalition internationale, coopèrent pour faire reculer Daesh à Manbij, dans le nord de la Syrie. Entre ces groupes, il existe « des frictions non négligeables que seule l'existence d'un ennemi commun, l'EI, permet encore de contenir ». Voir Kaval (2016).

tout seul ; il faut faire appel à des mécanismes qui ressemblent étrangement à ceux que nous avons décrits pour les relations entre individus.

Les mêmes mécanismes qu'au niveau inférieur

Ainsi émerge l'idée que les groupes (superorganismes) réagissent comme des individus (organismes) : ils ont besoin de partager un sentiment de sécurité, de confiance et d'égalité/équité, d'assurer la stabilité de la réciprocité, etc. Ils sont même capables de se parler pacifiquement, de coopérer, de constituer des alliances (des groupes de groupes) ou carrément de former des « super-superorganismes ».

L'OTAN ou l'Europe, par exemple, sont des alliances de pays régies par des principes de réciprocité (pacte de non-agression) [1] et des normes sociales garanties par des traités et des institutions. Les membres ont une réputation à garder, se font mutuellement confiance (au moins en apparence) et ont besoin que le cadre de sécurité soit respecté. Dans ces conditions, il y a coopération.

L'un des points clés des relations entre les groupes, et qui n'est pourtant jamais discuté, est celui de l'égalité/équité entre les membres. Pour les pays, c'est particulièrement criant. Selon l'économiste et juriste Leopold Kohr [2], ce qui fait la stabilité et la cohésion d'un pays

1. Keohane (1986).

2. Leopold Kohr (1909-1994), prix Nobel alternatif en 1983 et auteur de *The Breakdown of Nations* (1957), non traduit en français.

comme la France est la taille relativement similaire de ses régions et de ses départements (on peut en dire autant des États aux États-Unis). Selon cette théorie, la cause principale de la faiblesse de l'Europe serait la *différence de taille* entre les pays membres, laissant la possibilité aux quelques grands pays de dominer les autres (ce qui est profondément inéquitable pour une alliance digne de ce nom).

Le duc de Sully, Premier ministre d'Henri IV, a noté dans ses Mémoires que « plus un royaume est grand, plus il est sujet à de grandes révolutions et infortunes [1] ». Conséquemment, lui et son roi dessinèrent les plans d'une nouvelle Europe en la divisant « équitablement entre un certain nombre de puissances, de telle manière qu'aucune d'entre elles ne puisse avoir l'occasion, l'envie ou la peur des possessions ou du pouvoir des autres [2] ». Plus récemment, en 1992, Freddy Heineken (le patron de la célèbre marque de bière) s'est mis en tête, pour éviter le retour de guerres fratricides absurdes, de diviser l'Europe en 75 régions de taille similaire en se basant sur les idées de Leopold Kohr – un projet qu'il nomma Eurotopia [3].

Mais le problème des grands groupes (ici, les pays) est bien évidemment leur démesure. Peut-on agrandir la taille des groupes à l'infini ? Peut-on faire coopérer

1. Mémoires de Maximilien de Béthune, duc de Sully. La citation est issue de la version anglaise de 1856 (vol. 4, p. 225), citée par Kohr (1957).
2. *Ibid.*, p. 244.
3. Jacobs (2012).

toujours plus de groupes ? Un superorganisme peut-il croître indéfiniment ?

Une limite de taille

À la question des limites de taille, la biologie a déjà répondu depuis longtemps. Savez-vous pourquoi il n'existe pas de fourmis de six mètres de long, d'oiseaux de vingt mètres d'envergure ou de girafes de trois grammes ? Parce que, dans le monde réel, la taille des organismes se heurte à des contraintes physiques. Chaque organisme se développe dans des limites de taille bien précises et possède une échelle appropriée.

Par exemple, chez les oiseaux, la portabilité des ailes diminue au carré de leur taille : plus les ailes sont grandes, moins elles portent. Un grand oiseau devrait avoir d'immenses ailes, ce qui le rendrait trop lourd, d'autant plus qu'il aurait besoin de muscles surdéveloppés, ce qui n'arrangerait pas son poids… C'est physiquement impossible. Pour voler activement sans dépenser trop d'énergie, un oiseau doit donc être petit et léger. Comment font les condors et les albatros ? Ils rusent, ils ne battent presque pas des ailes et planent grâce aux courants ascendants[1]. L'idée n'est pas d'être petit à tout prix (cela aussi crée des problèmes), mais proportionné, à la bonne échelle. Au-delà et en deçà d'une taille optimale, il y a dysfonctionnement.

1. Voir le très bel article du généticien John B.S. Haldane (1926) – on le trouve facilement sur Internet.

Ce principe est-il applicable aux groupes et aux sociétés ? Certains penseurs répondent par l'affirmative[1]. Leopold Kohr est de ceux-là, tout comme Ivan Illich (*La Convivialité*), Ernst F. Schumacher (*Small Is Beautiful*) ou encore, aujourd'hui, Olivier Rey (*Une question de taille*). Kohr a constaté que les petites nations et les petites économies sont les plus paisibles, les plus prospères et les plus créatives. Pour lui, tous les types de système politique et économique (socialisme, anarchisme, capitalisme, démocratie, etc.) sont susceptibles de fonctionner… à condition qu'ils soient à la bonne échelle, une échelle où les gens peuvent continuer à avoir une influence sur eux, d'autant plus que ces systèmes gouvernent leurs vies. Au-delà d'un certain seuil (dit « de convivialité »), toutes les organisations et les idéologies deviennent tyranniques.

Il en tire le principe que la taille d'une population est l'élément décisif des misères dont elle souffre, et résume cela en une phrase : « Dès qu'il y a un problème, c'est que quelque chose est trop grand[2]. » Illich explique cela en ces termes : « En chacune de ses dimensions l'équilibre de la vie humaine correspond à une certaine échelle naturelle. Lorsqu'une activité outillée dépasse un certain seuil défini par l'échelle *ad hoc*, elle se retourne d'abord contre sa fin, puis menace de destruction le corps social tout entier. […] Si nous voulons pouvoir dire quelque

1. Voir la synthèse de cette pensée dans Rey (2014).

2. La phrase originale est : « *Whenever something is wrong, something is too big* » (Kohr, 1957, p. 21).

chose du monde futur, dessiner les contours théoriques d'une société à venir qui ne soit pas hyperindustrielle, il nous faut reconnaître l'existence d'échelles et de limites naturelles. L'équilibre de la vie se déploie dans plusieurs dimensions ; fragile et complexe, il ne transgresse pas certaines bornes. Il y a certains seuils à ne pas franchir [1]. »

L'autre problème de taille (si l'on peut dire) se situe au niveau du coût (énergétique) de la complexité sociale croissante. En effet, le coût n'augmente pas de manière proportionnelle : chaque augmentation de taille et de complexité coûte proportionnellement plus cher que les précédentes. Dans une grande société interconnectée, les coûts d'administration, de distribution, de transport, de défense ou de communication sont devenus démesurés (d'autant que ces activités sont rendues possibles uniquement par le miracle éphémère des combustibles fossiles) [2]. Gérer tout cela devient très difficile, voire impossible, pour une autorité centrale, laquelle réagit en renforçant son contrôle et son autorité, sans savoir que c'est précisément cela qui provoque sa perte…

Sans institutions, la taille optimale d'un groupe est définie par les capacités de notre cerveau. Selon l'anthropologue britannique Robin Dunbar, notre cerveau est adapté pour entretenir un réseau social (et interagir

1. Ivan Illich, cité par Rey (2014), p. 99.

2. Dans les sociétés premières, la consommation moyenne par habitant était d'environ 2 000 calories par jour. Dans une société industrielle moderne, elle est de 230 000 calories. Buttel et Humphrey (1982).

convenablement) de maximum 150 personnes (et de 20 à 50 pour les chimpanzés). Au-delà de cette taille limite, les règles de fonctionnement du groupe doivent changer, obligeant le groupe à construire des artefacts culturels et institutionnels[1]. Plus la taille du groupe augmente, plus ses institutions doivent être solides, et plus elles deviennent aliénantes et « froides ». Elles perdent leur taille humaine et souffrent de symptômes de leur démesure : accaparement du pouvoir par un petit nombre, échec de la gestion centralisée de la complexité croissante, apparition de l'indifférence et de relations utilitaristes entre les individus[2], etc.

Mais alors, si tout fonctionne mieux en petits groupes bien proportionnés, est-il encore possible d'envisager une entraide mondialisée à l'heure des grandes catastrophes ?

L'opportunité des catastrophes globales

La question climatique est particulièrement intéressante, car elle met au défi notre capacité à coopérer à l'échelle du globe, ce qui constitue un moment unique dans l'histoire de notre espèce. C'est une sorte de jeu économique à très grande échelle où les participants sont les grandes organisations humaines (États, multinationales, communautés, ONG, etc.). Sauf que, cette fois, nous ne pouvons pas nous permettre de perdre.

1. Dunbar (1992) ; Dunbar et Shultz (2007) ; Hill et Dunbar (2003).
2. Rey (2014), p. 94.

Malgré le fait que nous connaissions les risques, les menaces et les enjeux, l'action coordonnée et efficace a été reportée depuis des décennies. Les acteurs des négociations n'ont pas réussi à créer un climat de confiance, d'équité et de sécurité, ni à créer des normes sociales et des institutions qui permettent de se coordonner en vue de la réalisation d'un objectif commun.

Les premières expériences sur les mécanismes de coopération humaine au sujet du climat ont été menées il y a dix ans déjà par l'évolutionniste Manfred Milinski et son équipe du Max Planck Institute (Allemagne). Le climat est typiquement un cas de dilemme social: le coût individuel des mesures à prendre est très grand comparativement aux bénéfices collectifs, perçus comme lointains et globaux. Or, aujourd'hui, nos sociétés fonctionnent sur la logique – très problématique – des bénéfices individuels (privés) et des coûts collectifs (publics). Pour lutter contre le réchauffement, on compte sur l'exact inverse: des coûts individuels (pour chaque État ou chaque citoyen) et des bénéfices collectifs (une stabilisation du climat et un mieux-être global). Et l'on s'étonne que cela ne fonctionne pas!

Si, par exemple, notre pays s'engage dès aujourd'hui dans de courageuses et coûteuses mesures pour réduire l'extraction et la combustion d'énergies fossiles, mais que les autres pays ne suivent pas, les effets bénéfiques globaux seront ridicules, et les coûts pour notre pays seront immenses. À l'inverse, si tous les pays agissent, sauf le nôtre, nous aurons les bénéfices… sans les coûts ! Dans ce cas de figure, le *meilleur choix stratégique rationnel à court terme* est d'attendre (que les autres agissent). Au risque d'attendre longtemps…

Mis à part la démesure de ce dilemme social et des acteurs en jeu (ce qui est déjà en soi considérable), plusieurs obstacles empêchent la possibilité d'une coordination globale : l'absence de récit commun, la question temporelle (les générations futures) et la question des inégalités.

Premièrement, chacun voit le problème climatique à sa manière. Les effets du réchauffement se font déjà sentir dans certaines régions, souvent des régions pauvres qui n'ont pas les moyens de mettre en place des mesures de lutte efficaces. D'autres régions, la plupart riches, sont encore protégées par une « prospérité » qui leur permet de mettre en place des mesures de résilience, mais qui leur fait croire qu'elles peuvent repousser la résolution du problème à plus tard. Certains croient encore qu'on peut « s'en sortir », d'autres ne croient plus en rien, d'autres se préparent activement ; certains développent un certain ressentiment alors que d'autres ont peur de savoir ou d'agir, etc. L'imaginaire (la représentation du futur) est donc très différent selon les régions où l'on vit et selon les classes sociales. Nous sommes loin d'avoir un *récit commun*, première étape dans l'élaboration d'une membrane de sécurité et la mise en mouvement dans la même direction. La « raison d'être » d'un éventuel super-superorganisme n'existe pas encore.

Deuxièmement, les négociations climatiques ont ceci de particulier que toutes les parties prenantes ne sont pas assises à la table des négociations [1]. Il manque les « autres qu'humains » (animaux, plantes, champignons, bactéries, etc.), qui sont pourtant concernés au premier plan ; les humains qui ne sont pas représentés par des États, des multinationales ou des ONG (les peuples premiers, les habitants des pays non démocratiques ou oligarchiques, etc.) ; et, surtout, les générations futures !

En 2013, une équipe de psychologues et d'évolutionnistes a invité cette dernière catégorie à prendre part à quelques expériences. Les participants ont eu affaire à un jeu économique « climatique » dont l'enjeu était différé dans le temps : l'égoïsme était récompensé immédiatement, alors que les bénéfices étaient reportés d'un jour, de sept semaines (solidarité intragénérationnelle) et de plusieurs décennies (solidarité intergénérationnelle) [2]. Les résultats n'ont pas été encourageants. Le report dans le temps des bénéfices de la lutte contre le changement climatique a fait chuter les niveaux de contribution. Les gens ont préféré empocher l'argent et renoncer à en tirer des bénéfices ultérieurs. Tous les groupes à solidarité intergénérationnelle ont échoué à atteindre l'objectif commun ! Cela montre que, *dans notre culture*, il ne se

1. Sans compter que les négociations se font à huis clos, c'est-à-dire sans bénéficier de la force des feedbacks générés par la transparence (intelligence collective décentralisée).

2. Jacquet *et al.* (2013).

passera rien tant qu'il y aura plus de bénéfices à ne rien faire qu'à agir pour le futur.

Troisièmement, les inégalités (de taille, de pouvoir et de richesse) entre pays constituent un frein considérable à toute avancée significative. À cela s'ajoute le fait que les pays riches – qui ont le plus contribué à la situation – sont les moins touchés par les catastrophes et ont les meilleures capacités de résilience [1]. Le cadre de départ des négociations est donc profondément injuste. Les pays non industrialisés sont amers : pourquoi n'ont-ils pas le droit de brûler autant d'énergies fossiles que les pays industrialisés ? Que *ressentent* les petits pays qui n'ont pas beaucoup d'influence dans les négociations ? Et ceux qui disparaîtront sous les eaux avant la fin du siècle ?

En 2011, deux expériences de jeux économiques ont pris en compte le paramètre des inégalités en distribuant des montants différents aux joueurs (c'est-à-dire en créant des riches et des pauvres dès le début de la partie) [2]. Sous anonymat, cela s'est révélé désastreux pour le bien commun. Mais, en laissant la possibilité aux joueurs de dévoiler au groupe leur niveau de participation, le taux de participation a grimpé de manière exceptionnelle. Pourquoi ? Parce que les « riches » annonçaient leur volonté de réduire les inégalités en participant *proportionnellement plus* au bien commun, ce qui a eu un

1. Les cinq nations émettant le plus de CO_2 en 2008 sont responsables de presque 60 % des émissions totales de gaz à effet de serre. Voir Dietz et Zhao (2011).

2. Tavoni *et al.* (2011) ; Milinski *et al.* (2011).

effet positif considérable sur les joueurs « pauvres ». En extrapolant, on peut donc imaginer quelle responsabilité ont les pays riches dans les négociations climatiques…

En faisant varier le niveau de risque climatique pour chaque catégorie (les riches et les pauvres), une équipe britannique a pu montrer que les taux de coopération s'effondraient lorsque 1) les niveaux d'inégalité entre les participants étaient élevés, mais aussi 2) le risque de souffrir du changement climatique était réservé aux plus pauvres (car les riches se sentent alors moins concernés) [1]. Fichtre ! Mais c'est précisément la situation dans laquelle nous nous trouvons ! Et les chercheurs de conclure : « Nos résultats suggèrent que, si nous voulons éviter d'aggraver le réchauffement climatique, nous serions stupides de fonder nos espoirs sur un sens de l'altruisme ou même sur une maîtrise rationnelle de nos comportements. Les modèles théoriques ainsi que les exemples du monde vivant nous révèlent […] [qu']une forme de contrainte est nécessaire pour stabiliser la coopération. »

Comment sortir de ce fossé ? À l'évidence, pour qu'une coopération globale émerge, il faut surmonter les obstacles que nous venons de décrire (récit commun, intégration des générations futures, niveaux d'inégalité). Mais nous disposons d'autres outils ! Par exemple, renforcer la réciprocité par des contraintes (punitions) et des récompenses, mais aussi rendre plus visibles les mécanismes de réputation. Ainsi, dans une

1. Burton-Chellew *et al.* (2013).

expérience de 2006, une équipe de chercheurs allemands a découvert deux manières d'augmenter considérablement les niveaux de contribution : rendre public le montant de la somme que chacun donnait (l'importance de la réputation) et mieux informer les sujets des risques, des enjeux et des menaces (l'importance de parler franchement des catastrophes !) [1].

L'économiste Partha Dasgupta, dans une synthèse sur le rôle de la confiance dans les négociations, concluait que « les chances que l'humanité soit capable de contrôler la concentration de carbone dans l'atmosphère dans des limites temporelles raisonnables ne sont pas grandes [2] ». Toutefois, l'absence de conflits globaux majeurs laisse encore une petite chance à des « groupes » – ou à des « groupes de groupes » – de se coordonner, de mettre en place des normes sociales et de tisser un nouveau récit commun… en lien avec les autres habitants de la Terre.

1. Milinski *et al.* (2006). Ce résultat a été confirmé deux ans plus tard : les joueurs qui participent le plus sont ceux qui sont convaincus que les catastrophes climatiques les affecteront très probablement. Lorsque quelqu'un pense que le risque climatique est faible, il a peu de chances de coopérer. Voir Milinski *et al.* (2008).

2. Dasgupta (2009).

CHAPITRE 6
Depuis la nuit des temps

Prenez les mécanismes d'entraide que nous avons décrits dans les chapitres précédents et appuyez sur « avance rapide ». Faites défiler quelques années, puis un siècle, un millénaire, deux, trois, des millions d'années… Qui aura survécu à tout cela ? Quels mécanismes auront permis à certains humains de survivre (ou pas) ? L'entraide humaine telle que nous la décrivons aujourd'hui, dans toute sa complexité, nous permettra-t-elle de maintenir notre existence sur terre ?

Revenons au présent, puis rembobinons de quelques millions d'années. Quand sont apparus les premiers mécanismes d'entraide ? Quelles sont les forces qui les ont fait émerger ? En somme, *pourquoi* l'entraide aujourd'hui ?

L'ÉVOLUTION DE L'ENTRAIDE HUMAINE

Voilà comment résumer l'attitude de la plupart d'entre nous : « J'aide spontanément, mais je me réserve la possibilité de faire défaut après avoir pesé le pour et le contre. » Cette posture semble être globalement la plus répandue au sein de l'espèce humaine, malgré l'éventail de variations culturelles (qui forgent le « système 1 »).

Pour comprendre comment ce schéma comportemental est apparu au cours de l'évolution, les chercheurs utilisent des modèles mathématiques et informatiques. Grâce à ces derniers, ils créent par exemple des individus virtuels (des « agents ») qui évoluent dans un monde tout aussi virtuel. Ils les font ainsi traverser l'épreuve du « temps long » sur des centaines de générations et à très grande échelle. Avant de lancer le programme et d'observer leurs interactions, ils leur donnent des traits de caractère bien particuliers – coopératifs ou compétitifs, avec ou sans réputation, avec ou sans possibilité de se déplacer, etc.

En 2015, David Rand et l'un de ses étudiants, Adam Bear, ont conçu un modèle évolutif assez perfectionné impliquant différents profils d'agents (des « égoïstes intuitifs », des « altruistes intuitifs », d'autres qui réfléchissaient, d'autres moins, etc.), ces derniers ne sachant pas s'ils joueraient un ou plusieurs tours avec les autres agents participants[1]. Du fait de l'incertitude de l'effet

1. Bear et Rand (2016).

« réputation », les agents emploieraient plusieurs stratégies de jeu, et les chercheurs pourraient observer laquelle se maintiendrait avec le temps. Résultat ? L'une d'elles a pris le dessus sur les autres et s'est montrée la plus stable : l'attitude d'« entraide-spontanée-à-ajuster-si-nécessaire », c'est-à-dire faire rapidement confiance au premier abord, mais rester vigilant sur le déroulement des événements [1]. Nous retrouvons la spontanéité de l'entraide humaine, couplée à la souplesse des systèmes 1 & 2 de Kahneman. Ainsi, il est possible que ce « logiciel cognitif » ait permis à nos ancêtres de mieux s'adapter à leur environnement, en favorisant des groupes très sociaux dotés aussi d'une certaine souplesse leur permettant par exemple de détecter et d'éviter les comportements antisociaux.

Ce modèle évolutif semble appuyer la théorie de l'heuristique sociale (vue au chapitre 2). Toutefois, il ne nous renseigne pas sur les « forces » qui sont à l'œuvre, en particulier les mécanismes évolutifs qui ont permis de faire apparaître l'ultrasocialité humaine.

S'associer pour survivre

Au XIXe siècle déjà, Darwin avait bien conscience que si sa théorie n'expliquait pas l'apparition de comportements véritablement altruistes chez de nombreuses espèces, elle s'écroulerait comme un château de cartes.

1. À noter que cette stratégie s'est révélée plus efficace que la stratégie inverse, celle qui consiste à faire défaut spontanément (se méfier) tout en gardant la possibilité de coopérer lorsque la raison le conseille.

Il voyait par exemple le sacrifice des abeilles ouvrières stériles comme « une difficulté spéciale, qui au premier abord apparaît insurmontable, et en fait fatale pour [sa] théorie ». Mais, quelques années plus tard, en 1871, il proposa une explication : « Il ne fait aucun doute que les tribus qui possèdent de nombreux membres qui sont toujours prêts à aider les autres et à se sacrifier pour le bien commun, sortiraient victorieuses des autres tribus ; et cela serait de la sélection naturelle[1]. » Il avait pris du recul sur l'individu, et voyait maintenant les groupes dans leur ensemble. La clé était là : l'altruisme et l'entraide procuraient de meilleures chances de survie aux groupes, et non aux individus eux-mêmes ! Mais il n'avait aucun moyen de prouver son intuition.

Aujourd'hui, c'est chose faite : les recherches ont amplement montré la validité de cette théorie, que l'on nomme la « sélection de groupe » ou « sélection multi-niveaux » (et dont l'histoire tumultueuse est décrite en annexe).

Chez les humains, cette dynamique de sélection de groupe est bien à l'œuvre, mais elle implique surtout des processus culturels. On parle alors de « sélection de groupe culturelle[2] ». Elle se résume ainsi : les groupes humains (clans, tribus, communautés, religions, nations, etc.) se différencient par des traits biologiques, mais

1. Darwin (1999 [1871]).

2. La bibliographie est immense. Se référer par exemple à Henrich et Henrich (2007) ; Richerson et Boyd (2005) ; Boyd et Richerson (2005) ; Boyd et Richerson (1982) ; Bell *et al.* (2009) ; Richerson *et al.* (2016).

surtout par des habitudes culturelles ; ils sont parfois confrontés à une compétition avec d'autres groupes et/ou à un milieu hostile ; cette pression sélectionne les groupes les plus coopératifs (les autres ne survivent pas à l'épreuve du temps) [1].

Selon les modèles évolutionnaires, la compétition entre les groupes a joué un rôle majeur dans l'apparition et l'expansion des comportements prosociaux [2], créant ainsi la possibilité de constituer des groupes de taille immense entre parfaits inconnus [3]. La sélection de groupe culturelle expliquerait l'apparition de l'altruisme entre individus non apparentés d'un même groupe, mais aussi de modes d'organisation, comme le partage de nourriture, qui ont émergé de manière indépendante et à plusieurs reprises au cours de l'histoire humaine [4].

1. Pour entrer dans la perspective évolutive, il faut prendre conscience du fait que certains comportements altruistes sont précédés d'intentions altruistes alors que d'autres ne le sont pas. Il est tout à fait possible d'être impliqué dans des relations mutuellement bénéfiques sans intention altruiste. Du point de vue des relations de réciprocité « chaudes », l'intention compte, mais, du point de vue du temps long, cela n'a pas d'importance : seuls comptent les actes qui sont sélectionnés par l'évolution. Nous en profitons pour rappeler que les intentions et les actes *purement altruistes* existent bel et bien. Il suffit pour s'en convaincre de lire le livre de Matthieu Ricard (2013), ainsi que celui du psychologue C. Daniel Batson (2011).

2. Bien sûr, les groupes ne se font pas tous la guerre, mais l'histoire humaine est particulièrement riche de conflits entre groupes (familles, clans, pays, religions, etc.).

3. Voir Bowles (2009). Voir aussi la récente synthèse : Bowles et Gintis (2011). Nous ne perdons pas de vue que ces immenses groupes sont aussi des groupes de groupes…

4. Bowles *et al.* (2003).

Assurément, *Homo sapiens* vit dans un monde imaginaire qu'il s'est lui-même créé. Légendes, mythes, religions, idéologies, dieux: « c'est la fiction qui nous a permis d'imaginer des choses, mais aussi de le faire collectivement [1] », explique l'historien Yuval Harari dans son livre *Sapiens*. Ce qu'on appelle « culture » au sens large, cette « capacité de transmettre des informations non pas sur des hommes ou des lions, mais sur des choses qui n'existent pas [2] », ce langage symbolique, c'est ce qui nous a permis de coopérer en très grands groupes avec une souplesse et une inventivité sans égales. Ce sont les histoires et les mythes qui permettent de souder les groupes, de créer un récit commun, de soulever des foules, de produire des extases collectives (passer de l'état « singe » à l'état « abeille ») et d'étendre rapidement les mécanismes d'entraide à travers le temps (entre générations) et à travers l'espace (communication, livres, etc.). Pour nous, le rythme de l'évolution culturelle est devenu beaucoup plus rapide que celui de l'évolution biologique [3].

De plus, la capacité à poser une intention commune, à adopter un langage commun, ainsi que d'autres capacités cognitives absentes chez les autres animaux (capacité d'abstraction et d'internalisation des normes,

1. Harari (2015), p. 36.
2. *Ibid.*, p. 35.
3. Bien qu'elle n'ait pas la même ampleur, il ne faut pas oublier que l'« aventure culturelle » est aussi assez développée chez certaines espèces animales, comme les cachalots, les orques, les dauphins, les baleines, les éléphants, les singes, les corbeaux, les geais, etc.

de mémoire, d'empathie, etc.), ont rendu les humains capables d'inventer des normes sociales et des institutions [1]. Dès lors, au sein de cette diversité culturelle, les groupes régulés par des normes sociales surpassent les groupes sans normes ou avec des normes antisociales [2].

Prenons quelques exemples. Un groupe d'individus décide de mettre en place une organisation suivant les principes d'Ostrom (voir le chapitre 4) pour gérer un bien commun naturel, par exemple une nappe phréatique [3]. Si les conditions du milieu sont difficiles (aridité, pénuries, etc.), ce groupe aura plus de chances de survivre que d'autres groupes voisins n'ayant pas mis en place des normes collectives garantes du bien commun [4]. De même, certains auteurs voient les religions comme des normes culturelles qui soudent les individus d'un groupe, parfois de manière très puissante. Les religions (du latin *religare*, « faire du lien ») sont très fortes pour renforcer l'effet « superorganisme ». Dès lors, sur le temps long, les normes sociales et les institutions religieuses les plus favorables à la cohésion de leur groupe et

1. Fehr et Fischbacher (2003).
2. Powers *et al.* (2016) ; Stevens et Hauser (2004) ; Hammerstein (2003).
3. Young (2015).
4. Notons que si l'environnement change (et il change toujours), ces normes peuvent ne plus constituer un avantage évolutif. Par exemple, si l'environnement redevient très abondant en eau, les normes de gestion collective de l'eau n'offriront plus tellement d'avantages par rapport aux groupes qui gèrent mal leur eau. Il se peut même que ces derniers reprennent l'avantage s'ils développent d'autres normes culturelles (par exemple, une religion qui apporte cohésion sociale et un esprit belliqueux).

à son adaptation à l'environnement seront les plus aptes à prospérer [1].

De plus, comme les humains ont tendance à internaliser les normes sociales héritées de leurs parents et de personnes influentes, on perçoit la puissance de cohésion et d'expansion de la socialité humaine. Il suffit qu'une partie de la population d'un groupe se mette à respecter ces normes et à les renforcer (par des mécanismes de récompense, de punition et de réputation) pour généraliser et stabiliser l'entraide à des niveaux exceptionnellement élevés.

Une bande de primates immatures

Quelle serait l'origine du caractère exceptionnel de la socialité de notre espèce ? Serait-ce l'apparition du langage ? Probablement, mais pas seulement, car d'autres espèces possèdent un langage, et certains primates peuvent même communiquer avec des symboles signifiants. Serait-ce l'augmentation de la capacité de mémorisation ? Possible aussi, car elle permet de manier beaucoup de symboles et de faire varier les signifiants. Mais ce n'est toujours pas suffisant. Une troisième possibilité (liée aux précédentes) est *la capacité que nous avons de parler des autres et de leurs sentiments.* Ce trait marquerait le début d'une vie sociale intense, de la capacité de se coordonner, de forger des mécanismes de

1. L'évolution des religions est un champ de recherche passionnant et en plein essor. Voir notamment les travaux de Atran (2004) ; Bellah (2011) ; Boyer (2001) ; Norenzayan (2013) ; Wade (2009) ; Wilson (2010).

réputation et de confiance, et tout autre mécanisme de renforcement de la réciprocité.

L'une des origines de ces caractéristiques prosociales est sans aucun doute le fait que nous conservions des traits juvéniles à l'âge adulte, un phénomène appelé néoténie. Notre développement est très tardif, et nous avons besoin d'une très longue période de protection, de maturation et d'apprentissage après la naissance. Les nouveau-nés et les jeunes humains sont donc extrêmement vulnérables.

Quels seraient les avantages d'avoir des bébés incapables d'affronter le monde avant plusieurs années? D'abord, le fait d'accoucher de bébés de petite taille (on pense aux femmes…) et dont la tête pourrait se développer après la naissance. Ensuite, le fait d'avoir de longues périodes d'apprentissage (transmission culturelle) afin d'absorber la complexité des codes culturels et sociaux. En effet, le cerveau des nouveau-nés est extrêmement plastique, car ces derniers terminent leur maturation après la naissance[1], au contact des parents et du groupe, plongés dans un bain de relations sociales puissantes et fréquentes. Le fait social marque donc profondément notre cerveau pendant toute sa phase de maturation.

De plus, l'immaturité des bébés à la naissance a obligé nos ancêtres à développer des stratégies collectives pour

1. Une caractéristique propice à l'apprentissage prosocial, mais pas suffisante, comme le montre la taille des petits à la naissance, tout aussi réduite chez des espèces beaucoup moins sociales, comme les ours ou les marsupiaux.

leur fournir un cadre de sécurité et de confort (ainsi qu'à leurs mères, rendues vulnérables et co-dépendantes dans les mois qui précèdent et suivent la naissance). Le rôle des parents (en particulier du père) a été primordial, mais aussi celui de la tribu – les grands-parents, à commencer par les grand-mères[1] (aux côtés des oncles et tantes, des autres du clan, etc.) –, sans oublier l'exceptionnelle coopération entre les mâles du groupe[2].

Selon l'anthropologue et primatologue Sarah Blaffer Hrdy, qui a été la première à formuler cette hypothèse, cela aurait conduit les humains à des adaptations qui les ont rendus « plus aptes à décoder les états mentaux d'autrui et à distinguer les individus susceptibles de les aider de ceux qui pouvaient leur nuire[3] ». Notre fragilité à la naissance (un petit singe imberbe) pourrait donc

1. Les anglophones parlent de « *grandmothering* ». Voir Hawkes et Coxworth (2015).

2. Beaucoup d'oiseaux pratiquent l'entraide dans le soin aux jeunes (« *cooperative breeding* »), et parfois entre mâles, mais jamais à un tel niveau. Chez les humains, il a donc fallu inhiber fortement les comportements d'agression, ce qui s'est probablement fait grâce à des mesures punitives extrêmes que le groupe pouvait mettre en place envers les mâles trop agressifs. Cela ne veut pas dire que les hommes sont devenus des anges (ils peuvent aussi coopérer pour partir en guerre…). Parmi les cétacés, on trouve chez les cachalots une coopération poussée entre femelles, qui va jusqu'à l'allaitement des jeunes par d'autres mamans lorsque la mère s'absente pour aller chasser en eau profonde (Whitehead, 2003). Chez les orques, en revanche, les mâles collaborent et participent à l'éducation de leurs jeunes sœurs, nièces et autres rejetons au sein de troupes matrilinéaires (Parsons *et al.*, 2009). Les orques et les cachalots sont deux espèces hautement sociales, avec des cultures différenciées qui leur ont permis de s'adapter à tous les environnements marins, d'un pôle à l'autre. Ce sont les seules espèces à posséder un cerveau de plus grande taille que celui des humains, avec un degré de complexité comparable.

3. Hrdy (2011), p. 66, cité par Matthieu Ricard (2013), p. 195.

être à l'origine de nos extraordinaires talents pour les interactions sociales, plus précisément de notre capacité à nous mettre à la place d'autrui et à faire attention à ce que pensent les autres.

Cet environnement exceptionnellement coopératif constitue une nouvelle pression de sélection sur les nouveau-nés, qui doivent ainsi redoubler d'efforts pour capter l'attention de leurs nombreuses « mères ». Être élevé par plusieurs personnes crée un environnement social riche qui permet d'exprimer tout le potentiel génétique de ce « singe-tourné-vers-les-autres ». Voilà qui explique la sensibilité si précoce des bébés à leur entourage (comparativement aux chimpanzés) [1].

L'originalité de ce mode super-coopératif de soin porté aux bébés a généré des enfants (par mutations

1. Nous retrouvons ici l'épigénétique. En effet, la néoténie a aussi transformé notre cerveau (on parle de « néoténie neuronale ») en le rendant extrêmement plastique. Certaines zones de notre cerveau se développent plus rapidement que chez les singes, d'autres plus lentement à cause d'une expression différente des gènes (épigénétique) (Bufill *et al.*, 2011 ; Keverne, 2014). Par exemple, les zones de la motricité et du mouvement sont bien plus développées chez les singes, alors que les zones de la mémoire épisodique, de la planification, de l'évaluation des émotions et des intentions des autres restent extrêmement actives chez les humains – aussi actives que celles d'un enfant en plein développement. La comparaison de l'expression génétique des régions corticales du cerveau montre que les humains adultes sont semblables aux jeunes chimpanzés (Somel *et al.*, 2009), ce qui signifie que les parties démesurées chez l'humain (par rapport aux autres primates) sont des parties « infantiles » dont le développement *ne s'est pas arrêté* et qui créent des réseaux de neurones beaucoup plus complexes. En contrepartie, le surdéveloppement et la suroxygénation de ces aires du cerveau nous exposent à des maladies dégénératives typiques des humains, comme la maladie d'Alzheimer, la démence ou la schizophrénie.

et par épigénétique[1]) davantage capables de comprendre l'état mental (et les intentions) des adultes qu'ils voyaient, de leur faire comprendre leurs besoins et de déclencher une réaction de sollicitude[2]. Ce petit primate immature et fragile est devenu un véritable spécialiste de l'autre, ce qui a été le point de départ d'une socialité très fertile[3].

Ce qui fait l'espèce humaine n'est donc pas l'intelligence, mais la capacité de se représenter l'autre et d'y prêter attention et soin. « L'empathie est la forme originelle, pré-linguistique, de lien interindividuel qui n'est entrée que secondairement sous l'influence du langage et de la culture[4]. »

La conséquence de ce développement cérébral et de cette vulnérabilité a été l'interdépendance croissante envers les autres. Selon l'« hypothèse d'interdépendance » développée par Michael Tomasello[5], « les humains ont

1. Cela explique comment l'incroyable complexité du cerveau humain (et de sa cognition) a pu évoluer sans modifications génétiques majeures (par rapport aux autres primates).

2. C'est l'hypothèse de Hrdy (2014), p. 81. Mais tout cela reste encore très débattu. Voir Penn *et al.* (2008) ; Herrmann *et al.* (2007).

3. Les psychologues Michael Tomasello et Malinda Carpenter ont proposé l'hypothèse que ce « partage intersubjectif » (qu'ils définissent comme deux humains « expérimentant la même chose au même moment et sachant tous les deux pourquoi ils le font ») est la grande différence avec les autres primates. Pour eux, « un espace partagé sur un terrain psychologiquement partagé » laisse la place à l'apparition d'activités collaboratives très variées, dont la communication et la définition d'objectifs communs. Voir Tomasello et Carpenter (2007) ; Tomasello *et al.* (2005) ; Tomasello (2008).

4. Frans de Waal, cité par Ameisen (2008), p. 464.

5. Cette théorie repose sur des bases expérimentales très fournies (expériences en laboratoire, observations sur les peuples premiers, données

créé des manières de vivre dans lesquelles la collaboration avec les autres était nécessaire pour la survie et la procréation. Cette situation d'interdépendance a inévitablement mené à l'altruisme, du fait que les individus voulaient naturellement aider les partenaires coopératifs desquels ils dépendaient pour, par exemple, l'approvisionnement en nourriture[1] ». Les capacités si prononcées de notre espèce à se partager les ressources de manière équitable trouveraient leurs racines dans la nécessité qu'avaient nos ancêtres de se redistribuer les vivres au sein d'un même clan après un effort collaboratif intense de chasse ou de récolte[2].

La récolte de nourriture, et plus précisément la coordination des tâches, fut le plus grand problème à résoudre. Cela a nécessité la mise en place de stratégies complexes, donc de capacités de prévision, de communication, de coordination et de création d'objets techniques. « La liste des activités qui requièrent l'entraide, bien avant l'apparition de l'agriculture, inclut le soin aux enfants, la chasse et la cueillette, la défense contre les prédateurs,

paléolithiques et modèles théoriques). Le laboratoire de Tomasello a comparé les capacités cognitives et comportementales des humains (surtout les bébés et les enfants) et des singes. Voir Tomasello *et al.* (2012) pour l'article original, et Tomasello *et al.* (2016) pour une grande synthèse.

1. Tomasello *et al.* (2012), p. 674.

2. Partage de nourriture que l'on retrouve sous une forme non institutionnalisée chez d'autres primates (chimpanzés, bonobos, tamarins et bien d'autres), mais aussi chez les vampires, certains rongeurs (Wolff et Lidicker, 1981), les orques et de nombreux autres odontocètes (Hoelzel, 1991), les loups (Mech *et al.*, 1999), le grand corbeau, les abeilles, etc. Voir aussi la synthèse de Stevens et Gilby (2004).

et la défense ou l'attaque contre les autres groupes humains[1]. »

Ainsi, la forte dépendance des nouveau-nés vis-à-vis des parents et de la tribu a été l'une des conditions majeures de l'extraordinaire développement de l'entraide. Voilà donc le paradoxe de l'évolution humaine : c'est notre extrême *vulnérabilité* à la naissance qui a fait la *puissance* de notre espèce.

L'évolution de l'entraide entre semblables

Que se passe-t-il chez les autres espèces lorsqu'il n'y a pas (ou très peu) d'évolution culturelle ?

Dans les années 1990, William Muir, de l'université Purdue, dans l'Indiana (États-Unis), a réalisé deux expériences parallèles simulant deux modes de sélection et visant à améliorer la productivité des poules (mesurée en nombre d'œufs)[2]. Les poules ont été placées dans des cages de neuf individus. D'un côté, Muir a sélectionné la poule la plus productive de chaque cage pour donner naissance à la génération suivante de poules (c'est la sélection individuelle). De l'autre, il a sélectionné les cages globalement les plus productives (c'est la sélection de groupe). La première méthode a sélectionné des poules fortes et productives qui se sont montrées

1. Wilson DS (2015), p. 9.

2. Muir (1996). À la même époque, des résultats similaires ont été obtenus avec les scarabées (*Tribolium castaneum*) par Charles Goodnight. Voir Goodnight (1990a ; 1990b).

de plus en plus agressives. Au bout de six générations, les « super-poules » ne cessaient d'entrer en compétition et de se blesser, faisant chuter la production d'œufs. La seconde manière de faire a sélectionné des cages hétérogènes contenant des poules plus dociles et dont certaines étaient peu productives, mais, globalement, la productivité moyenne des cages a augmenté de 160 % en six générations. Dans ce cas, la sélection de groupe a mieux fonctionné que la sélection individuelle.

« L'union fait la force » : la puissance de la sélection de groupe

La sélection de groupe fonctionne aussi pour l'évolution biologique (voir l'explication de la controverse en annexe). Dernièrement, l'évolutionniste David S. Wilson et son étudiant Omar Eldakar ont réalisé une expérience de sélection de groupe avec des araignées d'eau (les gerris, ces grandes et fines punaises qui marchent sur l'eau). Les mâles montrent des comportements d'agressivité très variables envers les femelles : certains sont « courtois » et s'accouplent uniquement lorsque la femelle s'approche, d'autres tentent de s'accoupler sans égards pour la disponibilité des femelles (on pourrait parler de « viol » en termes anthropomorphiques). Les chercheurs ont sélectionné des groupes de six mâles et six femelles en faisant varier la proportion de mâles agressifs et de mâles « gentlemen ». Résultat : au sein d'un groupe, les individus agressifs, bien plus efficaces en termes de succès reproducteur, ont rapidement surpassé les gentlemen. « S'il n'existait que la sélection [individuelle] au sein des groupes, alors les gentlemen disparaîtraient rapidement. Cependant, les violeurs empêchent les femelles de bien se nourrir et par conséquent réduisent le nombre d'œufs pondus. Cet effet est si important que les femelles des groupes composés uniquement de gentlemen ont pondu deux fois plus d'œufs que les femelles des groupes composés uniquement de violeurs[1]. » À terme, donc, les groupes composés de gentlemen sont les plus productifs.

Cet exemple montre que, *à l'intérieur d'un groupe*, en favorisant les individus les plus « performants », la sélection naturelle tend à favoriser l'égoïsme, ce qui empêche l'émergence d'une cohésion sociale[2], voire, chez certaines espèces, d'une organisation. L'agressivité ne paie qu'à court terme, et uniquement pour les individus qui la pratiquent. Cette sélection naturelle au niveau individuel doit donc être contrecarrée par une sélection naturelle *entre les groupes*. Il s'agit tout simplement du principe qu'avaient décrit Darwin et Kropotkine : les groupes les plus coopératifs sont ceux qui survivent le mieux[3].

1. Wilson DS (2015), p. 24.

2. Notez bien que, dans ce cas, on ne parle pas encore de coopération, simplement de différences d'agressivité.

3. Nous ne résistons pas au plaisir de décrire encore un exemple. Les bactéries *Escherichia coli* peuvent être détruites par des virus (des phages). Dans une expérience en laboratoire, l'équipe du microbiologiste Benjamin Kerr a réalisé 96 milieux de culture homogènes contenant un mélange de bactéries et de phages. Après un certain temps, des mutations faisaient apparaître des différences de reproduction chez les phages. Les plus virulents se sont multipliés très rapidement, surpassant les phages les moins agressifs au sein d'une population (la sélection individuelle fonctionne bien à l'intérieur d'un groupe). Mais ces populations se sont rapidement éteintes par manque

La sélection naturelle est donc un équilibre entre deux forces. La première agit *à l'intérieur d'un groupe* et tend à favoriser les individus les plus aptes, ce qui équivaut souvent aux plus égoïstes ou aux plus agressifs. Cette force provoque des conflits au sein des groupes : elle est qualifiée de « perturbatrice ». La deuxième agit *de l'extérieur des groupes* et tend à favoriser les groupes constitués d'individus plus coopératifs, voire altruistes, car ils rendent le collectif globalement plus efficace [1].

En 2007, lorsque la description de ce mécanisme a été publiée, les deux Wilson (David S. et Edward O.) ont trouvé une formule lapidaire pour capter l'essence de cette « nouvelle sociobiologie ». D'un point de vue évolutif, « l'égoïsme supplante l'altruisme au sein des groupes. Les groupes altruistes supplantent les groupes égoïstes. Tout le reste n'est que commentaire [2] ».

Pour résumer, la sélection naturelle est composée de pressions de sélection qui agissent à plusieurs niveaux (les gènes, les individus, les groupes, etc.), parfois dans des directions contradictoires. Cette théorie de la sélection naturelle appliquée simultanément à tous les niveaux est appelée la *sélection multi-niveaux*. Elle sélectionne les *gènes* les plus aptes au sein d'un individu (mais aussi les individus globalement les plus aptes), les

de bactéries… Le temps long a donc sélectionné les groupes contenant des phages moins virulents, qui maintenaient un équilibre avec les populations de bactérie. Voir Kerr *et al.* (2006).

1. Suivant l'environnement où la population se trouve, l'époque ou d'autres paramètres, le curseur entre les deux forces peut varier.

2. Wilson DS et Wilson EO (2007).

individus les plus aptes au sein d'un groupe (mais aussi les groupes globalement les plus aptes) et les *groupes* les plus aptes au sein d'un ensemble de groupes (mais aussi les ensembles globalement les plus aptes). C'est cet équilibre dynamique entre toutes ces forces qui maintient la diversité des comportements du monde vivant. Ainsi, nous pouvons être sûrs que ni les comportements antisociaux ni les comportements prosociaux ne disparaîtront totalement de la surface de la Terre, car ils sont issus d'un équilibre qui permet à la vie de créer toujours plus de nouveauté, de diversité, et donc d'adaptation au milieu.

« Winter is coming » : la puissance du milieu hostile

Dans son livre *L'Entraide*, Kropotkine montre que les espèces s'entraident dans une « lutte pour l'existence » qu'il considère comme une lutte contre un milieu hostile et contre les prédateurs. Les expériences lui donnent aujourd'hui raison [1].

Souvenez-vous des expériences décrites au chapitre 1 et réalisées par l'équipe de Ragan Callaway dans les années 1990, qui montraient des phénomènes d'entraide entre pins et sapins lorsque les conditions de vie devenaient difficiles en montagne. Poursuivant leurs travaux, ces pionniers de la « facilitation » chez les plantes ont entrepris un tour du globe pour voir s'ils pouvaient faire de ces observations une règle générale. La réponse a paru

1. Foster et Xavier (2007).

en 2002 dans la revue *Nature*: sur 11 sites aussi différents que l'Arctique, les déserts ou les forêts tropicales, où l'on trouvait un gradient de conditions environnementales faciles-difficiles, et sur 115 espèces de plantes, les chercheurs ont observé de la compétition dans les endroits où il fait bon vivre (9 sur 11) et de la facilitation là où les conditions se gâtent (11 sur 11).

Il en a été de même lorsqu'une équipe d'évolutionnistes coordonnée par Stuart West, du département de zoologie de l'université d'Oxford (Royaume-Uni), a voulu savoir quel facteur influençait le plus l'apparition des formes sociales les plus poussées du monde vivant, les espèces eusociales [1] (guêpes, abeilles, fourmis, termites, thrips, araignées, rats-taupes, etc.). La conclusion a été que le facteur génétique (l'arbre phylogénétique) joue beaucoup moins que les conditions (difficiles) du milieu [2].

Chez les termites, qui représentent l'une des formes les plus complexes et les plus anciennes de socialité (plus de 300 millions d'années!), l'hypothèse la plus probable serait que la contrainte d'un environnement trop sec

1. Notons au passage qu'il existe différents degrés de socialité dans le monde vivant. Certaines espèces sont simplement grégaires (synchronisation de certaines activités), d'autres subsociales (comportements parentaux communs), d'autres coloniales (nid commun), d'autres communales (coopération des femelles dans le soin à la progéniture), d'autres enfin eusociales (avec division du travail et de la reproduction).

2. Ross *et al.* (2013). Selon les modèles mathématiques développés pour creuser cette hypothèse de l'influence du milieu, ces contraintes sont très probablement la limitation des sites de nidification et la mortalité causée par le manque de ressources. Voir Avila et Fromhage (2015).

aurait rendu nécessaire la vie en groupes soudés et protégés par un nid souterrain[1]. Une autre expérience sur les bactéries a montré qu'elles coopéraient (en faisant un « biofilm » pour mieux survivre aux conditions difficiles) lorsque le milieu était perturbé (placé temporairement au froid), et cessaient de coopérer lorsqu'on laissait le milieu très stable ou au contraire lorsque les perturbations étaient trop importantes[2].

Dès lors, comment ne pas voir que, dans la série télévisée *Game of Thrones*, les intrigues politiques entre grandes familles (compétition entre les groupes[3]) empêchent l'ensemble des humains de coopérer pour faire face à la *double menace* du changement climatique (« l'hiver arrive ») et de l'invasion de créatures venues du Nord (qui jouent le rôle du grand méchant loup) ? Ces conditions extrêmement hostiles pourraient permettre d'unir les familles ! Mais cela implique de renoncer, même temporairement, à la préférence familiale (et probablement aussi à un bon scénario). Tout l'enjeu de cette série se situe donc dans ce dilemme, cet équilibre entre compétition et coopération, ce jeu de niveaux de sélection entre les petits groupes (les familles) et les plus grands (l'espèce).

1. Korb (2008).
2. Brockhurst *et al.* (2007).
3. Elle se traduit par une coopération intragroupe très forte : ce sont les familles les plus soudées qui survivent le mieux.

Les autres forces évolutives

Évolutionnistes et sociobiologistes n'en sont pas restés là. Ils ont découvert d'autres voies évolutives susceptibles d'avoir fait émerger la coopération au sein des espèces (nous les décrivons plus en détail en annexe).

Parmi elles, il y a la fameuse **sélection de parentèle** (« **La famille avant tout** »), qui veut que l'altruisme et les actes coopératifs n'apparaissent qu'entre apparentés. La raison en serait simple : puisque ces derniers ont des gènes en commun, un individu qui aide un membre de sa famille à survivre permet *à une partie de ses propres gènes* de se perpétuer. Ce principe a été très bien étudié chez les animaux et les bactéries (avec des résultats dont l'interprétation est controversée, comme nous l'expliquons en annexe), mais son influence n'a pas été démontrée chez l'espèce humaine.

Les relations de réciprocité sont également présentes dans le monde vivant. La **réciprocité directe** (« **À charge de revanche** ») est le mécanisme évolutif qui fait apparaître une réciprocité entre deux individus qui se reconnaissent personnellement et se rendent des services mutuels. Chez les animaux, ce mécanisme apparaît chez certaines espèces capables de mémorisation et de reconnaissance individuelle. Chez les humains, les évolutionnistes ont montré grâce au jeu du prisonnier (issu de la théorie des jeux) qu'un certain type d'interactions sociales faisait émerger la coopération de manière spectaculaire et à long terme dans un groupe : la stratégie du

« donnant-donnant ». Elle se résume ainsi : je coopère au premier contact, et ensuite j'imite ce que tu fais (si tu coopères, alors je coopère ; sinon, j'arrête). Remarquez à quel point elle ressemble au double mécanisme de l'heuristique sociale décrit plus haut !

Les modèles évolutionnaires montrent que le mécanisme de réputation, autrement appelé **réciprocité indirecte (« La bonne réputation »)**, se révèle très robuste dans le temps et très efficace pour maintenir un climat prosocial au sein de notre espèce. Dans le monde animal, en revanche, il n'y a que peu de cas avérés (chez les singes, les rates et les poissons), probablement parce que cela nécessite des capacités cognitives bien particulières.

Enfin, les individus coopérateurs ont tendance à se regrouper entre eux, favorisant des « agrégats » ou des « réseaux » d'entraide très résistants à l'invasion de « tricheurs » ou de « profiteurs ». De ce fait, les comportements coopératifs ont tendance à se répandre très rapidement dans la population. Ce phénomène, appelé **sélection spatiale (« Qui se ressemble s'assemble »)**, a été observé chez des microbes[1] et semble également à l'œuvre chez les humains[2].

La clé est de comprendre que ces forces (ajoutées à la sélection multi-niveaux et à l'influence du milieu) ne sont pas exclusives et peuvent interagir. Pour David

1. Gore *et al.* (2009).

2. Lieberman *et al.* (2005) ; Santos *et al.* (2006a ; 2006b) ; Fehl *et al.* (2011) ; Jordan *et al.* (2013).

Rand et Martin Nowak, les chercheurs le plus en pointe dans le domaine en ce moment, « sélection de groupe, sélection spatiale et sélection de parentèle sont à considérer dans le contexte de leurs interactions avec la réciprocité directe et indirecte[1] ». Ils montrent par exemple que le mécanisme d'altruisme de paroisse (la préférence communautaire – voir le chapitre 4) semble avoir émergé au cours de l'évolution sous la pression de quatre facteurs : la sélection de groupe (la compétition entre les groupes), la sélection spatiale, la réciprocité directe et la réciprocité indirecte[2]. La découverte de l'interaction entre les forces évolutives[3] ouvre un nouveau champ de recherche où les questions sont pour l'instant plus nombreuses que les réponses…

L'évolution de l'entraide humaine constitue un domaine de recherche en pleine ébullition. Chaque année, des dizaines d'études théoriques et expérimentales sont publiées. Il faudra rester vigilant dans les mois qui viennent pour se maintenir au fait des dernières théories.

L'évolution de l'entraide entre espèces

Les relations mutuellement bénéfiques entre espèces différentes (les mutualismes) sont partout, mais elles

1. Rand et Nowak (2013), p. 415.
2. Rand et Nowak (2013).
3. Il a aussi été montré que l'interaction entre la réciprocité directe et la sélection spatiale peut être tantôt synergique, tantôt antagoniste, suivant le degré de répétition des interactions entre individus et suivant la structure spatiale de la population (van Veelen *et al.*, 2012).

n'ont pas encore fait l'objet de beaucoup d'études. La grande nouveauté de ces dernières années a été l'apparition de nouvelles techniques de séquençage qui ont révélé l'immense rôle des bactéries et des virus dans le grand tissu des interactions vivantes. Nous ne sommes qu'au début de nos surprises – et elles sont de taille ! –, car ces découvertes révolutionnent notre conception de l'origine de la vie et de la biologie en général.

Pourquoi anémones et escargots fusionnent-ils ? Pourquoi les arbres du genre *Acacia* hébergent-ils et nourrissent-ils les fourmis qui les défendent contre les attaques d'herbivores ? Comment naît le « contrat » entre une plante qui a besoin de déplacer son pollen et l'insecte qui a besoin d'un peu de nourriture ? Pourquoi l'algue et le champignon qui composent les lichens sont-ils indissociables ? Finalement, comment peut émerger une entraide entre des organismes qui ne partagent presque aucune proximité génétique et qui sont dépourvus de mécanismes cognitifs complexes comme la réputation ou l'empathie ?

Avoir besoin de l'autre…

Revenons à la base. La théorie de la sélection naturelle se résume schématiquement en deux étapes : création de diversité, puis sélection. La vie génère en permanence une incroyable diversité de formes et de processus (basée d'une part sur les erreurs et le chaos, d'autre part sur les rencontres et les fusions), qui sont ensuite sélectionnés en fonction de leur environnement. Mais on a souvent tendance à oublier la première étape !

Il faut s'imaginer les écosystèmes comme d'inextricables fouillis d'organismes et d'interactions différentes sans cesse renouvelées. Arrivez-vous à visualiser les millions d'interactions potentielles entre les milliers d'espèces d'un hectare de forêt tropicale ? C'est une immense mosaïque de toutes les couleurs, un grand « tissu dynamique » qui donne le tournis.

Les relations entre espèces naissent de ce fouillis. Mais, ici, il n'y a pas de « membrane de sécurité », de contrat, de règles morales ou de normes sociales. Il y a simplement des besoins : nutriments, eau, matériaux, énergie, informations, défense, sécurité, confort, chaleur, transport, etc.

Avant d'aller plus loin, il faut distinguer les organismes capables de fonctionner à l'énergie solaire des autres. Les premiers sont appelés « autotrophes », car ils peuvent obtenir leur énergie directement du soleil. Ils sont verts [1] : ce sont les cyanobactéries, les plantes et les algues. Les autres (les « hétérotrophes ») n'ont pas d'accès direct à l'énergie solaire. Ce sont les bactéries (la plupart), les protozoaires (microbes à noyau), les champignons et les animaux. Ils doivent donc capturer l'énergie accumulée par d'autres êtres vivants, soit un autotrophe, soit un animal qui a mangé des autotrophes, soit un animal qui

1. Du moins le plus souvent. D'autres couleurs sont possibles, notamment chez les algues, qui peuvent être par exemple brunes ou rouges, tout aussi autotrophes que les vertes.

a mangé un animal qui a mangé… Etc. Tous les hétérotrophes sont donc des parasites ou des prédateurs [1].

Lorsqu'ils se baladent, les hétérotrophes observent, prennent, chassent, cueillent, se servent, utilisent, mangent et goûtent les autres êtres vivants. Seulement, voilà : les victimes de ces accaparements réagissent. Fuites, contre-attaques, poisons, épines, pinces, dards et autres appendices rendent la vie des hétérotrophes moins facile que prévu ! Toute interaction interspécifique (entre espèces) trouve son origine dans la *recherche de la satisfaction de ces besoins*, dans cette asymétrie fondamentale.

L'image que nous avons habituellement de la nature s'arrête là. C'est la fameuse « arène impitoyable », « rouge de dents et de griffes », où règne la « loi du plus fort ». Sauf qu'il reste l'autre moitié du tableau. Et quelle moitié !

… parfois de manière réciproque…

Quand les premiers champignons (hétérotrophes) sont entrés en contact avec des algues, ils ont vu des proies. Mais la planète offre suffisamment de conditions pour que naisse la diversité : certains champignons ont attrapé les algues sans les tuer. Ils ont simplement capté une partie des sucres qu'elles produisaient, en les

1. Pour être rigoureux, il faut ajouter une troisième catégorie, qui rassemble les organismes à la fois autotrophes et hétérotrophes : les mixotrophes. S'ils ont longtemps été considérés comme rares, les chercheurs les découvrent de plus en plus nombreux, et ce notamment grâce à des endosymbioses. Voir par exemple Selosse *et al.* (2017).

gardant près d'eux, et les algues ont tiré du champignon un surplus de minéraux pour se développer, ainsi qu'une protection externe contre la dessication. Cet improbable couple n'aurait pas traversé les millions d'années sous la forme d'un lichen si cela ne lui avait pas procuré un fameux avantage en termes de survie et d'expansion.

Dans l'océan, certaines mini-méduses prédatrices d'algues ont fait la même chose. Elles les ont ingérées, mais les ont laissées vivantes au sein de leur organisme, ce qui leur a permis de trouver refuge et nourriture. Quant aux algues, qui captent l'énergie solaire, elles en ont fait profiter leur hôte... de manière permanente ! Ainsi sont nés les coraux, d'une association entre polypes (les mini-méduses coloniaires) et zooxanthelles (les algues unicellulaires).

Certains champignons dits « endophytes », c'est-à-dire qui vivent à l'intérieur des feuilles de plantes en y ponctionnant de la sève (comme l'ergot du seigle), se sont mis à secréter des substances anti-bactériennes, anti-virales, anti-fongiques ou insecticides, ce qui a rendu bien des services aux plantes hôtes. Ces dernières ont trouvé un avantage à la présence de ces champignons parasites, et, en retour, la bonne santé des plantes a bénéficié aux champignons.

Les exemples de relations antagonistes « converties » en mutualisme sont aussi fréquentes chez les animaux[1].

1. Il en va ainsi des nombreuses espèces de fourmis devenues éleveuses et trayeuses de pucerons plutôt que prédatrices (bien qu'elles n'hésitent pas à sacrifier une partie de leur cheptel lorsque les protéines viennent à manquer

Ainsi, le cassenoix moucheté est un oiseau qui récolte les graines de pin arolle et les enterre pour constituer des réserves. Comme l'écureuil, il n'en déterre finalement que 80 % pour les donner à ses petits, laissant les autres bien en place – 2 000 graines par an, tout de même ! –, prêtes à germer dans de bonnes conditions [1].

Les plantes se protègent des herbivores par des stratégies très diverses. L'une d'elles est la production d'odeurs repoussantes ou de substances toxiques. Mais ce qui est toxique pour une espèce peut se révéler être un délice pour une autre… par exemple pour de petits insectes inoffensifs qui, en se nourrissant, ont fort opportunément transporté le pollen de fleur en fleur [2]. Ce quiproquo fut le point de départ de l'incroyable variété de mutualismes autour de la pollinisation, feu d'artifice de couleurs, de formes et de parfums improbables attirant papillons, guêpes, mouches, chauves-souris, colibris et autres coléoptères.

Dans tous ces exemples, le prédateur renonce à une partie de ses gains pour entrer en relation. Du point de vue du prédateur, la proie est certes capturée, mais elle

– un exemple supplémentaire de la plasticité de ces relations de mutualisme). On pourrait aussi citer la recherche collective de nourriture par des espèces différentes d'oiseaux, qui rend la surveillance des prédateurs plus efficace.

1. Celles-ci impliquent la présence d'humus brut et des endroits à la fois bien ensoleillés l'hiver et pauvres en neige. C'est une prolixité payante pour les pins, dont les graines sont énormes comparées aux espèces voisines n'ayant pas investi dans un tel partenariat. Et cela nourrit au passage bien d'autres habitants de la montagne (Brodbeck et Gugerli, 2010).

2. Pellmyr *et al.* (1991).

est maintenue en vie, fournissant une petite rente bien plus durable qu'un gros festin. Du point de vue de la proie, il y a la possibilité de rester en vie et de profiter des avantages que fournit le prédateur (gîte et couvert confortable, minéraux, défense, etc.).

Parfois, après un chemin de « co-évolution » entre les deux associés, il devient difficile de savoir qui a domestiqué qui. Le célèbre botaniste Michael Pollan a ainsi renversé la perspective habituelle en racontant comment le maïs et le blé ont su domestiquer l'espèce humaine à merveille. Grâce à nous, ils sont devenus les espèces végétales les plus présentes sur le globe.

Après l'étape de création de diversité vient celle de la sélection. La conservation au fil des millions d'années des relations de mutualisme (+/+) et de commensalisme (+/0) tient donc aussi au fait qu'elles procurent un avantage significatif aux associés (en termes de succès reproducteur). La mécanique ressemble à une sorte de *réciprocité involontaire* où le fait de prendre soin de celui qui vous apporte quelque chose (proie, hôte, etc.) augmente simplement vos chances de voir vos besoins satisfaits par la suite. En échange, vous prenez mieux soin de ce nouvel associé, qui vous le rendra bien, et ainsi de suite, ce qui crée une spirale vertueuse de réciprocité[1].

Cependant, rien n'est gagné d'avance. Pour se maintenir dans le temps long de l'évolution, les relations de mutualisme ne doivent pas dégénérer au profit d'un des

1. C'est la théorie du « Partner Fidelity Feedback ». Voir Weyl *et al.* (2010).

partenaires, qui aurait tendance à tirer la couverture à lui. Le yucca, par exemple, une plante des régions chaudes et sèches, est pollinisé par un papillon de nuit qui en profite pour pondre ses œufs sur les boutons floraux. Mais trop de chenilles pourraient nuire à l'arbre. Ainsi, la relation se maintient en équilibre parce que le yucca supprime les boutons floraux trop chargés d'œufs[1]. C'est un mécanisme que les biologistes appellent la « sanction par l'hôte » et qui se retrouve aussi dans l'association entre légumineuses et bactéries *Rhizobium* : si celles-ci ne livrent plus assez d'azote, les plantes limiteront leurs exsudats sucrés au profit d'une autre souche plus généreuse[2].

Parfois encore, certains associés peuvent devenir gênants pour le business. Les arbres du genre *Acacia* fournissent gîte et couvert aux fourmis du genre *Pseudomyrmex* en échange d'une protection rapprochée contre tout organisme qui tenterait d'en grignoter les feuilles. Le problème est que les fourmis ont tendance à chasser aussi les insectes pollinisateurs dont l'arbre a besoin ! Les chercheurs ont alors remarqué que les fleurs d'*Acacia* sécrétaient des parfums imitant les phéromones d'alarme des fourmis pour les en éloigner[3]. Ce phénomène, appelé « tolérance » (léger investissement de l'hôte pour cadrer son associé), s'est révélé au final

1. Althoff (2014).
2. Regus *et al.* (2014).
3. C'est ce que les chercheurs appellent un « piège sensoriel » (*sensory trap*). Voir Raine *et al.* (2002).

relativement commun[1]. Les mutualismes apparaissent donc surtout lorsque ces mécanismes de contrôle de l'agressivité d'un des associés sont faciles et peu onéreux à mettre en place. Alors, l'avantage de l'association prend le dessus sur les inconvénients… et la sélection naturelle se charge du reste.

Au cours de l'évolution, des relations à trois ou à plusieurs espèces ont pu s'établir, souvent tumultueuses, mais maintenant toujours un équilibre entre « coûts » et « bénéfices » pour chaque associé[2]. Tantôt un troisième larron (un parasite) vient perturber un mutualisme en affaiblissant l'un des associés, et l'autre peut alors développer des mécanismes de protection pour favoriser son partenaire préféré[3]. Tantôt l'une des associées (une chenille) verse une drogue addictive dans le sucre qu'elle fournit à ses protecteurs (des fourmis) afin qu'elles n'aillent pas chercher leurs sucres ailleurs[4]… La créativité de ces mécanismes n'a pas de limites et

1. Edwards (2009). Voir aussi les exemples de maîtrise par les plantes de la tendance parasite de certains champignons endophytes – une faible dépense énergétique pour s'assurer de leurs bénéfices (Clay et Schardl, 2002) – ou des bactéries *Wolbachia* vivant dans les cellules de guêpes et devenues dans certains cas indispensables à la reproduction de deux espèces de guêpes (Aanen et Hoekstra, 2007).

2. Pour un exemple de ménage à quatre (bactérie-champignon-fourmi-plante), voir Hanshew *et al.* (2015). Il existe aussi tout un champ d'investigation qui s'ouvre sur les « équilibres multiples » : voir Afkhami *et al.* (2014) ; Thompson (2005).

3. C'est le cas chez les fourmis champignonnistes, qui protègent les champignons dont elles se nourrissent contre l'attaque d'*Esvocopsis*, un autre champignon. Voir Little et Currie (2009).

4. Hughes (2015).

donnera du travail aux biologistes pendant encore de longues années.

Parfois aussi, si l'équilibre n'est pas trouvé, c'est le divorce... et les partenaires retombent dans le parasitisme ou la prédation, quand ce n'est pas l'un d'eux qui disparaît [1]. Comme le mentionne Jean-Marie Pelt dans *La Raison du plus faible* [2], les arbousiers livrent une partie de leurs sucres aux chênes verts à travers les champignons des racines, jusqu'à ce que les chênes prennent le dessus et finissent par les éliminer. Si l'histoire semble « dramatique » du point de vue des arbousiers, il faut la replacer dans le contexte de ce que sont les forêts, à savoir une mosaïque subtile de différents stades de maturité. Les espèces pionnières (dont l'arbousier) préparent les conditions pour que les espèces secondaires s'installent, mais, ce faisant, elles font disparaître le milieu le plus adéquat pour elles [3], jusqu'au prochain incendie qui réinitiera la séquence. Du point de vue d'une forêt (super-superorganisme), ce roulement entre les différents stades est un bon moyen de gagner en souplesse et en adaptabilité.

... au point de ne plus pouvoir s'en passer

Le temps long de l'évolution a permis l'apparition d'un continuum qui va des relations les plus antagonistes aux relations les plus mutualistes. À l'extrême mutualiste de ce continuum, il est possible de passer un « point de

1. Sachs et Simms (2006).
2. Pelt (2009).
3. Richard *et al.* (2009).

non-retour », lorsque les partenaires deviennent accros l'un à l'autre et si interdépendants qu'ils ne peuvent plus vivre l'un sans l'autre. On bascule alors dans une relation symbiotique.

Le passage à la symbiose ne vaccine cependant pas les associés contre un retour à une relation antagoniste. Par exemple, au stade plantule – la première étape de leur vie –, les orchidées sont devenues totalement dépendantes de champignons racinaires [1]. Pour certaines espèces, cette co-dépendance a carrément tourné au parasitisme tout au long de leur existence, puisque le champignon était lui-même « branché » sur une autre plante, ce qui a permis à l'orchidée d'en profiter et de « renoncer » totalement à la photosynthèse ! Elle est ainsi devenue parasite de la plante, mais aussi de son champignon symbiotique [2].

Le cas le plus spectaculaire et emblématique de symbiose est l'ingestion de l'autre (endosymbiose). L'irréversibilité de la relation est alors totale. Les exemples les plus surprenants concernent les virus, longtemps considérés uniquement comme des agents pathogènes, alors que, une fois intégrés à l'organisme et « pacifiés », ils peuvent fournir de véritables services à leur hôte [3].

1. Davis *et al.* (2015).

2. Jusqu'à, dans les cas extrêmes, croître uniquement de façon souterraine, fleurs comprises, confiant la mission de pollinisation aux limaces ! Voir Wyatt *et al.* (2016).

3. Xu *et al.* (2008) ; Márquez *et al.* (2007) ; Feschotte et Gilbert (2012) ; et surtout Ryan (2009). Cette révolution conceptuelle du rôle des virus n'est pas près de s'achever, puisque nous savons maintenant qu'ils sont de loin les

Parmi les endosymbioses remarquables, il y a celle des mitochondries et des chloroplastes, deux bactéries primordiales qui ont été intégrées au sein de cellules plus grandes[1]. Les premières sont responsables de la respiration chez toutes les cellules d'animaux, de plantes et de champignons. Les secondes sont les usines à photosynthèse des plantes. De même, le destin des bactéries *Buchnera* est scellé à celui des pucerons, car elles sont hébergées dans certaines cellules de leur tube digestif pour leur permettre de digérer la sève des plantes. De plus, ces bactéries sont transmises de génération en génération directement dans les œufs de l'insecte[2].

Encore et toujours le milieu hostile

La qualité d'une interaction mutualiste n'est pas seulement fonction des deux espèces qui la composent. Elle dépend aussi du milieu. Par exemple, les bénéfices de l'association entre l'arbre du genre *Inga* et les fourmis des genres *Camponotus* et *Crematogaster* (il s'agit d'un échange classique nourriture contre protection) sont nets lorsque l'arbre vit en plein soleil, mais l'interaction n'apporte aucun avantage à l'arbre lorsqu'il vit à l'ombre (parce qu'il n'a plus à craindre les dommages causés par les herbivores)[3].

plus nombreux et les plus variés des organismes vivants. On compte ainsi jusqu'à 5 000 virus différents dans 100 litres d'eau de mer, ou jusqu'à 1 million d'espèces dans 1 kilo de sédiment océanique (Rohwer et Thurber, 2009).

1. Leur histoire complète fait l'objet du chapitre 9 de Selosse (2017).
2. Shigenobu et Wilson (2011).
3. Kersch et Fonseca (2005).

L'influence du milieu peut être physique (le soleil), mais aussi biologique, comme on l'observe dans l'interaction entre la plante *Lithophragma parviflorum* et l'un de ses pollinisateurs, le papillon de nuit du genre *Greya*. On a constaté que, en fonction de la présence ou non d'autres pollinisateurs, suivant les sites, l'interaction débouche sur un mutualisme, un commensalisme ou un parasitisme [1]. Une méta-analyse de 247 cas de symbioses a montré que, en règle générale, les changements qualitatifs (quand la relation change de nature) et quantitatifs (quand la relation varie en intensité) des interactions étaient plus sensibles au milieu qu'à la présence d'une troisième espèce [2].

Une très belle expérience a récemment mis en évidence l'effet du milieu sur les relations entre micro-organismes (des levures) [3]. Le dispositif consistait à cultiver deux souches de levures dont chacune était incapable de synthétiser un acide aminé essentiel. Les milieux de cultures contenaient les deux substances vitales pour ces deux souches. Les souches étaient cultivées ensemble ou séparément, et l'on faisait varier l'abondance des acides aminés.

Les chercheurs ont noté que, lorsque le milieu s'appauvrissait, les populations de levures se portaient mieux si les deux souches étaient mélangées, c'est-à-dire si elles se fournissaient réciproquement l'acide aminé dont

1. Thompson et Cunningham (2002).
2. Chamberlain *et al.* (2014).
3. Hoek *et al.* (2016).

l'autre avait besoin. Au contraire, lorsque les levures baignaient dans une abondance de nutriments, elles développaient une forte compétition entre elles, au point que l'une d'elles finissait par prendre le dessus sur l'autre et par l'éliminer.

Lorsque la disponibilité en nutriments diminuait un peu, les deux souches trouvaient un équilibre de compétition sans qu'aucune ne disparaisse (un équilibre toutefois coûteux pour toutes deux). Lorsque le milieu s'appauvrissait encore, l'une des souches se développait mieux que si elle était seule, et l'autre se développait moins bien (apparition de parasitisme). À un stade ultérieur d'appauvrissement du milieu, l'« entraide facultative » surgissait : les deux souches se portaient mieux en présence l'une de l'autre, mais pouvaient très bien survivre seules. Enfin, lorsque le milieu très pauvre ne leur permettait pas de survivre seules, elles trouvaient encore un moyen de survivre ensemble grâce à une entraide devenue obligatoire [1] !

Cet exemple à la fois expérimental et théorique (car couplé à une modélisation) montre qu'un milieu difficile favorise l'entraide entre organismes [2]. En milieu très pauvre (coopération), la proportion relative entre les deux souches est très stable, car chacune doit

1. Ajoutons qu'il y a un seuil de concentration en nutriments encore plus bas en deçà duquel même la symbiose ne survit pas, ce qui aboutit à l'extinction des deux souches.

2. Des résultats similaires ont été trouvés chez des microbes subissant des perturbations du milieu : voir Brockhurst *et al.* (2007).

pouvoir compter sur l'autre. En situation d'abondance, c'est l'inverse : la compétition qui fait rage entraîne des oscillations importantes de la proportion relative de chaque souche, l'une prenant le dessus sur l'autre à tour de rôle.

Cette expérience a eu lieu dans un laps de temps de 24 heures avec seulement deux souches d'organismes relativement similaires [1]. Imaginez maintenant les conditions réelles. Quels seraient les effets du milieu sur des réseaux complexes d'interactions, avec des organismes très différents et sur le temps long ? Réponse dans les prochaines années…

Une source infinie d'innovations

Quel rôle joue l'entraide dans le monde vivant ? En quoi est-elle impliquée dans ce foisonnement de créatures, de processus et d'interactions ? Au fil de notre enquête, nous avons progressivement vu émerger trois principes généraux, trois manières qu'a la vie de créer de la nouveauté grâce à l'entraide. Ces principes ne sont pas juste de petites anecdotes ; ils ont tout simplement changé la face du monde.

1. En effet, les deux souches choisies sont extrêmement proches l'une de l'autre, ce qui en fait des compétiteurs en puissance. Pour des espèces différentes, les besoins se recoupent nettement moins et favorisent encore davantage les relations de mutualisme.

L'entraide appelle l'entraide

Tentons un jeu d'emboîtements. Organisons une rencontre entre trois organismes : un virus, une bactérie qui utilise de l'oxygène pour brûler des sucres (= qui respire) et une archée (appartenant à l'autre grand groupe de bactéries). Mélangeons pendant quelques millions d'années, jusqu'à ce que ces trois entités fusionnent au point de constituer un superorganisme. Elles auront formé ce que l'on appelle aujourd'hui une *cellule animale,* composée d'un noyau (l'ex-virus) et de mitochondries (l'ex-bactérie qui respire) contenus dans une grande cellule (l'ex-archée). Attendez encore, et observez comment ces cellules se regroupent et collaborent de manière pérenne pour former un autre super-superorganisme, une sorte de méduse qui vit collée sur les fonds marins. Laissez reposer.

Emboîtez maintenant une cyanobactérie dans une première algue unicellulaire et mettez le tout dans une seconde algue pour obtenir une sorte de super-algue unicellulaire appelée zooxanthelle. Faites interagir cette dernière avec la première mixture, et vous constaterez qu'un échange se produit : nourriture contre logement. Secouez pendant encore quelques millions d'années, tout en ajoutant des champignons (eux aussi constitués d'une symbiose primitive que vous aurez préparée la veille), qui enrichiront le mélange en azote, puis saupoudrez de nombreuses espèces de bactéries « libres » aux propriétés antibiotiques [1].

1. Wegley *et al.* (2007).

Voilà, vous avez obtenu une colonie de corail ! Pour la rendre fonctionnelle, n'oubliez pas d'y introduire des centaines d'autres organismes en symbiose, tels les fameux poissons-clowns et leurs associées les anémones (également associées à des protozoaires dinoflagellés capables de photosynthétiser grâce à leurs chloroplastes… qui sont des descendants de cyanobactéries symbiotiques. Vous suivez ?). Ajoutez des éponges (championnes des mutualismes avec les bactéries) et des poissons, par exemple les labres nettoyeurs et leurs célèbres stations de déparasitage aux multiples bénéficiaires. Enfin, avant de servir, ne lésinez pas sur les virus de toutes sortes : ils iront se placer dans les mucus des coraux et des poissons pour les aider à se défendre contre les bactéries pathogènes [1].

Vous venez de former un récif corallien [2]. Qui a dit que le monde vivant était une arène impitoyable ?

1. Barr *et al.* (2013).

2. Pour les aficionados, voici un autre exemple spectaculaire. Au chapitre 1, nous évoquions des diatomées entretenant une relation de mutualisme avec des cyanobactéries capables de fixer l'azote (logement contre azote). Si l'on retrace précisément toute l'histoire, nous savons maintenant que l'ancêtre des diatomées est issue d'une triple association entre un virus, une archée et une bactérie, puis qu'un autre eucaryote unicellulaire, lui aussi issu de cette triple symbiose originelle, a de son côté conclu un pacte avec des cyanobactéries qui sont ainsi devenues ses chloroplastes. Cet eucaryote chlorophyllien (que nous appelons maintenant algue unicellulaire) a été englouti par l'ancêtre des diatomées, devenant de ce fait un « chloroplaste secondaire » (Archibald, 2014). Enfin, cette diatomée s'est associée avec des cyanobactéries fixatrices d'azote pour leur plus grand bénéfice mutuel (c'était le début de l'histoire). Pas mal pour une simple algue unicellulaire !

La structure de l'entraide en « réseau multi-étages » s'observe également dans les forêts, avec l'interconnexion des arbres. Ces derniers (comme les autres plantes, d'ailleurs), au niveau des racines, vivent en association avec des champignons filamenteux, les mycorrhyzes (*myco*, « champignon » ; *rhize*, « racine »), qui se nourrissent des sucres que fabrique la plante grâce à l'énergie solaire. En échange, le réseau mycélien, très fin et fort d'une surface d'absorption 10 à 100 fois plus élevée que les racines de l'arbre, pompe l'essentiel de l'eau et des sels minéraux nécessaires à la plante (et à lui-même). Le « contrat » est donc simple : les champignons fournissent les matières premières à la plante, qui en retour fournit des produits transformés (le tout régulé par des bactéries qui entourent les filaments du mycélium[1]). Tout le monde en sort gagnant.

Au-delà de cette extraordinaire et très commune association, la beauté de l'histoire réside dans le fait que le réseau mycélien connecte les arbres de la forêt entre eux ! En 1997, dans les forêts des montagnes Rocheuses (États-Unis), une chercheuse canadienne, Suzanne Simard, a mis en évidence avec son équipe le fait que les arbres les plus âgés transféraient des sucres à leurs plus jeunes voisins de manière souterraine, *via* le mycélium.

1. Les spécialistes parlent carrément d'« autoroutes fongiques » pour désigner ce vecteur bactérien. Le champ des interactions entre champignons et bactéries se révèle immense et a fait émerger une toute nouvelle discipline portant le nom de FBI (Fungal-Bacterial Interactions). Voir Warmink *et al.* (2011) ; Tarkka et Deveau (2016).

Grâce à une meilleure exposition à la lumière, les arbres matures obtiennent un surplus d'énergie qu'ils reversent aux jeunes pour leur permettre de croître sous leur ombre. N'est-ce pas là le principe des allocations familiales ? Des recherches plus poussées ont encore affiné le tableau : d'abord en montrant que les grands arbres étaient capables de reconnaître leurs propres rejetons et leur consacraient davantage de ressources que leurs voisins plus éloignés génétiquement (mais de la même espèce) ; ensuite en découvrant que, dans les mois qui précèdent leur mort de vieillesse, les grands arbres procèdent à un largage final de toute leur richesse accumulée (les sucres) [1]…

Dans la foulée, les botanistes ont montré que les transferts de nutriments avaient aussi lieu entre arbres d'espèces différentes ! Les bouleaux et les pseudotsugas (des conifères) peuvent s'échanger des minéraux et des sucres dans les deux directions. De même, l'aulne, un des rares arbres tempérés capables de fixer l'azote atmosphérique (grâce à une symbiose bactérienne), en redistribue une partie aux pins de son voisinage immédiat. N'est-ce pas là le principe de la sécurité sociale appliquée à la « communauté forêt » ?

Du point de vue du champignon, se retrouver dans le rôle d'un réseau d'interconnexion n'a rien de surprenant : il ne met pas tous ses œufs dans le même panier. Il s'assure de pouvoir toujours coopérer avec un arbre en

1. Wohlleben (2017).

bonne forme. C'est le principe même de la résilience. Du point de vue d'un arbre, en revanche, la situation peut paraître étonnante à un partisan de l'idéologie de la « loi du plus fort ». Mais si l'on prend du recul et que l'on regarde la forêt dans son ensemble, on constate qu'elle s'en porte beaucoup mieux ! Elle est devenue une sorte de superorganisme très résilient et hyper-productif. Toute l'énergie (solaire) qui y pénètre est utilisée pour la forêt, redistribuée entre toutes les espèces, au lieu d'être gaspillée dans de fréquentes et inutiles luttes fratricides. Et nous ne nous intéressons ici qu'aux arbres et aux champignons, alors que, comme dans les récifs coralliens, des milliers d'autres espèces interagissent dans ce vaste réseau interdépendant !

Le principe que l'on peut en tirer est le suivant : **l'entraide crée de nouvelles opportunités d'entraide**. Ici, l'association entre champignons et arbres permet aux arbres de développer des relations mutuellement bénéfiques avec d'autres arbres de leur espèce, ainsi qu'avec d'autres espèces. Il y a comme un « effet domino » de l'innovation du vivant.

Ce principe a fait émerger deux propriétés remarquables du vivant. Premièrement, la symbiodiversité a naturellement tendance à augmenter et à former un inextricable emboîtement d'interactions à tous les niveaux (nous l'avons vu au chapitre 1 : l'être humain comme produit de cinq associations majeures), c'est-à-dire une toile du vivant multicolore. Résultat ? Après presque 4 milliards d'années d'évolution (et donc d'innovations), chaque organisme vivant sur terre est potentiellement en interaction mutuellement bénéfique avec un ou plusieurs autres organismes.

Deuxièmement, cette interdépendance radicale de tous les êtres renforce clairement la résilience des systèmes vivants. Si la forêt fonctionnait principalement sur le mode de la compétition, chaque arbre tenterait de faire le vide autour de lui, et nous aboutirions vite à une collection d'individus isolés et séparés les uns des autres, bien vulnérables à la première tempête ou sécheresse venue (et cela ne ressemblerait plus guère à une forêt). Mais un individu ou une espèce qui tue ou épuise ses voisins finit par se retrouver seul(e) et par mourir. N'est-ce pas la voie que l'espèce humaine a décidé de prendre ? Nous programmons méticuleusement notre future solitude dans une illusion d'« indépendance ». En fait, nous creusons tout simplement notre tombe.

À l'inverse, garder un entourage ou un écosystème sain, diversifié, adaptable et résilient, nécessite que chacun veille sur le bien-être des autres (au sein d'un groupe *et au-delà* du groupe). Une leçon qui se résume ainsi : « Si tu veux rester en bonne santé, veille sur la santé de ceux qui t'entourent. »

Se transformer au contact des autres

Le deuxième principe de création de nouveauté par l'entraide est le fait que **deux organismes peuvent fusionner pour former un nouvel être**. Dans une symbiose, le couple devient indivisible, créant une entité, un *individu.* L'équation prend alors un chemin de traverse qui mène à d'autres lieux : « Un plus un égalent un [1]. »

Ce phénomène, que le biologiste russe Constantin Merezhkowsky a appelé « symbiogenèse » en 1905 [2], est loin d'être anecdotique ; il est tout bonnement à l'origine de la vie telle que nous la connaissons [3]. Voici, en vrac, quelques « réussites » de la symbiogenèse : la création des cellules à noyau (animaux, plantes et champignons) grâce à la triple symbiose déjà évoquée ; la création de toutes les algues et plantes grâce à l'incorporation de cyanobactéries par des cellules eucaryotes ; l'émergence des mammifères placentaires grâce à un virus permettant la formation du syncytium (cellule à plusieurs noyaux) [4] ; la création de groupes entiers d'insectes [5]… La liste pourrait s'allonger indéfiniment.

1. C'est le titre du livre d'Archibald (2014).

2. Sapp (1994) ; Ryan (2007).

3. Voir l'article originel (Sagan, 1967) ou un récit plus complet (Margulis et Sagan, 1997).

4. Le pas évolutif décisif qui a conduit à l'apparition des mammifères placentaires exigeait un mécanisme qui empêche le rejet de l'embryon – à la génétique par définition différente de sa mère. Ce mécanisme demandait en particulier que soit établie une relation stable entre l'embryon et le placenta, un processus qui a pu émerger grâce à l'apparition d'un tissu particulier, le syncytiotrophoblaste, lui-même dépendant de protéines spécifiques codées par des endorétrovirus. Les endorétrovirus, comme leur nom l'indique, ont tendance à transformer la relation de parasitisme en symbiose en s'insérant définitivement dans le génome de leur hôte, tout en lui procurant des molécules particulières et bénéfiques (Feschotte et Gilbert, 2012 ; Rawn et Cross, 2008).

5. Par exemple, deux groupes de guêpes utilisent le procédé décrit dans la note précédente pour que leurs larves ne soient pas rejetées par le système immunitaire des chenilles qu'elles parasitent. Elles injectent dans leur hôte un fragment de chromosome qui contient lui-même des virus capables de

À bien y réfléchir, la définition de la symbiogenèse peut s'appliquer à nous-mêmes et à nos bactéries (le microbiote). Ensemble, nous formons un super-organisme unique, nommé *holobionte*, dont l'une des parties ne peut vivre sans l'autre. Sa particularité est que la qualité de l'association entre l'hôte et ses symbiotes affecte directement l'aptitude de l'holobionte à être en phase avec son environnement. Il est remarquable de constater que les changements dans le génome de cette association peuvent provenir soit de l'hôte, soit du microbiote [1]. Par exemple, lors d'un stress environnemental intense, la communauté symbiotique microbienne peut changer rapidement et, par conséquent, transformer les bases génétiques de l'association. Telle est probablement l'une des explications de la formidable capacité d'adaptation des organismes multicellulaires (animaux, plantes et champignons). Voilà une autre manière de dire que notre capacité d'adaptation nous est offerte par les bactéries et les virus qui nous habitent !

Cette intuition devenue réalité a été perçue très tôt (en 1879) par l'inventeur du mot « symbiose », le chirurgien allemand Heinrich Anton de Bary, pour qui « ce processus de fusion constituerait la plus grande source

neutraliser les défenses de la chenille. Ce processus touche plus de 50 000 espèces (et autant de virus) pour la simple famille des guêpes Braconidées (Strand et Burke, 2014 ; Burke *et al.*, 2014).

1. L'ensemble de l'information génétique de l'hôte et de ses symbiotes microbiens s'appelle l'*hologénome*. Voir la très bonne synthèse de Zilber-Rosenberg et Rosenberg (2008).

d'innovation de l'évolution». Voilà qui donne une idée plus précise de la place qu'occupe l'entraide dans le monde vivant…

Et si nous considérons que tous les organismes multicellulaires vivent en association avec des bactéries, il n'y a qu'un pas à franchir pour se rendre à l'évidence : nous sommes tous multiples, nous sommes tous des holobiontes ! Ou, pour reprendre les mots du biologiste Scott F. Gilbert, « nous sommes tous des lichens [1] ».

S'il y a une leçon à tirer de ce processus de fusion, c'est qu'il s'accompagne d'un renoncement à l'individualité des deux partenaires. Si l'on reprend l'exemple de l'escargot qui porte une anémone sur le dos, il faut bien se rendre à l'évidence : le coquillage a tout simplement renoncé à sa coquille et ne peut plus exister sans sa complice (qui ne se rencontre pas non plus sans son escargot locomoteur). Si nous prenons la métaphore des groupes humains, on imagine le niveau de confiance, de sécurité et d'équité absolue requis entre les organismes fusionnés pour parvenir à ce lâcher-prise individuel au profit du binôme. Le cœur de l'innovation se trouve précisément là, dans ce « déclic » par lequel l'ego s'efface totalement

1. Gilbert *et al.* (2012). Ce concept d'holobionte révolutionne la biologie, car il fait voler en éclats la notion d'*individu biologique* sur laquelle s'étaient appuyés la génétique, l'immunologie, l'évolution, le développement, l'anatomie et la physiologie. En effet, les animaux ne peuvent plus être considérés comme des individus en vertu de critères anatomiques ou physiologiques, car 1) les symbiotes sont fonctionnels dans l'accomplissement des voies métaboliques, 2) ils sont nécessaires au développement complet de l'animal, et 3) ils constituent un deuxième mode d'héritage génétique.

au profit de quelque chose de nouveau, d'émergent et de supérieur.

Passer au niveau supérieur

Dans une colonie d'insectes sociaux (fourmis, guêpes, abeilles, termites), il est très fréquent que l'on se divise le travail : certains individus sont spécialisés dans la reproduction (la reine), d'autres dans la défense (les soldats), d'autres encore dans la construction ou le ravitaillement (les ouvrières). La contrepartie d'une telle organisation est que ces individus si spécialisés ne sont plus capables de survivre en dehors de leurs sociétés. Ces dernières sont dites *eusociales*[1] : elles ont passé un *point de non-retour.*

L'ensemble de la colonie fusionne en un superorganisme qui devient autonome et indivisible, et surtout qui se retrouve au centre de la sélection naturelle : c'est l'ensemble du groupe qui est sélectionné par l'évolution, et non plus un individu seul[2].

1. Les caractéristiques de l'eusocialité sont l'entraide pour le soin aux jeunes, la coexistence des générations et la division du travail et de la reproduction.

2. De manière générale, l'idée de penser la société comme un organisme n'est pas nouvelle ; elle existe depuis l'Antiquité. Depuis Rousseau et Hegel, cette comparaison est même quasiment devenue une marque de fabrique de la pensée du XIXe et du début du XXe siècle, puis a disparu sous les assauts de l'individualisme méthodologique, un paradigme de la psychologie sociale qui stipule que « tous les processus collectifs humains peuvent être expliqués par les lois du comportement individuel – et que les groupes et les organisations sociales n'ont pas de réalité ontologique ». Voir Campbell et Grondona (2010), cités par Wilson DS (2015), p. 51. La métaphore est réapparue dans les années 2000, lorsque les sciences de l'évolution ont établi des ponts entre

Dans ce processus, les individus deviennent en quelque sorte « prisonniers » du niveau supérieur. Leur liberté individuelle est entièrement subordonnée à la communauté (de la même manière qu'une cellule de pancréas ou de peau ne peut pas survivre seule). En suivant cette idée, l'évolutionniste David S. Wilson souligne que les superorganismes eusociaux – par exemple, les colonies de fourmis – sont de remarquables exemples de la métaphore de la main invisible d'Adam Smith. Pour les fourmis, « la sélection à un niveau supérieur est la main invisible. Quand elle opère, les éléments du niveau inférieur agissent pour le bien du groupe sans nécessairement avoir cette préoccupation en tête[1] ». La seule différence, poursuit-il, est que, dans la métaphore économique, l'égoïsme est considéré comme bénéfique au groupe, alors que, dans le cas de l'évolution biologique par la sélection multi-niveaux, les comportements égoïstes sapent le bien commun. Et l'évolutionniste d'ajouter : « Smith et les autres ont vu juste en observant les propriétés auto-organisatrices des systèmes économiques et sociaux, qui ne nécessitent pas d'efforts de planification et qui au contraire peuvent être perturbés par ces derniers. Mais l'erreur monumentale a été de supposer que ce type d'auto-organisation pouvait émerger d'une simple notion d'intérêt égoïste [...][2]. »

les niveaux d'organisation (de la molécule à l'écosystème en passant par la cellule ou l'individu).

1. Wilson DS (2015), p. 106.
2. *Ibid.*, p. 109.

L'espèce humaine n'est pas eusociale. Il nous manque le critère des castes reproductives. En revanche, nous sommes bien une espèce ultrasociale[1], qui se divise le travail, apporte un soin aux jeunes grâce à une entraide intergénérationnelle, et est capable de sacrifice pour défendre le groupe. La particularité humaine est aussi de former des «groupes culturels» qui ont tendance à se comporter comme des superorganismes, à cette différence près qu'ils ne passent jamais le point de non-retour. Les groupes culturels sont réversibles. En fait, dans le cas des phénomènes culturels, le concept de superorganisme devrait être considéré comme une métaphore, car il ne s'inscrit pas dans le temps long de l'évolution et ne suit donc pas les mêmes processus.

Cette idée de basculement vers le superorganisme illustre parfaitement le troisième principe d'innovation par l'entraide: **le passage à un niveau supérieur de complexité**. De manière générale, l'émergence d'un superorganisme se produit lorsque les forces de sélection n'agissent plus sur les individus, mais sur le groupe. Ces basculements vers le niveau supérieur ont lieu à tous les niveaux: entre cellules, entre organismes et entre superorganismes[2].

1. Le premier à utiliser ce terme est Campbell (1982).

2. Il faut préciser que, même si globalement la complexité des organismes a tendance à augmenter au cours de l'évolution, les organismes les plus simples demeurent (par exemple, les bactéries), et même forment constamment de nouvelles interactions (et espèces) qui ajoutent à la complexité et à la diversité du vivant.

Dans les années 1990, les évolutionnistes John Maynard Smith et Eörs Szathmáry ont baptisé ce phénomène fondamental de l'histoire de la vie sur terre les « transitions évolutives majeures ». Il s'agit du basculement « de groupes d'organismes à des groupes en tant qu'organismes[1] » : l'apparition des premières bactéries, puis des organismes multicellulaires, des colonies et des sociétés, des sociétés de sociétés, etc.

Cette architecture crée une tension permanente entre ce qui est bénéfique pour l'individu et ce qui est bénéfique pour le groupe. Le vivant apparaît donc comme un équilibre dynamique entre compétition et coopération qui se joue sur plusieurs niveaux de sélection enchevêtrés et interdépendants, et qui met en jeu des « membranes » de toutes tailles, ainsi que des forces d'attraction et de répulsion de toutes sortes. Ces forces polarisées et interdépendantes ne sont pas sans rappeler le yin et le yang de la pensée chinoise.

Comment l'entraide a changé la face du monde

Ces transitions évolutives majeures ont fait prendre au monde vivant des chemins imprévus, car le passage au superorganisme peut conférer un extraordinaire avantage sur les autres espèces. « Les superorganismes de niveau supérieur, comme les cellules à noyau, les organismes multicellulaires et les colonies d'insectes eusociaux, dominent les niveaux inférieurs (respectivement

1. Wilson DS (2015), p. 28.

les bactéries, les unicellulaires et les insectes solitaires) dans la compétition écologique[1]. »

Que serait le monde sans les organismes multicellulaires (animaux, plantes et champignons) ? Et que dire du succès des espèces d'insectes eusociales ? Dans la forêt amazonienne brésilienne, les fourmis, les guêpes, les abeilles et les termites représentent 30 % de la biomasse animale, et 75 % de la biomasse des insectes. Dans le monde, ces 2 % d'espèces d'insectes constituent la moitié de la biomasse de l'ensemble des insectes[2] !

À propos de succès, il y a aussi des symbioses à l'impact considérable. Les coraux sont de ceux-là, car ils sont à l'origine d'écosystèmes marins à la diversité inégalée, tout comme les plantes sont à la base des forêts sur les continents. Mais les plantes ne seraient pas là sans les mycorrhyzes : plus de 90 % des espèces de plantes à fleurs sont associées à ces champignons au niveau des racines[3]. Cette association a simplement permis l'expansion de presque toutes les plantes (et des champignons !) à partir des algues d'eau douce il y a 460 millions d'années.

Autre symbiose globale : des champignons endophytes (qui vivent dans les tissus des plantes) ont été trouvés dans les feuilles de toutes les espèces où on les a cherchés ! Ces anciens parasites peuvent non seulement protéger leurs hôtes contre des envahisseurs, mais en aider d'autres à mieux résister à la sécheresse, à la salinité

1. Wilson DS (2015), p. 48.
2. Hölldobler et Wilson (2009).
3. Smith et Read (2010).

ou à la chaleur [1]. Avec ce nouveau fait, on se rend compte que la majorité des plantes présentes sur terre interagiraient avec au moins deux espèces de champignons : une au niveau des racines et une autre au niveau des feuilles.

Plus fondamentalement, trois symbioses sont à l'origine de la vie telle que nous la connaissons. Il y a d'abord la triple symbiose (virus-bactérie-archée), qui a mené à l'apparition des cellules à noyau. Puis celles-ci ont acquis grâce à une endosymbiose avec les ancêtres bactériens des mitochondries la faculté de respirer [2]. Enfin, les algues et les plantes sont apparues grâce à l'endosymbiose conclue avec les bactéries cyanophycées (dites « algues bleues »), devenues chloroplastes. Leur succès écologique a carrément changé la teneur en oxygène de l'atmosphère, et représente aujourd'hui plus de 99 % de la production primaire de biomasse [3]. Ces trois symbioses ont littéralement changé la face de la planète : sans elles, nous ne serions pas là pour en parler.

1. Bacon et White (2016).
2. Leigh (2010) ; Archibald (2014).
3. Yoon *et al.* (2004).

CONCLUSION

Le nouveau visage de l'entraide

« Le côté sociable de la vie animale joue dans la nature un rôle beaucoup plus grand que l'extermination mutuelle. Il a aussi une extension beaucoup plus vaste. […] L'entraide est le fait dominant de la nature. Mais, si l'entraide est si largement répandue dans la nature, c'est parce qu'elle donne aux espèces animales qui la pratiquent des avantages tels que le rapport de forces s'en trouve complètement changé, au désavantage des animaux de proie. Elle constitue la meilleure arme dans la grande lutte pour l'existence que les animaux mènent constamment contre le climat, les inondations, les orages, les tempêtes, la gelée, etc. ; elle exige constamment d'eux de nouvelles adaptations aux conditions sans cesse changeantes de la vie. »

Pierre Kropotkine, *L'Éthique*[1]

1. Kropotkine (2002 [1921]), p. 25-29, cité par Garcia (2014), p. 55.

Il est temps de rassembler toutes les pièces du puzzle et de dresser un bilan. Qu'avons-nous appris sur cette « autre loi de la jungle » ? Comment est-elle structurée ? Et dans quelles conditions émerge l'entraide ?

Bien plus qu'une simple loi de la jungle

Au premier chapitre, nous avons revu l'image que nous nous faisions du monde vivant. Il est évident que le lion chasse les antilopes et qu'il lui arrive de tuer les rejetons de son prédécesseur ; que les bactéries et les plantes entrent en compétition avec leurs voisines pour l'espace et les ressources ; que l'être humain agit de manière égoïste et agressive. Il est inutile et dangereux de le nier.

Mais pourquoi nier l'opposé ? Les lionnes coopèrent pour chasser ; d'innombrables bactéries s'associent entre elles et avec d'autres espèces – dont nous – pour notre plus grand bien ; les plantes sont aussi solidaires entre elles et coopèrent volontiers avec d'autres organismes, qu'ils soient champignons, bactéries, insectes pollinisateurs ou oiseaux frugivores ; l'espèce humaine possède *aussi* des capacités coopératives et altruistes très puissantes. La science a rassemblé assez d'arguments pour pouvoir dire ce qui aurait toujours dû rester une consternante banalité : l'entraide est un fait omniprésent dans le monde vivant. C'en est même l'un des grands principes. Il n'y a là aucune énigme.

À travers un petit voyage au pays des idéologies et de la philosophie politique, nous avons tenté de comprendre pourquoi notre imaginaire collectif n'arrivait pas à voir cette évidence. Le principal obstacle à l'assimilation de ces travaux est la puissance de deux mythes fondateurs de notre imaginaire collectif : 1) la croyance que la nature (dont la nature humaine) est fondamentalement compétitive et égoïste, et par conséquent 2) la croyance que nous devons nous extraire de celle-ci pour empêcher le « retour à la barbarie ». Baignés dans cette mythologie hémiplégique depuis plus de quatre cents ans, nous sommes devenus des experts en compétition, considérant que ce mode constituait l'unique principe de vie. Les institutions politiques se trouvent depuis trop longtemps empêtrées dans ce paradoxe de devoir « faire société » dans un bain idéologique totalement contraire !

Une vision du monde beaucoup plus réaliste serait de considérer le vivant comme le résultat d'un équilibre entre compétition et coopération, deux forces contraires intimement liées et qui n'ont pas de sens l'une sans l'autre. Une sorte de yin et de yang. Mais, pour cela, il faut d'abord comprendre l'autre côté du miroir.

Au chapitre 2, nous nous sommes intéressés aux capacités d'entraide spontanée chez les humains. Jusqu'à présent, de nombreux théoriciens étaient d'accord sur le fait que nos tendances à l'entraide provenaient de nos capacités cognitives *rationnelles*. Selon eux, nous aurions plutôt spontanément des pulsions égoïstes que seule la puissance de notre raison pourrait inhiber. Nous savons aujourd'hui que cela ne correspond pas à la réalité.

L'être humain est-il naturellement bon ou mauvais ? La question est mal posée. Déjà, au XVIIIe siècle, le philosophe David Hume avait proposé que l'homme naissait *à la fois altruiste et égoïste*, et que la société pouvait le rendre aussi bien l'un que l'autre. Nous avons aujourd'hui les moyens de préciser sa pensée, en évitant les modèles simplistes ou le flou laissé par les notions comme la « nature humaine » et l'« instinct ». L'épigénétique montre que l'inné et l'acquis sont indissociables, profondément entrelacés depuis la naissance (et même avant). La « nature » et la « culture » sont des notions abstraites et inutilisables lorsqu'elles sont pensées seules (voilà un autre type d'hémiplégie !). En effet, ce qui fait de nous des êtres ultra-sociaux provient *à la fois* de notre passé de mammifère et de primate, de descendant des bactéries, de l'entrelacement que nous avons tissé avec l'environnement durant des dizaines de milliers d'années, et aussi de notre longue histoire culturelle et de nos interactions sociales présentes.

Concernant les mécanismes, le double système cognitif proposé par Daniel Kahneman permet d'expliquer à la fois la puissance, la souplesse et la spontanéité des comportements d'entraide humaine observés partout autour du globe. Le système 1 correspond à la pensée rapide, intuitive et spontanée, le système 2 à la pensée du calcul, posée et rationnelle. Le premier, qui est le reflet de l'environnement culturel dans lequel baignent les individus, permet d'exprimer spontanément et rapidement les émotions et les comportements les plus habituels.

Quant au second, il permet de s'adapter à de nouvelles situations en fournissant une réponse inhabituelle (par la réflexion et l'apprentissage), ce qui modifie progressivement les automatismes du système 1 dans le sens souhaité. Nous sommes donc nés avec la capacité d'intégrer très rapidement des mécanismes d'entraide spontanée, mais, pour les maintenir, il nous faut évoluer dans un environnement où les interactions coopératives sont fréquentes. C'est bien le cas la plupart du temps, en partie parce que les comportements coopératifs provoquent un état de plaisir et de satisfaction que nous souhaitons retrouver.

L'environnement ultra-social dans lequel la plupart des humains baignent depuis leur naissance (et même avant) façonne un système 1 extrêmement coopératif, et un système 2 extrêmement réactif et sensible à la tricherie et à la malveillance. Cela explique pourquoi la grande majorité des humains réagissent spontanément par l'entraide, mais possèdent aussi cette formidable capacité de se méfier et de faire volte-face rapidement lorsque l'occasion se présente. Ainsi, dans les situations de stress ou d'inconnu, lorsqu'une réponse rapide et intuitive s'impose, le système 1 prend le dessus, expliquant les actes de bravoure, d'altruisme et d'auto-organisation que les sociologues observent presque toujours en cas de catastrophe.

Ce double système cognitif est construit et affiné par notre entourage proche et par les normes et les institutions de la société. En de rares occasions, il peut donc fonctionner à l'envers. Ainsi, un environnement familial austère ou violent ajouté à une société compétitive et hostile favorisera des comportements spontanés d'égoïsme, d'agression et de compétition, qui pourront être désamorcés à l'occasion par un système 2 (rationnel) favorisant l'entraide… si cette dernière se révèle être la meilleure stratégie du moment. L'entraide, loin d'être un automatisme déterministe, peut donc provenir aussi bien d'un acte spontané que d'un raisonnement logique : il y a toujours le choix d'inhiber ou d'exhiber ces comportements.

Au chapitre 3, nous nous sommes intéressés aux interactions entre individus. L'entraide trouve son origine dans un acte de don qui produit chez le receveur une obligation très puissante de réciprocité. Cette logique de donner-recevoir-et-rendre est le cœur de l'entraide et, *in extenso*, de tout lien social. Elle se révèle extrêmement sensible au *premier* geste (qui heureusement est très fréquent !). Et nous redécouvrons alors avec émerveillement ce que certains anciens et d'autres cultures pratiquaient ou savaient déjà : si tu veux recevoir, commence par donner.

Mais, si puissante que soit l'obligation de réciprocité entre deux personnes, elle tend à se « diluer » avec l'augmentation du nombre d'individus dans un groupe. Le maintien d'une *réciprocité généralisée à l'ensemble du groupe* se fait donc grâce à des mécanismes qui l'étendent et la renforcent : le mécanisme de réputation (réciprocité indirecte), la récompense des comportements vertueux et la punition des comportements antisociaux (récompense + punition = réciprocité renforcée).

Quelle que soit la taille du groupe (famille, clan, association, entreprise, club, religion, nation, etc.), ses membres obéissent à des normes sociales partagées qui favorisent sa cohésion. Ces normes permettent une transmission rapide et efficace des codes de réciprocité à travers l'espace et le temps. Toutefois, dans les grands groupes, elles ne peuvent se maintenir qu'à travers des institutions stables et pérennes. Ces dernières ont le défaut de faire apparaître une réciprocité plus « froide » et impersonnelle (réciprocité invisible), mais permettent de l'étendre à des niveaux extraordinaires, et de préserver la cohésion sociale au sein d'immenses groupes, même entre de parfaits inconnus.

La réciprocité, ou plus précisément la réciprocité sous toutes ses formes (directe, indirecte, renforcée et invisible), est le pilier de l'entraide humaine. Ainsi déployée, elle a fait passer les niveaux de coopération humaine à des échelles bien supérieures à ce qu'on observe dans les autres espèces, en intensité et en taille de groupe.

Le chapitre 4 s'est attaché à décrire la dynamique plus fine des groupes humains, en particulier les conditions qui font que des individus se mettent au service du groupe. Pour faire émerger cette entraide puissante et généralisée – ce « déclic » –, trois ingrédients se révèlent indispensables : le sentiment de sécurité éprouvé par tous les membres du groupe et qui dépend de la constitution d'une bonne « membrane » (les règles que se fixe le groupe, sa raison d'être, son identité) ; le sentiment d'égalité et d'équité, qui permet d'éviter les effets néfastes du sentiment d'injustice (colère, ressentiment, comportements antisociaux et désir de punition) ; le sentiment de confiance, qui naît des deux précédents et qui permet à chaque individu de donner le meilleur de lui-même *pour le bien du groupe*.

Ces trois sentiments peuvent être stimulés par les principes d'organisation découverts par Elinor Ostrom lors de ses recherches sur les biens communs. Ses quelques principes semblent généralisables à l'organisation des collectifs et se rapprochent probablement de ce qui ressemble à des principes généraux d'émergence de l'entraide.

Si les trois sentiments sont présents et que des mécanismes permettent de stabiliser la réciprocité dans le groupe, alors le « déclic » se produit : le groupe devient (temporairement) un organisme vivant à part entière, un *superorganisme* particulièrement efficace. Ce processus, probablement acquis par nos ancêtres pour favoriser la cohésion des premiers groupes face à des dangers extérieurs, trouve des bases physiologiques dans les neurones miroirs et l'ocytocine.

Cependant, cette fabuleuse capacité de cohésion comporte des limites et des écueils. Poussé à son paroxysme, l'effacement de l'individu au profit du groupe peut générer soit des pathologies individuelles qui dissolvent le soi de manière excessive, soit des extases collectives – extrêmement puissantes – qui peuvent conduire au meilleur comme au pire… De plus, nous (les humains, et les hommes encore plus que les femmes) adorons nous rassembler derrière des bannières, des clubs, des équipes, des drapeaux ou des idéologies. Dans certains cas, la solidarité exacerbée entre les membres d'un groupe peut mener à une préférence communautaire qui tend à rejeter ceux qui n'en font pas partie, c'est-à-dire à replier le groupe sur lui-même en favorisant la rivalité avec les autres groupes. Enfin, il faut être conscient que l'entraide au sein d'un groupe peut aussi s'évanouir en un clin d'œil, lorsque les normes sociales s'effilochent du fait d'une perte de confiance généralisée envers l'*avenir du groupe*.

Au chapitre 5, nous avons découvert quels sont les facteurs extérieurs qui influencent l'entraide au sein d'un groupe. Il en existe trois : la présence d'un ennemi commun (la compétition entre les groupes), un milieu hostile, et l'existence d'un objectif commun. Ces trois facteurs alignent les objectifs de tous les individus du groupe, ce qui rend la réciprocité plus fluide et permet d'acquérir plus facilement les sentiments de sécurité, d'égalité/équité et de confiance. L'introduction d'une menace supérieure a pour effet de transformer les anciennes rivalités en solidarité. Le danger et les défis favorisent donc considérablement l'entraide.

Nous avons ensuite exploré les interactions entre les groupes. Il est effectivement possible que ces derniers renoncent à leur rivalité et entament une relation de réciprocité et d'entraide… s'ils suivent les mêmes principes de base que ceux décrits pour les individus. Cependant, un groupe n'est pas un individu, et le changement d'échelle apporte des différences significatives, c'est-à-dire de possibles limites à l'expansion infinie de l'entraide. En effet, de la même manière que la réciprocité se dilue entre les individus lorsqu'un groupe grandit, elle se dilue avec le nombre de groupes qui coopèrent. De plus, l'échelle optimale de la taille du groupe est limitée par nos capacités cognitives (de mémorisation, par exemple). Cette limite structure l'architecture globale de l'entraide humaine, dont la tendance est d'être – à l'image du monde vivant – décentralisée, horizontale, changeante et organique.

Peut-on toutefois envisager une entraide généralisée du genre humain (et même au-delà) en prenant comme « grand méchant loup » le réchauffement climatique ? C'est une bonne opportunité, mais le pari est loin d'être gagné ! D'une part, les conditions ne sont pas réunies pour que la population mondiale se comporte en « superorganisme » (il manque surtout le paramètre clé de l'égalité et de l'équité entre groupes) ; d'autre part, la démesure du défi nous entraîne vers les écueils typiques de toute démesure : le danger de la concentration du pouvoir et l'ingérable complexité des grandes organisations. Arriverons-nous à relever cet incroyable défi en quelques années ? Arriverons-nous à mettre en sourdine nos petites querelles identitaires afin de nous concentrer sur cette très sérieuse menace globale ? La réponse viendra très vite…

Le chapitre 6 nous a plongés dans le temps long. La combinaison de plusieurs caractéristiques a permis à notre espèce de devenir ultrasociale : la néoténie (singe précoce et cerveau immature à la naissance), l'attachement maternel, la superposition de générations pour le soin aux jeunes (le rôle des grand-mères), le partage de nourriture, la chasse collective et la coopération entre mâles. Le facteur crucial pour la survie de ce petit singe immature et vulnérable a sans doute été la capacité cognitive et émotionnelle de *comprendre ce qui se passait dans la tête de l'autre*. Le milieu hostile et la compétition entre les groupes ont donné à notre espèce l'opportunité d'exploiter à fond ces capacités à fonctionner ensemble, qui sont allées de pair avec des aptitudes à inhiber les comportements antisociaux. Les groupes les plus coopératifs ont été sélectionnés, transmettant ainsi aux futures générations des attributs et des cultures prosociaux. En vivant en groupes unis et qui se partagent le travail, nos ancêtres sont devenus *interdépendants* les uns des autres. Premier paradoxe : la force de l'être humain provient de sa vulnérabilité et de son interdépendance avec les autres.

Puis c'est l'emballement. L'environnement prosocial, la culture et le langage ont contribué à renforcer les caractéristiques néoténiques des cerveaux humains. Ces derniers, développés et plus complexes, dopés à la socialité, ont fait émerger des systèmes culturels et sociaux toujours plus complexes… jusqu'à produire ce que l'historien Yuval Harari appelle la révolution cognitive (–70 000 ans). Celle-ci est marquée par le passage à un monde essentiellement symbolique, qui s'est stabilisé et a pris une ampleur considérable depuis la révolution néolithique (–10 000 ans) grâce à des institutions pérennes garantes de la réciprocité généralisée. Ainsi, cet autre paradoxe : l'ultrasocialité humaine est bien une exception… qui s'inscrit dans une continuité avec le monde vivant.

Pour le monde vivant en général, plusieurs forces évolutives font émerger l'entraide. Ces forces ne sont pas les mêmes au sein d'une espèce (entre semblables) et entre espèces (entre êtres très différents). Au sein d'une espèce, une sélection multi-niveaux (aussi appelée sélection de groupe) semble être la force principale. Elle est composée de deux forces opposées : une qui sélectionne *les individus les plus performants à l'intérieur d'un groupe* (les individus égoïstes et agressifs, qui détruisent la cohésion sociale), une autre qui sélectionne *les groupes les plus performants* (donc les individus les plus coopératifs). Il y a entre ces tendances un équilibre qui dépend aussi du milieu dans lequel évolue tout ce beau monde : plus il est hostile, plus l'entraide a tendance à voir le jour et à se renforcer. À cela s'ajoutent quatre forces évolutives dont l'importance varie suivant les conditions et les espèces : sélection de parentèle, réciprocité directe, réciprocité indirecte, sélection spatiale. Le principe général reste le même : les groupes les plus coopératifs sont ceux qui survivent le mieux.

L'entraide entre espèces différentes prend une autre forme. Schématiquement, les organismes prennent chez les autres ce dont ils ont besoin pour vivre (prédation et parasitisme). Ceux qui font l'objet de cet accaparement (les proies) développent des mécanismes de défense, de fuite ou de contrôle. La profusion et la diversité de ces interactions ouvre donc à tous les possibles : lorsqu'une relation antagoniste n'aboutit pas à la mort de la proie, elle peut fortuitement procurer un avantage évolutif à ce nouveau « couple asymétrique ». Au fil des générations, ces interactions mutualistes émergent lorsque les bénéfices que tire chaque espèce surpassent les désavantages des interactions, puis se stabilisent et s'approfondissent lorsque chaque partenaire se trouve renforcé par la bonne santé de l'autre.

Les effets de ces interactions (positives, neutres ou négatives) sont toutefois réversibles à la fois sur le temps court (en fonction du milieu) et sur le temps long (l'évolution). C'est là le cœur de la diversité du vivant. Enfin, ces processus n'échappent pas au principe – qui parcourt le livre – selon lequel les bénéfices des interactions se révèlent plus facilement lorsque les conditions du milieu sont difficiles (milieu pauvre, perturbé ou autres compétiteurs).

Plus largement, la vie innove grâce à l'entraide suivant trois principes : l'effet domino (l'entraide appelle l'entraide), la fusion (1 + 1 = 1) et la création de nouveaux « étages » de complexité (des superorganismes, ou carrément des « transitions évolutives majeures »). L'entraide a été à l'origine de la complexité de la vie telle que nous la connaissons : l'apparition de cellules, de cellules à noyau, de la respiration, de la photosynthèse, des organismes multicellulaires, des sociétés, des sociétés de sociétés... Virtuellement, toutes les espèces présentes sur terre sont impliquées dans une ou plusieurs interactions mutuellement bénéfiques.

Omniprésente dans le monde vivant, l'entraide est ce qui fait émerger le vivant. Schématiquement, on peut se représenter la sélection naturelle comme un double mécanisme 1) de création de diversité et 2) de sélection des organismes en fonction du milieu. L'entraide est présente aux deux étapes. À l'étape 1, les mutualismes constituent une source majeure d'innovation et de diversification du vivant. À l'étape 2, l'entraide favorise la survie dans des conditions hostiles. L'entraide participe donc à la création de diversité et donne les armes pour survivre. Comme le suggère Martin Nowak, il faudrait ajouter, en plus de la *sélection naturelle*, un autre grand principe à la théorie de l'évolution : le principe d'*entraide naturelle*[1].

Les grands principes de l'entraide

L'entraide est partout, depuis la nuit des temps, de manière bien plus claire que nous ne l'imaginions au départ de cette recherche.

L'entraide acquiert sa puissance en milieu hostile. Il en découle un avantage compétitif : elle permet de mieux survivre aux menaces.

1. Il utilise le terme de « *natural cooperation* ». Voir Nowak (2006). Nous traduisons par « entraide naturelle » pour être en cohérence avec l'ensemble du livre, mais nous pourrions aussi bien utiliser le terme de « coopération naturelle ».

L'entraide ne saurait être pensée sans prendre en compte les différents niveaux d'organisation, ce qui peut être résumé par la phrase de D.S. Wilson et E.O. Wilson : « Au sein d'un groupe, l'égoïsme supplante l'altruisme, les groupes altruistes supplantent les groupes égoïstes, tout le reste n'est que commentaire. »

L'entraide atteint des niveaux exceptionnels chez l'être humain : elle est puissante, profondément ancrée en nous, peut se déployer à très grande échelle, mais reste souple (haute sensibilité aux conditions extérieures grâce à l'épigénétique et à la culture).

L'entraide est une force puissante, mais fragile et parfois dangereuse, qui apparaît dans des conditions bien précises, et qui disparaît ou devient toxique (pathologies, fermetures, etc.) lorsque les conditions ne sont plus réunies.

L'entraide se déploie dans le monde vivant sous de nombreuses formes et couleurs (symbiodiversité), à la fois dans les mécanismes et dans les chemins évolutifs qui la font émerger.

L'architecture de l'entraide (y compris humaine) ressemble donc à des poupées russes où chaque poupée supérieure est plus complexe, et où les différentes tailles de poupées peuvent coopérer entre elles. L'ensemble de ces poupées forment un réseau de réseaux multicolores en perpétuelle évolution.

L'entraide est la principale source d'innovation du vivant, à toutes les échelles, depuis l'apparition de la vie.

C'est la clé de la diversification du vivant, et l'un des piliers de la sélection naturelle.

Enfin, **la compétition trouve sa place dans ce cadre**. Elle reste le deuxième grand pilier de la sélection naturelle, permet de renforcer l'entraide entre organismes et sert aux organismes à délimiter leurs territoires ou à faire connaître leurs besoins. Mais elle est coûteuse en énergie et risquée, ce qui la rend hasardeuse lorsqu'il s'agit de s'engager dans une « lutte pour la vie » efficace et durable.

Vers une nouvelle vision de l'entraide

Il reste sans doute beaucoup à découvrir de cet immense paysage. L'avenir des sciences comportementales se situe à la fois dans une complexité croissante des hypothèses de travail, dans un enrichissement mutuel des différentes disciplines et dans la consolidation de cette architecture globale. On pourrait par exemple creuser le lien entre l'entraide et la structure hiérarchique d'un groupe, ou encore la question des différences homme/femme. Si nous avions le temps et l'argent, nous pourrions former une grande équipe transdisciplinaire qui écrirait aisément une encyclopédie de 3 000 pages rien qu'avec la bibliographie que nous avons rassemblée au cours des dix dernières années. Et c'est sans compter sur les découvertes déjà publiées entre l'écriture de ces lignes et aujourd'hui !

Mais ne précipitons pas les choses. Il semble important de s'arrêter un instant sur ce que ce livre a changé dans le regard que nous portons sur l'entraide. Sur notre imaginaire. Malgré nos intuitions de départ, ces découvertes ont fait vaciller nos croyances et remis en question notre rapport à la réalité.

En écrivant cet ouvrage, nous nous sommes rendu compte à quel point nous étions encore nous-mêmes profondément imprégnés de la culture de la compétition. Cela nous a coûté de croire à l'immensité et à la beauté de ce continent. Nous nous frottions les yeux, pensant que vous n'y croiriez pas non plus…

Nous avons pu nous défaire des visions manichéennes de l'inné et de l'acquis (ou de la nature et de la culture), ainsi que des modèles simplistes et réducteurs de l'*Homo œconomicus* ou de la « page blanche ». Nous voyons infiniment plus d'intérêt dans la recherche des conditions d'émergence de l'altruisme ou de l'égoïsme que dans la quête d'une hypothétique « nature humaine ».

L'une des grandes leçons de ce dernier demi-siècle de découvertes est qu'il est possible de réconcilier la vision continuiste et la vision discontinuiste de l'espèce humaine. Comme l'écrivait déjà Darwin, « la différence entre l'esprit de l'homme et celui des animaux supérieurs, si grande soit-elle, est à coup sûr une différence de degré, non de nature ». Mais cette différence s'est amplifiée à cause de la rapidité des processus culturels (par rapport au rythme de l'évolution biologique), au point d'avoir fait émerger une réelle différence qualitative[1]. Dans la

1. Il faut noter que la différence « qualitative » ne sépare pas tant *Homo sapiens* des autres espèces que certaines cultures ultrasociales (aujourd'hui dominantes) d'autres cultures humaines. Cette discontinuité s'est terriblement

même logique, il paraît important d'apprendre à voir le monde avec les deux fenêtres temporelles du temps court (la vie de tous les jours) et du temps long (les millions d'années). C'est clairement un appel à la coopération entre sciences humaines et sciences biologiques...

Notre conception de l'entraide est devenue plus fine, plus mesurée et plus complexe. Nous nous sommes rendu compte, par exemple, que plusieurs chemins étaient possibles pour faire émerger un comportement altruiste chez une personne : la plonger dans un bain culturel altruiste pour pousser à fond son système 1, la placer en conditions de stress, la faire participer à une extase collective (le mode « abeille »), lui proposer des voies spirituelles d'« extension du soi » et de compassion... De même, sur le long terme, il a été fondamental de comprendre que l'entraide apparaissait aussi en suivant différents sentiers évolutifs. Enfin, on comprend mieux la complexité du tableau en se rappelant que, en ce moment précis, sur terre, coexistent toutes les manières de faire société, des grandes sociétés ultrasociales liées par la réciprocité invisible aux petits groupes de chasseurs-cueilleurs à la réciprocité très « chaude », sans compter ce qui se passe chez les autres espèces !

accentuée avec l'émergence de l'agriculture, de l'écriture et des organisations hiérarchiques pyramidales, créant des modes d'organisation très différents de ceux utilisés depuis des centaines de milliers d'années par les sociétés de chasseurs-cueilleurs (qu'ils soient des *Homo sapiens* ou des cétacés, comme certains chercheurs le font remarquer).

Pour ajouter d'autres nuances de gris, n'oublions pas de mentionner les divers degrés d'intensité chez l'humain, des relations très légères et ponctuelles, où chacun garde son indépendance, à celles qui mènent à la solidarité (interdépendance), voire à la fusion ou à la dépendance asymétrique. Plus impressionnant encore, l'être humain, tel un soldat au combat, est *simultanément* capable d'altruisme et de cruauté extrêmes. Ce n'est nullement incompatible ! Tout dépend de l'endroit où il situe la frontière de ce qu'il considère comme « son » groupe et de l'attitude qu'il adopte à l'égard des autres groupes.

Plusieurs points ont aussi rendu notre vision de l'entraide moins naïve. D'abord, il est impossible de la penser hors de son contexte. Il est vain de tenter de faire des généralités sur nos capacités d'altruisme et d'entraide si nous ne pensons pas l'implication simultanée des niveaux supérieurs dans lesquels se meuvent les individus : la famille, la culture, la tribu (quartier, village, groupe affinitaire...), la région, le pays, la langue, etc.

Ensuite, pour ne pas se perdre, il est important de ne pas systématiquement voir l'entraide comme un acte moralement bon (même si elle peut l'être !). S'associer n'est pas forcément *bien* en soi : on peut s'entraider pour massacrer l'autre, pour survivre, pour protéger des limites, pour réaliser de grandes choses ou pour respecter des ressources communes. Ces recherches nous ont aussi permis de considérer les mécanismes de punition et de réputation sous un angle beaucoup moins sceptique. Souvent mal considérés, ils sont pourtant de précieux alliés pour mettre en pratique l'entraide. Mais, pour qu'ils soient justes et bien dosés, ces mécanismes doivent d'abord être connus, acceptés et maîtrisés.

Enfin, l'entraide ne doit pas être vue comme une panacée qu'il faudrait appliquer aveuglément. Ses écueils (pathologies, risques de fermeture du groupe, création d'un grand méchant loup, extases collectives, démesure, etc.) sont autant de raisons de rester lucide pour éviter une fois de plus les « mauvaises surprises » des utopies réalisées à la va-vite avec de grands moyens… L'équilibre est délicat : il suffit d'un ingrédient oublié ou mal dosé pour que la recette soit totalement ratée. Subtil est le parfum de cette autre loi de la jungle !

Il nous est aussi apparu essentiel de distinguer l'action (entraide) de l'intention (altruiste)[1]. « Toutes les sociétés qui fonctionnent correctement requièrent des mécanismes qui coordonnent l'action et qui empêchent l'exploitation de l'intérieur. Savoir si ces mécanismes sont altruistes ou égoïstes (en termes de pensées et de sentiments) est sans importance, tant qu'ils font leur travail (en termes d'action)[2]. » D'un point de vue évolutif, l'intention ne compte pas, seuls comptent les actes et les résultats. Mais d'un point de vue concret, ici et maintenant, les intentions comptent

1. Voir les travaux de David S. Wilson (2002, 2011, 2015).
2. Wilson DS (2015), p. 113.

aussi ! Repérer ce distinguo contre-intuitif entre action et intention évitera bien des confusions à celles et ceux qui veulent construire de nouveaux modes d'organisation.

L'entraide est habituellement considérée comme une valeur « chaude », de la même couleur que ce que George Orwell nommait la décence commune (*common decency*). Pour les « gens ordinaires », ces comportements vertueux coulaient de source ; ils n'étaient jamais mis en avant ni même analysés. C'était comme ça, point. Effectivement, « les mécanismes [d'entraide] qui ont évolué ne nécessitent pas d'avoir conscience du bien-être du groupe. Dans les cas des sociétés non humaines, les mécanismes ne nécessitent même pas d'avoir une conscience, au sens humain du terme[1] ». De la même manière que « la vision ne nécessite pas d'effort pour nous, précise David S. Wilson, la neurobiologie de la vision est extrêmement complexe[2] ». Pour l'entraide, nous sommes arrivés à un point où le « bon sens populaire » ne suffit plus. La taille de nos sociétés et l'uniformisation des modes d'organisation (sans parler de leur indigence) ne permettent pas de compter sur le « bon fond » des plus altruistes. Si nous voulons créer une véritable culture de l'entraide, il peut être intéressant de rendre ces processus intelligibles et cohérents. « La sélection des meilleures stratégies doit

1. *Ibid.*
2. *Ibid.*, p. 108.

être intentionnelle, car nous ne pouvons nous permettre d'attendre que la sélection naturelle agisse, et il n'y a pas de processus de sélection de planète qui favorise les meilleures organisations à l'échelle planétaire[1]. »

Le chemin vers de meilleurs modes d'organisation passe nécessairement par des comportements exemplaires de la part des personnes *vues comme haut placées* (les personnes légitimées politiquement, intellectuellement et spirituellement, ou les riches, qui servent aujourd'hui de modèles pour une majorité de la population). Si l'entraide, l'altruisme, la bonté et la générosité (re)deviennent des normes sociales fortes, ils se convertiront progressivement en habitudes, puis en automatismes (qui ont généralement perduré dans les « petits groupes » de notre vie : famille, amis, etc.).

Nous avons très probablement les capacités pour renverser la tendance qui ronge actuellement nos sociétés (c'est bien un rapport de force !), et les souvenirs des dégâts que cause une planification d'entraide généralisée et uniforme à très grande échelle, imposée avec autorité par une clique d'autocrates zélés, sont encore frais. Pour cette raison, le périlleux chemin vers l'entraide institutionnelle gagnerait à s'accompagner d'une structure politique le plus horizontale et décentralisée possible, ainsi que du développement des capacités d'altruisme et de compassion de chacun. Sur ce point, les enseignements de Matthieu Ricard sont donc aussi précieux que

1. *Ibid.*, p. 146.

les leçons d'organisation rhizomatique proposées par le Comité invisible[1].

Pour finir, nous ne pouvons passer sous silence un dernier élément dans notre recherche : nous avons été profondément touchés par la finesse et la beauté infinies de ce monde. L'entraide humaine met en jeu des capacités d'empathie, de réciprocité, d'évaluation des besoins du groupe, de mémorisation des comportements, de détection des émotions, de calcul, d'aversion à l'égard de l'inégalité, d'obéissance, d'amour, de compassion, d'amitié, de confiance, de compréhension... Et le monde vivant foisonne de liens, du fond des océans au mycélium des forêts en passant par la douceur d'un nid familial, des premières bactéries il y a plus de 3 milliards d'années à celles qui grouillent aujourd'hui en nous – notre troisième cerveau – en passant par un incroyable emboîtement de cellules et d'écosystèmes.

L'écriture de ce livre nous a fait ressentir notre participation intense à une vague « qui redéfinit en douceur ce que l'on est, et donc ce que l'on peut être », pour reprendre les mots de notre ami le réalisateur et scénariste Bruno Tracq. Un sentiment fort d'appartenir à un ensemble plus grand, à une famille étendue, à « un réseau qui partage quelque chose non pas de grand, mais d'enfoui sous nos pieds, et en nous ».

Ce voyage a révélé notre interdépendance radicale avec l'ensemble de la toile du vivant et celle des interactions

1. Comité invisible (2014, 2017).

humaines. Pour nous, le concept même d'individu a commencé à perdre un peu de son sens, comme si aucun être vivant n'avait jamais existé, n'existe ni n'existera seul. Notre liberté semble s'être construite à travers cette toile d'interactions, *grâce à ces liens* qui nous maintiennent debout depuis toujours.

ÉPILOGUE

Pour quel monde ?

« Les espèces animales dans lesquelles la lutte individuelle a été réduite à ses limites les plus minimes, et où la pratique de l'entraide a atteint le plus grand développement, sont invariablement les plus peuplées, les plus prospères et les plus ouvertes à des progrès ultérieurs. »

Pierre Kropotkine, *L'Entraide*, 1902.

« Il nous faut entrer en relation, en empathie, avec ce qu'il y a d'unique, de singulier, de merveilleux, de fragile et de menacé dans chaque être humain, et dans la nature qui nous entoure. Et nous demander ce que nous pourrions faire pour protéger, préserver, réparer, soigner, et empêcher de disparaître. [...] Dans le respect de l'extraordinaire vulnérabilité de ceux qui nous ont fait naître, de ceux qui nous entourent, et de ceux qui nous survivront. »

Jean Claude Ameisen, *Dans la lumière et les ombres*, 2008.

Allons-nous nous entretuer?

Voilà la grande interrogation qui a guidé, ces derniers mois, nos pérégrinations autour de la question de l'effondrement des civilisations, la collapsologie[1]. Lorsque, au cours d'un débat – que ce soit dans une grande salle de conférence ou en petit comité dans un bistro –, les préoccupations climatiques et énergétiques se heurtent à une culture qui croit dur comme fer que la nature est foncièrement mauvaise, émerge toujours cette même idée : l'entraide n'est plus envisageable, il faut se préparer au chaos social et à la violence extrême.

Or cette croyance contredit l'impression générale qui se dégage de ce livre : non seulement les humains possèdent de réelles dispositions à l'entraide, mais un milieu hostile et/ou compétitif favorise l'apparition de cette dernière ! Un effondrement politique et social ne serait-il pas l'occasion d'enterrer les vieilles haches de guerre que nous traînons depuis tant d'années ? Comment résoudre ce paradoxe ? Quelle version croire ?

Renoncer à l'une des deux possibilités aurait été trop simple. Voici donc une proposition un peu plus complexe qui réconcilie les deux visions grâce à une clé : un axe temporel.

Nous avons effectivement vu qu'une catastrophe *soudaine et ponctuelle* favorisait les comportements d'entraide, de calme et d'auto-organisation, car la plupart d'entre nous vivons au sein de cadres sociaux

1. Servigne et Stevens (2015).

relativement soudés et dans des sociétés très structurées. Cependant, nous avons aussi vu que l'entraide dans un groupe pouvait rapidement s'effondrer si la réciprocité n'était pas renforcée (récompense, punition et réputation), et si les trois sentiments fondamentaux n'étaient pas réunis (sécurité, égalité, confiance). Par conséquent, il est logique de penser que, *dans un premier temps*, de graves catastrophes provoqueront l'émergence d'actes prosociaux (solidarité, altruisme, entraide), mais que, *quelque temps plus tard*, si aucun mécanisme institutionnel (même précaire) n'est mis en place, un chaos social s'installera.

Prenons maintenant du recul, et demandons-nous ce qui pourrait arriver si ce chaos généralisé se prolongeait. Des groupes se formeront, s'organiseront, et plus que probablement les plus cohésifs et coopératifs d'entre eux survivront, comme c'est le cas depuis des millions d'années. Un nouvel âge de l'entraide émergera de ce milieu devenu pauvre et hostile.

Comment serait-il possible d'éviter ou de raccourcir ce passage chaotique ? Pour répondre à cette question, il faut ajouter un autre paramètre : la culture.

Un milieu hostile soude progressivement les groupes (faute de quoi ceux-ci disparaissent). Un milieu d'abondance provoque la tendance inverse. Prenez par exemple notre civilisation. L'abondance a été apportée par la consommation massive d'énergies fossiles : avec l'équivalent de 400 esclaves énergétiques par habitant d'un pays industrialisé[1], il est aisé de dire à ses voisins : je n'ai pas besoin de vous, je fais ce que je veux. Dans ces conditions, l'interdépendance entre citoyens n'est plus une question de survie immédiate, et la culture de l'individualisme et de l'égoïsme a tout loisir de se propager. L'accumulation de biens matériels, tout comme les niveaux d'accaparement et d'inégalités, franchissent alors les seuils de démesure. La richesse accumulée maintient les personnes « hors sol », dans une bulle de confort qui les éloigne du monde vivant, ouvrant la possibilité d'une destruction bien plus aisée du milieu de vie. Chronique d'une mort annoncée, la culture de l'égoïsme corrode lentement la société de l'intérieur (insécurité, inégalité, méfiance...) ainsi que le milieu qui assure sa pérennité.

Voilà donc un schéma cyclique qui se dessine, et qui pourrait expliquer l'enchaînement des naissances et des morts de civilisations : par le passé, un monde hostile et pauvre a fait émerger une culture de l'entraide (sinon, nos ancêtres n'auraient pas survécu) ; cette culture de l'entraide a changé le rapport au monde, favorisant l'innovation et la création d'abondance ; ce monde d'abondance a fini par créer une culture de l'égoïsme (on n'a plus besoin de son prochain) ; et cette culture

1. Considérant qu'un baril de pétrole équivaut (en joules) à une douzaine d'années de travail, Jean-Marc Jancovici a calculé que les habitants des pays riches, par leur consommation de pétrole, se trouvaient ainsi entretenus par environ 400 esclaves énergétiques chacun ! L'énergie contenue dans le pétrole que nous consommons *chacun* pour nous chauffer, nous nourrir, nous habiller, nous transporter, nous instruire, etc., équivaut au travail physique quotidien de 400 esclaves.

de l'égoïsme a tout détruit, recréant un monde hostile et pauvre (exploitation injuste et irrationnelle des ressources). Et le cycle peut recommencer avec à nouveau l'émergence d'une culture de l'entraide…

Peut-être est-il possible d'éviter ou de « lisser » l'amplitude de ce genre de cycles de pénurie-abondance en créant une société basée sur une culture de la sobriété, de l'entraide et du respect des autres qu'humains, comme ont déjà pu le faire d'autres sociétés aujourd'hui disparues ou en voie de disparition [1].

Le problème des catastrophes qui s'annoncent et de l'effondrement possible de notre société n'est donc pas tant qu'ils vont nous obliger à vivre dans un monde de pénurie (les humains savent gérer cela), mais que nous allons y entrer de plain-pied *avec une culture de l'égoïsme*. Dans ce cas, une pénurie brutale peut se révéler effectivement dramatique. Les guerres qui éclatent pour l'accaparement des dernières ressources (elles ont déjà commencé) accéléreront le chaos (l'entropie) et précipiteront la fin des ressources dans un grand tourbillon de sang et de poussière.

Cette culture de l'égoïsme et de la compétition est particulièrement toxique lorsqu'elle infiltre les élites politiques, économiques et intellectuelles, puisque, en plus de montrer le mauvais exemple, elle déforme leurs

1. Nous avons l'intuition que l'invention des organisations hiérarchiques pyramidales de la société (et leur hégémonie durant ces derniers millénaires) a été la cause de la profonde inadaptation de notre espèce aux principes et aux rythmes du vivant.

réactions spontanées (système 1), celles auxquelles les gens déboussolés font appel lorsque l'ordre social vacille. Au contraire, ce dont nous avons besoin en cas de catastrophe, ce sont des hommes et des femmes capables de réagir vite… dans le sens du bien commun !

L'âge de l'entraide doit donc commencer dès maintenant, à tous les niveaux et *de manière anticipée*, pour réduire au maximum l'effet de sevrage de la culture de l'égoïsme. C'est l'une des seules marges de manœuvre que nous ayons. L'attitude survivaliste (anticiper les violences des catastrophes) est compréhensible, et elle est sûrement efficace à court terme et à petite échelle, mais, à plus long terme et à grande échelle, elle se révélera toxique, tout comme elle nous empêche aujourd'hui de transformer notre imaginaire.

Vers une autre mythologie

La culture de la peur et de la préparation à la violence – qui est le résultat de tant d'années de mythologie de la compétition et de la « loi de la jungle » – entretient un climat de violence et de défiance tout à fait défavorable à l'entraide. Elle ne participe pas à un mouvement de *préparation* aux catastrophes, mais bien à une *accélération* de celles-ci.

Il est donc des mythes dont il faut se défaire dès aujourd'hui. « L'idée qu'une société peut fonctionner toute seule, sans que personne n'ait le souci du bien commun, est l'un des thèmes majeurs de l'économie, remarque David S. Wilson. Cette idée est aussi un grand défi à la notion d'altruisme, car, si elle se révélait vraie, elle suggérerait que l'altruisme (en termes de pensée et de sentiments) n'a pas besoin d'exister, et peut-être même ne devrait pas exister[1].» Heureusement, le voile se lève: l'altruisme existe, et une société ne peut fonctionner sans souci du bien commun.

De nos jours, les récits dominants parlent de technologie surpuissante, d'ingéniosité humaine sans limites, de compétition apportant la prospérité, d'une loi du plus fort qui permet de «réussir» sa vie, de l'implacable marche en avant linéaire du progrès, ou au contraire d'une apocalypse brutale et violente. Ces mythes sont toxiques; en particulier, le mythe de la compétition n'est adapté ni à notre vie en société ni à notre planète.

Les nouveaux riches deviennent pathologiquement égoïstes et développent des comportements d'incivilité ahurissants. Les étudiants qui passent par les écoles d'économie et de business sont égoïstes à l'entrée, mais le deviennent encore plus à la sortie[2]. Les élites économiques et politiques sont devenues cyniques (ou en tout cas ont appris à le montrer), car elles vivent effectivement en vase clos dans une arène artificielle et institutionnelle impitoyable qu'elles se sont elles-mêmes créée. Un immense bac à sable.

«Que le meilleur gagne» est non seulement une piètre interprétation de la théorie de l'évolution, mais surtout

1. Wilson DS (2015), p. 95.
2. Lecomte (2012).

une très mauvaise idéologie pour maintenir la cohésion d'un groupe, et *a fortiori* la vie sur terre. Pourquoi vouloir écraser l'autre ? Pourquoi chercher à ce point la solitude, la division et l'aliénation ? Ce mythe ne serait-il pas en réalité un puissant instrument de domination ? La victoire culturelle de cette idéologie ne s'est pas faite en un claquement de doigts ; elle a mobilisé pendant des décennies des forces et des sommes d'argent considérables. Peut-être est-il encore temps de prendre le chemin inverse.

Chaque génération se raconte ses propres récits mythologiques, qui donnent un sens à son monde et l'aident à comprendre la réalité. Les récits sont des manières de lier des groupes, de faire naître des identités collectives pour former des communautés de destin[1]. Aujourd'hui, les choses ont changé. En temps de crise, de grandes visions se confrontent, et la bataille se déplace d'abord sur le terrain de l'imaginaire et des récits.

Connectez-vous à un moment de votre vie où vous avez ressenti la chaleur de l'entraide, un moment exceptionnel, peut-être difficile, où vous avez reçu un coup de pouce, senti une main sur votre épaule, un regard de gratitude ou le frisson d'un groupe. Dites-vous que presque tout le monde ressent cela. Souvent. Les humains font cela depuis des millions d'années, et, s'ils ne l'avaient pas fait, nous ne serions pas là. Comme le résume le psychologue Jonathan Haidt, « nous ne sommes pas des

1. Goldstein *et al.* (2013).

saints, mais nous sommes parfois de bons équipiers[1] ». L'entraide est en chacun de nous ; il faut simplement arriver à y croire.

La prochaine fois que vous intégrez une organisation, tentez une expérience : imaginez-vous être « absorbé » par un organisme de taille supérieure qui, en vous protégeant, vous permettra de réaliser au mieux ce que vous souhaitez faire. Vivez cette endosymbiose de l'intérieur !

Il est aujourd'hui important non pas de chercher une nouvelle morale en prenant exemple sur les plantes ou les animaux, mais de changer notre imaginaire en nous inspirant du fonctionnement du monde vivant, en reconnaissant notre inscription dans une longue filiation bâtie sur un socle de coopération depuis l'apparition du vivant.

La plupart des gens sont assoiffés de liens et de sens. Heureusement, les mythes de la compétition et de la séparation nature/culture sont sacrément ébranlés ; ils ne tiendront plus très longtemps. Des brèches s'ouvrent. Ces nouvelles manières de voir l'entraide donneront peut-être confiance à celles et ceux qui n'osaient pas exprimer tout haut leurs intuitions de peur de passer pour utopistes ou naïfs. Elles n'invitent pas à croire aux chimères d'un grand soir ou d'un quelconque paradis perdu, mais en la possibilité que des institutions (moins grandes) et des normes sociales efficaces et bienveillantes puissent maintenir une certaine cohésion, et, pourquoi

1. Haidt (2012), p. 221.

pas, une certaine sagesse. Les nouveaux récits ne feront évidemment pas disparaître les catastrophes de notre horizon, mais nous feront entrer dans l'Anthropocène avec une trousse à outils bien fournie (et, bien sûr, « low-tech »). Ce sont les outils des « tisserands » d'aujourd'hui [1].

Au-delà de l'humanité

L'ultrasocialité humaine a été à l'origine de notre phénoménale expansion, mais a aussi posé les bases de notre possible disparition. Pour avoir une chance de rester longtemps sur terre, il n'y a pas de secret : il nous faut nous adapter aux principes du vivant et bien nous entendre avec les autres êtres [2]. Sans aucun doute, cela mènera à de nouveaux modes d'organisation !

Le chemin passera par l'extension de l'entraide et de la compassion aux autres êtres vivants, en développant une conscience étendue du soi, c'est-à-dire en étendant la « membrane de sécurité » au-delà de l'humanité. Le slogan « Remettre l'humain au centre », si pertinent soit-il dans les luttes sociales, traduit donc un imaginaire qui prend une mauvaise direction ! Il n'y a pas assez de place pour une humanité qui se referme sur elle-même et s'oppose au reste du monde. Il est impossible d'ignorer que notre survie en tant qu'espèce dépend tout autant des interactions que nous entretenons avec les autres

1. Bidar (2016).
2. Chapelle et Decoust (2015).

espèces que de la richesse des interactions qu'elles tissent entre elles.

Comment recréer des liens de réciprocité, de confiance, de sécurité et d'équité avec ce(ux) qui nous entoure(nt) ? Voilà le grand chantier qui arrive. Cela ne se fera pas en *effaçant* les identités que chacun de nous a forgées aux niveaux « inférieurs » (ville, région, pays, parti, entreprise, club, etc.), mais au contraire en les acceptant, en les multipliant et en faisant en sorte qu'aucune ne devienne radicalement excluante ou aveuglante. Le défi est d'apprendre à jongler avec cet entrelacement d'identités afin de traverser les tempêtes sans se noyer dans les manifestations politiques de la tristesse, de la peur ou de la colère.

C'est une étrange constatation, mais accepter notre propre vulnérabilité et recommencer à croire dans notre interdépendance avec les « autres qu'humains » redonne de la joie, de la force et du courage.

ANNEXE

De la « nouvelle sociobiologie »

Où l'on apprend que la sociobiologie des années 1970-1980 a bien changé ; où l'on donne quelques détails sur ce changement de paradigme ; et où l'on décrit finalement les forces évolutives qui expliquent aujourd'hui l'apparition des comportements sociaux.

Plus de trente ans après, la très controversée « sociobiologie » fait encore parler d'elle. Les débats autour des origines des comportements coopératifs dans le monde vivant ont été ravivés par le récent revirement scientifique de son père fondateur lui-même, Edward O. Wilson. Renversant carrément le paradigme, celui-ci ne voit plus l'origine de la socialité dans la proximité génétique entre individus, mais dans les conditions du milieu. Le choc est rude : plusieurs générations de sociobiologistes qui ont bâti leur carrière sur l'ancienne sociobiologie

« génétique » subissent la puissance médiatique et scientifique de E.O. Wilson. Voici l'histoire d'un paradoxe, d'une trahison et d'un changement de paradigme.

Tremblement de terre au pays de la sociobiologie[1]

Les mécanismes de la sélection naturelle sont assez évidents à saisir. On comprend spontanément pourquoi les girafes ont des longs cous, les poissons des formes si profilées, les prédateurs des dents si acérées. C'est une question de survie et d'adaptation. Il faut surprendre la proie, échapper au prédateur, s'adapter aux conditions du milieu… pour finalement prolonger la vie. Les individus ayant les bons atouts ont simplement laissé plus de descendance que leurs congénères moins bien pourvus.

Mais, selon cette logique, il est beaucoup moins évident de saisir pourquoi certains animaux, et même les humains, ont développé des comportements coopératifs et altruistes, allant jusqu'à se sacrifier pour leurs pairs *au détriment* de leur propre survie – ainsi les abeilles se sacrifiant en laissant leur dard sur l'ennemi, les fourmis ouvrières (stériles !) travaillant toute leur vie pour la colonie, certains oiseaux mâles célibataires protégeant le nid d'autres couples… Pourquoi

1. Ce texte, ici légèrement remanié, a paru en 2013 sous forme d'article : Servigne P (2013) « La trahison d'Edward O. Wilson », *La Revue du MAUSS*, n° 42, p. 97-104.

ces individus « naïfs » n'ont-ils pas été éliminés par la sélection naturelle ? Cet altruisme, si fréquent dans le monde animal, était pour la théorie darwinienne comme un caillou dans la chaussure : il n'empêchait pas d'avancer, mais il gênait. Voilà pour le paradoxe.

À l'époque déjà, Darwin proposa une explication : l'apparition de ces traits coopératifs était la résultante d'une survie des *groupes* les plus aptes, et non des *individus* les plus aptes. Autrement dit, les groupes dont les individus interagissent bien ensemble ont un avantage sur les groupes moins coopératifs. Ainsi, l'idée était née. La sélection naturelle pourrait agir à plusieurs niveaux : sur les individus et aussi sur l'ensemble d'un groupe.

Plus d'un siècle et demi plus tard, les modèles et les expériences donnent amplement raison à Darwin. Mais cela n'a pas été sans heurts. Ce que l'on nomme aujourd'hui la *sélection de groupe*, ou *sélection multiniveaux*, a eu une histoire tourmentée, parsemée de bannissements, de mauvaise foi, de ressentiments et de trahisons [1]. Comme le note à juste titre le journaliste Jonah Lehrer dans un remarquable article du *New Yorker* [2], il y a une certaine ironie à voir tous ces chercheurs se quereller… sur les origines de la coopération !

1. Borrello M (2010), *Evolutionary Restraints. The Contentious History of Group Selection*, The University of Chicago Press.
2. Lehrer J (2012), « Kin and kind », *The New Yorker*, 5 mars.

Le secret devait se trouver dans les gènes

À la fin des années 1970, un professeur de l'université Harvard, Edward O. Wilson, crée la sociobiologie[1], une nouvelle discipline scientifique qui se propose d'étudier les comportements sociaux en utilisant des méthodes issues de l'éthologie, de la génétique et de la science de l'évolution. Outre une synthèse de l'état des connaissances expérimentales, il cimente son propos par une simple équation mathématique supposée expliquer l'évolution des comportements sociaux et empruntée à un jeune et brillant étudiant britannique, William Hamilton. L'idée est simple, mais il fallait y penser : un individu qui se sacrifie pour son frère transmet quand même *une partie* de ses gènes *via* son frère, puisqu'ils partagent de nombreux gènes. Plus généralement, un individu a tout intérêt à aider d'autres individus proches de lui génétiquement, car c'est finalement une garantie de la bonne diffusion de ses gènes. Les comportements altruistes ne seraient donc qu'une façade dissimulant un égoïsme génétique. C'est ce que l'on a appelé la *sélection de parentèle* (*kin selection*).

La conjonction de plusieurs facteurs explique le succès de cette hypothèse sociobiologique dans les laboratoires de biologie du monde entier dès les années 1970 : la simplicité de l'équation de Hamilton, l'aura et la

1. En publiant une impressionnante synthèse scientifique intitulée *Sociobiology : The New Synthesis* (Belknap Press, 1975). Cet ouvrage fera naître une intense polémique à cause de son chapitre 23 sur les humains, tous les autres chapitres étant consacrés aux autres qu'humains.

puissance académique d'Edward O. Wilson, l'ampleur médiatique de la polémique autour de la sociobiologie, et la publication au même moment du très influent best-seller *Le Gène égoïste*, de Richard Dawkins[1]. Ainsi se sont ouvertes quatre décennies d'hégémonie de ce qu'on pourrait appeler la *sociobiologie génétique*.

Deux ou trois générations de chercheurs se sont donc appliquées à mettre en évidence les corrélations génétiques entre des individus qui coopéraient. Dans l'euphorie des débuts, croyant tenir là une équation universelle (et diaboliquement simple, donc belle), certains éthologues et anthropologues ont tiré le fil jusqu'à oser expliquer les comportements altruistes humains[2] par ces arguments de proximité génétique, puis, dans une confusion de liens de causalité, à en déduire que l'altruisme était naturellement réservé aux personnes génétiquement proches. On voit aisément pourquoi l'extrême droite (la Nouvelle Droite) s'est emparée d'une telle théorie (elle pensait tenir enfin les preuves scientifiques de l'origine et de la valeur des inégalités et du racisme), et pourquoi les sciences humaines et les militants d'extrême gauche se sont indignés en critiquant violemment la sociobiologie. Mais la polémique médiatique et idéologique n'a nullement freiné l'enthousiasme

1. Livre qui a fortement contribué à la conception d'une biologie centrée sur le gène. Dawkins R (2003[1976]), *Le Gène égoïste*, Odile Jacob.

2. Et par extension tous les comportements humains, y compris l'inceste, le viol et l'homosexualité. Ce fut le principal sujet de polémique dans les années 1970-1980.

des chercheurs dans leurs laboratoires : ils ont continué à étudier les comportements sociaux du monde animal avec cette vision essentiellement centrée sur le gène et l'individu.

Cette période d'hégémonie génétique a été marquée par le rejet radical et brutal de la théorie de la sélection de groupe dans les années 1960-1970. D'abord initiée par Darwin, puis acceptée comme l'un des niveaux de sélection par les architectes de la nouvelle synthèse de la théorie de l'évolution dans les années 1950 (Haldane, Wright, Huxley, Simpson, Mayr, etc.), la sélection de groupe a été défendue ardemment après la guerre par un ornithologue du nom de Vero Copner Wynne-Edwards (1906-1997). Malheureusement, sa vision quelque peu naïve de la sélection de groupe[1] s'est avérée fatale à une époque où le gène prenait le pouvoir en biologie avec une incroyable arrogance. Ainsi, la sélection de groupe a purement et simplement disparu des manuels universitaires[2]. Un bannissement scandaleux pour le paléontologue Stephen J. Gould : « J'ai été trois fois le témoin de dogmes généralisés dans ma carrière d'évolutionniste,

1. Il développait l'idée que si certains oiseaux d'un groupe n'avaient pas de descendance, c'était parce qu'ils l'avaient choisi « pour le bien du groupe ». En effet, la surpopulation réduisait les chances de survie du groupe en cas de disette. Renoncer individuellement à une descendance était donc considéré par Wynne-Edwards comme un acte altruiste. Il est très difficile de montrer de telles intentions et de prêter aux oiseaux de tels calculs abstraits.

2. L'évolutionniste George Williams, dont le livre *Adaptation and Natural Selection* (Princeton University Press, 1966) est devenu un manuel de référence très influent dans les universités, écrit : « Les adaptations acquises au niveau du groupe, en réalité, n'existent pas. »

et rien en science ne me dérange plus que cette attitude ignorante et ridicule basée uniquement sur le désir ou sur la prétendue nécessité de suivre une mode. La première fois a été le renvoi hululant de Wynne-Edwards et de la sélection de groupe durant les années 1960 et 1970[1].»

La lente trahison du père fondateur

En réalité, depuis les années 1970, quelques rares chercheurs ont continué à travailler discrètement sur l'hypothèse de la sélection de groupe. Bien sûr, ils n'avaient pas accès aux revues prestigieuses et faisaient l'objet d'un certain mépris de la part de la sociobiologie dominante. Parmi ces rebelles figurait un certain évolutionniste du nom de David S. Wilson (à ne pas confondre avec Edward O.).

Pendant ce temps, l'autre Wilson (Edward O., donc), le père fondateur de la sociobiologie, émet quelques doutes sur la sélection de parentèle, mais n'écrit pas d'articles, car il n'a pas de preuves, juste des intuitions. Jusqu'à ce qu'en 2004 il lance un premier pavé dans la mare en exposant ses doutes dans un petit article publié par une revue à l'impact assez modeste pour les biologistes[2]. Un an plus tard, associé à son ami entomologiste Bert Hölldobler (une légende lui aussi), il publie un

1. Gould SJ (1982), *The Uses of Heresy: An Introduction to Richard Goldschmidt's The Material Basis of Evolution*, Yale University Press, p. xiii-xlii.
2. Wilson EO (2005), «Kin selection as the key to altruism: its rise and fall», *Social Research: An International Quarterly*, 72(1), p. 1-8.

autre article dans la prestigieuse revue *PNAS*[1], à laquelle il a facilement accès grâce à son statut de membre de l'Académie des sciences des États-Unis. Ils exposent une nouvelle hypothèse sur l'apparition de la socialité, réhabilitant la sélection de groupe et critiquant sévèrement la sélection de parentèle, qui selon eux n'a jamais démontré le lien de causalité entre proximité génétique et socialité (juste démontré des corrélations). Les réactions sont peu nombreuses, mais on grince déjà des dents chez les collègues sociobiologistes.

Parallèlement, Edward O. Wilson s'associe à David S. Wilson, qui a amassé depuis trente ans quelques preuves expérimentales solides de la sélection de groupe et fabrique des modèles mathématiques de plus en plus convaincants. Ensemble, ils publient dans une autre revue prestigieuse (*The Quarterly Review of Biology*) un très long article décrivant sur un ton défensif et légèrement amer l'histoire tumultueuse de la sélection de groupe ainsi que les principes de la nouvelle sociobiologie[2]. David S. tient enfin sa revanche sur trente années d'isolement ! Les deux compères, par ailleurs talentueux écrivains, occupent le champ médiatique en publiant simultanément dans les plus importantes revues de vulgarisation scientifique (*New Scientist*, *BioScience*,

1. Wilson EO et Hölldobler B (2005), « Eusociality : origin and consequences », *Proceedings of the National Academy of Sciences USA*, 102(38), p. 13367-13371.

2. Wilson DS et Wilson EO (2007), « Rethinking the theoretical foundation of sociobiology », *The Quarterly Review of Biology*, 82(4), p. 327-348.

American Scientist, etc.). Les sociobiologistes patentés, partagés entre dédain et incompréhension, peinent à se faire entendre. Les réactions restent donc confinées à des revues scientifiques mineures et totalement invisibles pour le grand public et les médias.

L'idée principale de cette « nouvelle sociobiologie » est que la sélection de groupe est loin d'être une force négligeable. En effet, le rejet de la théorie de la sélection de groupe était basé sur l'idée que la sélection *au sein* d'un groupe (entre les individus) était toujours plus forte que la sélection *entre* les groupes – autrement dit, que si la sélection de groupe existait, elle était totalement négligeable par rapport à la sélection individuelle. Or des expériences récentes sur des animaux différents (scarabées, bactéries, poulets, etc.), couplées à des modèles mathématiques robustes, ont montré à quel point cette force pouvait être puissante (voir le chapitre 6). De manière générale, l'entraide apparaît dans un groupe lorsque la sélection au niveau supérieur (intergroupe) prévaut sur la sélection entre les individus (intragroupe). Voici comment D.S. Wilson et E.O. Wilson résument la nouvelle sociobiologie : « L'égoïsme supplante l'altruisme au sein d'un groupe. Les groupes altruistes supplantent les groupes égoïstes. Tout le reste n'est que commentaire [1]. »

Mais le bulldozer E.O. Wilson n'en reste pas là. Sachant les preuves biologiques de la sélection de

1. Wilson DS et Wilson EO (2007), « Survival of the selfless », *New Scientist*, 196(2628), p. 42-46.

parentèle assez faibles, il ressent le besoin de s'attaquer à l'équation mathématique, qu'il imagine solide. Au même moment, dans la même université (Harvard), l'un des plus grands mathématiciens de la biologie, Martin Nowak, trouve depuis longtemps ridicule cette vieille équation de la parentèle, mais n'ose pas s'y attaquer, car il la croit étayée par des preuves biologiques solides. Leur rencontre fut donc fertile. Quelques mois plus tard paraît une bombe atomique éditoriale qui remet en question la sélection de parentèle de Hamilton[1] dans la plus prestigieuse des revues scientifiques, *Nature*, puis simultanément dans des revues de vulgarisation à grande audience comme *Scientific American*[2].

L'idée principale est cette fois que la proximité génétique n'a pas pu être à l'origine de l'apparition de l'eusocialité (le degré le plus élevé de socialité dans le monde animal). L'article montre que l'équation de Hamilton ne sert à rien : elle n'est mathématiquement qu'un cas particulier de la théorie de la sélection naturelle ; elle requiert tellement de conditions initiales qu'elle en devient inutilisable ; elle ne peut pas faire de prédictions ; enfin, elle ne peut pas être testée empiriquement[3]. Rien que ça !

1. Et plus largement ce qu'on appelle l'*inclusive fitness theory*, que nous ne détaillerons pas ici.

2. Nowak MA, Tarnita CE et Wilson EO (2010), « The evolution of eusociality », *Nature*, 466, p. 1057-1062 ; Nowak MA (2012), « Why we help », *Scientific American*, p. 34.

3. Voir le développement de cette idée dans Nowak *et al.* (2017), « The general form of Hamilton's rule makes no predictions and cannot be tested empirically », *Proceedings of the National Academy of Sciences USA*, sous presse.

En fait, selon Wilson et Nowak, quarante ans de sociobiologie génétique ont certes mis en évidence des corrélations, mais n'ont jamais réussi à montrer *le lien de cause à effet* entre la proximité génétique et l'apparition de l'eusocialité [1].

Dès lors, toutes les bases de l'ancienne sociobiologie s'effondrent et renaissent dans un nouveau cadre. Pour Wilson et Nowak, l'eusocialité apparaîtrait plutôt sous la pression de facteurs *écologiques* (conditions difficiles du milieu), et non génétiques, dans le cadre de la sélection de groupe, puis se stabiliserait par la création d'un nid (protection contre les conditions difficiles). C'est ce nid qui favoriserait alors la coexistence de plusieurs générations… et donc l'apparition d'une certaine proximité génétique. Ainsi, cette dernière ne serait plus une *cause* de la socialité, mais une *conséquence* [2] ! Le retournement est total. On peut parler d'un véritable changement de paradigme, d'un tremblement de terre dans les paisibles laboratoires.

En réalité, Wilson et Nowak vont même plus loin en avançant que la proximité génétique créée par l'apparition de sociétés serait au contraire *un facteur de distension et de conflits* au sein des groupes ! Ce retournement

1. L'eusocialité est un cas particulier de socialité animale très présent chez les insectes sociaux, où la reproduction est devenue la spécialité d'une caste au sein de la colonie. La théorie de la parentèle prétendait expliquer l'apparition de l'eusocialité. L'article de Nowak et Wilson se concentre sur les origines de l'eusocialité.

2. Pour préciser cette hypothèse, l'eusocialité apparaîtrait donc au sein de groupes qui font face à des conditions *écologiques* bien spéciales.

est cocasse lorsqu'on songe à la polémique idéologique qui a entouré la sociobiologie dans les années 1980. Réduisant à néant les fondements de cette idéologie raciste, il doit laisser quelque peu pantois certains idéologues...

La puissance d'un seul homme

Dans une grande majorité de laboratoires de sociobiologie, ce retournement est considéré comme scandaleux par les générations de chercheurs ayant bâti leurs prestigieuses carrières sur l'ancienne hypothèse. L'article de *Nature* déclenche chez les sociobiologistes une vague d'indignation sans précédent (et cette fois coordonnée) sous la forme d'un article au ton agressif et autoritaire, cosigné par 137 chercheurs du monde entier, soit le plus grand rassemblement de ce qui se fait de mieux en sociobiologie [1].

N'ayant pas (encore) eu le temps de répondre aux dizaines de pages de démonstrations mathématiques de E.O. Wilson, D.S. Wilson et Nowak, les arguments des critiques volent évidemment assez bas, et les insultes fusent parfois. Deux camps se sont formés : les pro- et les

1. Abbot P *et al.* (2011), « Inclusive fitness theory and eusociality », *Nature*, 471(7339), p. E1-E4. De nombreux partisans de la sociobiologie génétique, constatant la faiblesse théorique de l'équation de Hamilton, se rabattent alors sur la théorie de l'« *inclusive fitness* » (une variante de l'équation de Hamilton mathématiquement plus crédible). Mais de récentes publications remettent aussi sévèrement en question l'utilité de cette variante mathématique... Voir Allen B et Nowak M (2017), « There is no inclusive fitness at the level of the individual », *Current Opinion in Behavioral Sciences*, n°12, p. 122-128.

anti-Wilson. Aujourd'hui, la polémique est quelque peu retombée, mais on espère que les travaux théoriques et expérimentaux trancheront la question.

En attendant, les trois compères publient chacun leur livre sur cette histoire, prétendant évidemment détenir le secret des origines de la coopération [1]. Des best-sellers assurés ! Comment lutter contre cette incroyable machine de guerre médiatique ? E.O. Wilson, en vieux roublard, sait que la polémique joue en sa faveur : plus les critiques sont virulentes, plus la presse en parle, plus son hypothèse se fait connaître. C'est précisément ce qui a lancé la sociobiologie dans les années 1970. Du haut de ses 85 ans, il reste serein et s'amuse de cette polémique. « Lorsque Einstein a publié sa théorie de la relativité, une centaine de physiciens ont écrit un article pour la condamner. La réponse d'Einstein a été merveilleuse. Il a dit : “Si ma théorie était fausse, un seul auteur n'aurait-il pas suffi ?” Je ressens la même chose [2]. »

Cet épisode est un cas d'école en sociologie des sciences. On y apprend comment retourner un paradigme en un temps record et en utilisant tous les moyens médiatiques, académiques ou éditoriaux imaginables.

1. Wilson EO (2012), *The Social Conquest of Earth*, WW Norton & Company, trad. fr. *La Conquête sociale de la Terre* (Flammarion, 2017) ; Nowak MA et Highfield R (2011), *Supercooperators : The Mathematics of Evolution, Altruism and Human Behaviour (Or, Why We Need Each Other to Succeed)*, Free Press ; Wilson DS (2015), *Does Altruism Exist ? Culture, Genes, and the Welfare of Others*, Yale University Press.
2. Lehrer J (2012), *op. cit.*

E.O. Wilson dispose d'une rare autorité dans le champ de la biologie et d'une puissance éditoriale monstrueuse. Professeur à Harvard, brillant entomologiste, talentueux écrivain, responsable du succès du terme « biodiversité » dès la fin des années 1980, créateur de deux disciplines (la sociobiologie et la biogéographie), il a été considéré en 1995 comme l'un des 25 Américains les plus influents par *Time Magazine*, et en 2005 comme l'un des 100 plus importants intellectuels par *Foreign Policy*. Il a reçu tous les prix qu'un biologiste peut espérer recevoir, plus deux prix Pulitzer. Wilson convertit en or tout ce qu'il touche. Et c'est à la lumière de ce parcours qu'il convient d'apprécier son changement de cap.

Les diverses forces évolutives à l'origine de l'entraide

Au début du xxe siècle, il n'y avait que la théorie de Darwin (et ses intuitions) pour penser l'évolution de l'entraide. L'essentiel de la science consistait à réunir des observations et à essayer de les faire entrer dans le cadre conceptuel de la sélection naturelle. Au milieu du siècle, la théorie synthétique de l'évolution a permis d'agrandir et de préciser le cadre darwinien. La théorie de l'évolution s'est alors vue renforcée par la génétique, la paléontologie, les modèles mathématiques, la dynamique des populations, etc. La biologie a fait un bond en avant considérable, mais l'évolution de l'entraide et de la socialité animale semblait encore floue. Leur apparition restait un mystère pour la science anglo-saxonne, largement basée sur une vision du monde vivant égoïste et impitoyable, essentiellement centrée sur les gènes. Ce n'est que dans les années 1970 que l'étude systématique des sociétés animales a réellement démarré, sous l'impulsion d'Edward O. Wilson et du livre de Richard Dawkins *Le Gène égoïste*[1].

À l'origine de la sociobiologie : sélection de parentèle et altruisme réciproque

Au début, la sociobiologie se fonde sur deux postulats : 1) les comportements animaux sont déterminés génétiquement ; 2) un comportement peut être assimilé à n'importe quel trait morphologique (comme la taille, la couleur de peau ou le groupe sanguin), et peut donc être sélectionné par l'évolution lorsqu'il augmente les chances de succès reproducteur. Dès lors, logiquement, les chercheurs se sont mis à chercher des gènes de l'entraide (de l'altruisme, de la coopération, etc.), inventant des hypothèses (histoires, scénarios) qui racontaient comment ces gènes avaient pu procurer un avantage reproductif aux individus qui en étaient porteurs. L'idée sous-jacente était que tout individu au comportement altruiste (dans les faits) ne faisait qu'obéir à une « stratégie » – une ruse – de la part de ses gènes, alors

1. Portée également par une époque où l'éthologie gagnait ses lettres de noblesse, avec en 1978 l'attribution du prix Nobel de physiologie à Konrad Lorenz, Karl von Frisch et Niko Tinbergen pour leurs travaux sur le comportement animal.

considérés comme « égoïstes » (puisqu'ils ne cherchaient qu'à maximiser leur propre reproduction).

Telles étaient les bases de la **sélection de parentèle**, appuyée par la petite équation mathématique du jeune Hamilton : il y a évolution de l'entraide lorsqu'il y a proximité génétique. Des centaines de biologistes, pendant des décennies, ont donc réalisé des expériences pour montrer que plus des individus étaient proches génétiquement, plus ils s'entraidaient. C'est très bien documenté chez les animaux : il y a souvent une corrélation entre proximité génétique et entraide. Mais, comme mentionné ci-dessus, le lien de causalité n'a jamais été démontré.

Chez l'espèce humaine, étrangement, les études sur la sélection de parentèle sont très rares [1]. Peut-être est-ce simplement dû au fait qu'une grande partie des relations d'entraide entre humains ont lieu entre non-apparentés (c'est un fait indiscutable), ce qui rend absurde une théorie qui voudrait expliquer l'apparition de l'entraide par la proximité génétique. Par ailleurs, au sein des familles – où chacun sait que l'entraide est très fréquente et puissante –, il est difficile de différencier les effets de la proximité génétique de ceux de la réciprocité directe. Cela étant posé, dans une des rares études sur le sujet, il

1. Une équipe a par exemple trouvé des preuves de reconnaissance de la parentèle, c'est-à-dire un lien entre la reconnaissance de la proximité génétique avec une autre personne grâce à des signaux extérieurs, et les comportements altruistes envers cette personne. Voir Lieberman D *et al.* (2007), « The architecture of human kin detection », *Nature*, 445, p. 727-731.

se révèle qu'il n'y a pas eu de corrélations observées entre les degrés d'altruisme et la proximité génétique[1].

Si la théorie de la sélection de parentèle était valable pour expliquer l'apparition de l'entraide et de l'altruisme chez les animaux au cours de l'évolution (ce qui doit encore être démontré), on pourrait très bien imaginer que, chez l'humain, elle aurait été une force évolutive majeure il y a des millions d'années, *au début* de l'hominisation (et même avant). Pourquoi pas ? Mais ce qui est clair, c'est qu'elle n'explique absolument pas l'entraide humaine d'aujourd'hui (la réciprocité étendue et la réciprocité invisible). De plus, et parallèlement, les chercheurs ont accumulé depuis quarante ans nombre d'observations d'entraide entre animaux *non apparentés*[2].

Il fallait donc trouver d'autres explications, d'autres hypothèses, d'autres cadres théoriques que la sélection de parentèle…

C'est au sociobiologiste Robert Trivers que l'on doit la théorie – publiée dans les années 1970 – de l'**altruisme**

1. Par exemple avec les expériences d'altruisme de paroisse : voir Bernhard H *et al.* (2006), « Parochial altruism in humans », *Nature*, 442(7105), p. 912-915.

2. Très récemment encore, on a découvert que deux espèces d'araignées *distinctes* (*a fortiori* donc sans accointance génétique) coopéraient pour le soin maternel, ou encore que deux colonies de termites sans relation génétique avaient fusionné pour ne former qu'un superorganisme. Voir Grinsted L *et al.* (2012), « Subsocial behaviour and brood adoption in mixed-species colonies of two theridiid spiders », *Naturwissenschaften*, 99(12), p. 1021-1030 ; Johns PM *et al.* (2009), « Nonrelatives inherit colony resources in a primitive termite », *Proceedings of the National Academy of Sciences USA*, 106(41), p. 17452-17456.

réciproque, qui tente d'expliquer pourquoi il y a chez les animaux des comportements de réciprocité entre individus non apparentés. Trivers postule que deux conditions sont nécessaires à l'apparition de la réciprocité animale : 1) un système cognitif assez développé pour permettre la reconnaissance des « tricheurs » (= un individu qui recevrait sans jamais donner) ; 2) un ratio coût/bénéfice [1] suffisamment faible (inférieur à 1) pour que l'avantage de l'altruisme soit significatif. Nous devons l'exemple le plus célèbre de réciprocité à l'éthologue Gerald Wilkinson, qui étudie les vampires d'Azara (*Desmodus rotundus*) depuis près d'un demi-siècle. Il s'agit d'une espèce sociale de chauves-souris tropicales qui sucent le sang de certains mammifères et dont les individus qui reviennent à la colonie gavés de sang peuvent le partager avec ceux qui sont rentrés bredouille. Détail particulièrement bien vu : la quantité de sang qui est échangée ne fait perdre que 6 heures de vie à un vampire rassasié, alors qu'elle en fait gagner 18 au vampire affamé [2]. Autrement dit, le bénéfice de ce don est plus grand que le coût pour le donneur [3]. Bingo !

1. Voilà l'un des nombreux exemples qui montrent comment les sciences économiques ont largement influencé les théories biologiques…

2. Après une nuit de chasse, ils ne peuvent revenir bredouille au nid plus de deux fois, sinon ils meurent d'inanition. Voir Wilkinson GS (1984), « Reciprocal food sharing in the vampire bat », *Nature*, 308(5955), p. 181-184 ; Wilkinson GS (1985), « The social organization of the common vampire bat », *Behavioral Ecology and Sociobiology*, 17(2), p. 123-134.

3. Il existe par ailleurs de très nombreux exemples de réciprocité directe dans le monde animal, dont le soin mutuel (sessions d'épouillage, de toilette, etc.) chez les ongulés ou les primates, les coalitions chez les babouins

Les premiers sociobiologistes conçurent dès le début de leur discipline des modèles évolutionnaires afin de comprendre les mécaniques plus fines de leurs théories. Par exemple, la théorie des jeux [1] (créée durant la guerre froide pour contrer les stratégies de l'ennemi soviétique) a été abondamment utilisée par les économistes, les informaticiens, les mathématiciens et les biologistes depuis un demi-siècle pour tester les tendances à la coopération et à l'altruisme. L'un des résultats les plus marquants et les plus influents a été la découverte dans les années 1980 de la stratégie du « donnant-donnant » (*tit-for-tat*) par le chercheur en sciences politiques Robert Axelrod [2]. Cette stratégie très simple s'est révélée la plus

mâles, le soutien mutuel chez les femelles primates ou encore l'échange de nourriture chez les chimpanzés. Chez ces derniers, par exemple, les individus ouvrent spontanément la porte à un membre de leur groupe qui leur a précédemment ouvert la porte. Voir Dugatkin LA (1997), *Cooperation Among Animals : An Evolutionary Perspective*, Oxford University Press ; Melis AP *et al.* (2008), « Do chimpanzees reciprocate received favours ? », *Animal Behaviour*, 76, p. 951-962.

1. La théorie des jeux a été appliquée à la biologie pour la première fois en 1982 par Maynard Smith, et sous la forme du dilemme du prisonnier par Axelrod et Hamilton en 1981. Ces modèles décrivent un monde d'égoïstes rationnels en compétition permanente qui n'auraient d'autre choix que de coopérer pour survivre. Voir Maynard Smith J (1982), *Evolution and the Theory of Games*, Cambridge University Press ; Axelrod R et Hamilton WD (1981), « The Evolution of Cooperation », *Science*, 211, p. 1390-1396.

2. Axelrod a demandé à des scientifiques du monde entier de réfléchir à ce qu'ils pensaient être la meilleure stratégie individuelle pour que se généralisent les comportements coopératifs dans une population. Il a ensuite encodé ces stratégies dans son ordinateur et a organisé un grand tournoi (informatique) entre elles pour voir laquelle était la plus efficace. C'est la stratégie qu'il a appelée « *tit-for-tat* » (traduit en français par « donnant-donnant ») qui a battu toutes les autres. Voir le livre qui synthétise ses recherches : Axelrod R (1984), paru en français sous le titre *Donnant donnant* (Odile Jacob, 1992).

efficace à long terme pour faire émerger la coopération dans un groupe, surtout lorsque les interactions sont répétées (comme dans la vie réelle). Elle se résume ainsi : je coopère au premier contact et ensuite j'imite ce que tu fais (si tu coopères, alors je coopère, sinon, j'arrête). Remarquez à quel point elle ressemble furieusement au double mécanisme qui compose l'heuristique sociale vue au chapitre 2 (l'entraide spontanée au premier contact) suivie par l'obligation de réciprocité que nous décrivons au chapitre 3 (je te redonne, car tu m'as donné). Le modèle informatique du « donnant-donnant » et bien d'autres qui ont suivi montrent comment la **réciprocité directe** (le nom récent donné à l'altruisme réciproque) représente une force évolutive puissante chez notre espèce (et au passage comment l'évolution a sélectionné des comportements d'entraide spontanée)[1]. D'autres modèles et expériences montrent également que les interactions répétées sont primordiales à l'apparition de l'entraide : « Les gens apprennent à plus coopérer lorsque la probabilité d'interaction future est plus élevée[2]. »

Toutefois, ces deux théories – la sélection de parentèle et la réciprocité directe – ne sont pas des forces évolutives

1. Il est aussi intéressant de constater que, dans ces relations par binômes, les comportements de punition active (je paie pour que l'autre soit puni, à la différence de la punition passive, où l'on cesse simplement d'interagir) sont toxiques, car ils entraînent le binôme dans une spirale de la vengeance.

2. Rand DG et Nowak MA (2013), « Human cooperation », *Trends in Cognitive Sciences*, 17 (8), p. 413-425, p. 416.

assez puissantes pour expliquer l'ultrasocialité humaine (au sein de grands groupes d'inconnus). Certains chercheurs ont donc développé d'autres théories connexes [1].

La découverte d'autres voies : réciprocité indirecte et sélection spatiale

Comme chez les humains, il existe chez les animaux une forme assez rudimentaire de réputation, autrement dit de **réciprocité indirecte** (= aider n'importe qui tant qu'on est aidé en retour par n'importe qui d'autre au sein de la même espèce). C'est par exemple le cas chez le labre nettoyeur, un petit poisson tropical dont la fréquence des comportements altruistes augmente avec le nombre de ses petits camarades qui regardent la scène [2]. Voilà un poisson qui soigne sa réputation ! On signale aussi chez le rat un phénomène baptisé *réciprocité généralisée*, qui consiste à avoir plus tendance à aider un rat inconnu (+20 %) après avoir reçu de l'aide d'un autre rat inconnu [3]. Ici, ce système de réciprocité n'a même plus besoin de système cognitif complexe, ce qui laisse penser qu'il est probable que ce ne soit pas le seul

1. Un article scientifique résume bien les différentes voies que prend l'évolution de l'entraide (appelée par l'auteur « coopération ») : Nowak MA (2006), « Five rules for the evolution of cooperation », *Science*, 314(5805), p. 1560-1563.

2. Voir Bshary R et Grutter AS (2006), « Image scoring and cooperation in a cleaner fish mutualism », *Nature*, 441(7096), p. 975-978 ; Pinto A *et al.* (2011), « Cleaner wrasses *Labroides dimidiatus* are more cooperative in the presence of an audience », *Current Biology*, 21(13), p. 1140-1144.

3. Rutte C et Taborsky M (2007), « Generalized reciprocity in rats », *PLoS Biology*, 5(7), e196.

cas dans le monde animal[1]... Mais, même si des phénomènes de réputation existent chez les singes ou les poissons, cela n'a rien à voir avec ce qui se passe chez nous.

Dans notre espèce, les interactions peuvent être asymétriques (lorsqu'on n'a pas la possibilité de rendre la pareille) ou fugaces (lorsqu'on se ne rencontre qu'une seule fois). Comme nous l'avons vu au chapitre 3, la réputation est ce qui sert, dans ces cas de figure, à la fois de marqueur pour rendre un service à une personne inconnue que l'on sait coopérative, et d'incitant à se comporter de manière prosociale. De plus, il y a deux raisons pour lesquelles on coopère volontiers avec une personne à la bonne réputation : parce qu'on la considère comme plus fiable ; et parce que, à son contact, nous améliorons notre réputation[2]. Ces deux raisons rendent le mécanisme de réputation très robuste dans le temps, et très efficace pour maintenir un climat prosocial. Les simulations mathématiques et informatiques confirment que la réputation est aussi

1. À ce stade, on peut se demander si la punition ne serait pas aussi un mécanisme d'évolution de l'entraide. La réponse est non. La punition sert bien à améliorer les niveaux d'entraide dans un groupe (temps court), mais les principaux moteurs évolutifs (temps long) de ces derniers sont la réciprocité indirecte, la sélection de groupe ou la sélection spatiale.

2. Voir Pfeiffer T *et al.* (2012), « The value of reputation », *Journal of the Royal Society Interface*, 9(76), p. 2791-2797. Par exemple, le fait de *ne pas hésiter à coopérer* lorsqu'on vous le demande (ce qui est risqué d'un point de vue évolutif) est compensé par le fait que c'est un fort signal de confiance et que cela joue sur votre réputation à long terme. Voir Jordan JJ *et al.* (2016), « Uncalculating cooperation is used to signal trustworthiness », *Proceedings of the National Academy of Sciences USA*, 113(31), p. 8658-8663.

une force évolutive décisive [1]. Voilà peut-être d'où vient notre goût prononcé pour les ragots et les « qu'en-dira-t-on » [2]...

La plupart des études sur l'évolution de l'entraide sont des modèles mathématiques et informatiques, eu égard à la difficulté de tester les théories en conditions réelles. En farfouillant dans leurs équations et leurs modèles, en les complexifiant toujours un peu plus, les évolutionnistes ont découvert une autre voie d'apparition de l'entraide, qu'ils ont nommée **sélection spatiale** et dont le fonctionnement repose sur le grégarisme des individus, qui se comportent de manière semblable.

En effet, d'habitude, par souci de simplification, les modèles de génétique des populations posent pour hypothèse que les populations sont homogènes et composées

1. La bibliographie est abondante. Voir Barclay P (2006), « Reputational benefits for altruistic punishment », *Evolution and Human Behavior*, 27(5), p. 325-344 ; Boyd R et Richerson PJ (1989), «The evolution of indirect reciprocity», *Social Networks*, 11(3), p. 213-236 ; Leimar O et Hammerstein P (2001), « Evolution of cooperation through indirect reciprocity », *Proceedings of the Royal Society of London B*, 268(1468), p. 745-753 ; Nowak MA et Sigmund K (1998), « Evolution of indirect reciprocity by image scoring », *Nature*, 393(6685), p. 573-577 ; Nowak MA et Sigmund K (2005), « Evolution of indirect reciprocity », *Nature*, 437(7063), p. 1291-1298 ; Wedekind C et Milinski M (2000), « Cooperation through image scoring in humans », *Science*, 288(5467), p. 850-852 ; Milinski M *et al.* (2002), « Reputation helps solve the "tragedy of the commons" », *Nature*, 415(6870), p. 424-426 ; Panchanathan K et Boyd R (2004), « Indirect reciprocity can stabilize cooperation without the second-order free rider problem », *Nature*, 432(7016), p. 499-502.

2. Dunbar RI *et al* (1997), « Human conversational behavior », *Human Nature*, 8(3), p. 231-246 ; Sommerfeld RD *et al.* (2007), « Gossip as an alternative for direct observation in games of indirect reciprocity », *Proceedings of the National Academy of Sciences USA*, 104(44), p. 17435-17440.

d'individus qui se déplacent librement (ce qui est rarement le cas dans le monde réel). En ajoutant aux modèles un paramètre de « viscosité » (la difficulté pour les individus de se déplacer), ils ont remarqué que les individus coopérateurs avaient tendance à se regrouper entre eux, favorisant des « agrégats » ou des « réseaux » d'entraide bien plus résistants à l'invasion de « tricheurs » ou de « profiteurs », et qu'ils se répandaient ainsi dans la population entière bien plus facilement que dans une population homogène (et, finalement, peu importe que la transmission soit génétique ou culturelle)[1]. Il s'agit donc d'un mécanisme évolutif qui ne fait appel ni à la réputation ni à la réciprocité, qui a été observé expérimentalement chez des microbes, et qui semble également à l'œuvre chez les humains[2].

1. Ohtsuki H *et al.* (2006), « A simple rule for the evolution of cooperation on graphs and social networks », *Nature*, 441(7092), p. 502-505.

2. Dans le monde réel, des expériences avec les chasseurs-cueilleurs ont montré que les liens sociaux prédisaient les relations d'entraide. Une autre étude sur un échantillon de population d'adultes aux États-Unis a constaté que, conformément aux modèles théoriques de réseaux, une personne qui montrait plus de comportements prosociaux avait plus de contacts sociaux. Voir Apicella CL *et al.* (2012), « Social networks and cooperation in hunter-gatherers », *Nature*, 481, p. 497-501 ; O'Malley AJ *et al.* (2012), « Egocentric social network structure, health, and pro-social behaviors in a national panel study of Americans », *PLoS ONE*, 7, e36250 ; voir aussi Rand DG *et al.* (2011), « Dynamic social networks promote cooperation in experiments with humans », *Proceedings of the National Academy of Sciences USA*, 108, p. 19193-19198 ; Shirado H *et al.* (2013), « Quality versus quantity of social ties in experimental cooperative networks », *Nature Communications*, p. 4.

Vers une sociobiologie plus ouverte et plus complexe

Au chapitre 6, nous avons vu que les deux forces évolutives majeures de l'apparition des comportements altruistes (et, par extension, de la socialité animale et humaine) étaient la sélection de groupe[1] et l'influence d'un milieu hostile[2]. Si nous y ajoutons les quatre autres forces que nous venons de décrire, nous ne pouvons que constater la complexification du tableau[3]. Nous comprenons ici que chaque modèle a ses limites, et que c'est l'ensemble des théories qui permet d'expliquer les *évolutions* de l'entraide (polyphylétisme) et d'apercevoir la totalité de ce « buisson sociobiologique ».

Il n'est aujourd'hui plus question de trouver le secret de l'« autre loi de la jungle » dans une petite équation mathématique totalisante, mais dans un approfondissement de la complexité, c'est-à-dire dans l'étude des interactions

1. Cette théorie de la sélection naturelle appliquée simultanément à tous les niveaux est appelée la *sélection multi-niveaux*. Son principe général est le suivant : « Une adaptation à un niveau X nécessite un processus de sélection correspondant au niveau X, et tend à être sapée par la sélection aux niveaux inférieurs. » Wilson DS et Wilson EO (2008), *op. cit.*

2. Sur ce dernier point, voir aussi les travaux de Warder Clyde Allee (1885-1955), ainsi que la *socioécologie* développée par Jean-Yves Gauthier (1939-2000). Alors que les expériences sur l'influence du milieu commencent à apparaître chez les animaux, les microbes ou les plantes, nous n'avons pas trouvé de modèles évolutifs qui mesurent l'influence du milieu sur l'évolution de l'entraide humaine. C'est un grand champ de recherche qui s'ouvre, et qui permettra sûrement de faire coopérer paléontologues, anthropologues et évolutionnistes.

3. Il existe aussi d'autres petits modèles annexes, que nous n'avons pas pu décrire, comme des petites extensions des principales théories : « *pseudo-reciprocity* », « *kinship deceit* », « *parceling* », etc. Voir Connor RC (1995), « The benefits of mutualism : a conceptual framework », *Biological Reviews*, 70(3), p. 427-457.

entre ces différentes forces évolutives, comme nous l'avons brièvement mis en évidence au chapitre 6.

Encore une fois, la vie surprend par la diversité et la finesse des mécanismes en jeu. Les nombreuses voies d'apparition de l'entraide dépendent fortement du contexte et des espèces concernées, et mènent finalement à cette formidable symbiodiversité (l'ensemble des mécanismes d'entraide présents dans l'éventail du vivant) [1].

Les forces évolutives décrites ci-dessus sont probablement universelles, mais chaque espèce les subit *en proportions variables*. Ainsi, l'espèce humaine, qui se distingue aujourd'hui par la prédominance de l'évolution culturelle, se trouverait plutôt façonnée par la sélection de groupe et par un milieu hostile, mais aussi par la réciprocité directe et indirecte, ainsi que par la sélection spatiale. Autrement dit, le développement des dynamiques d'évolution culturelle semble avoir récemment (depuis au moins 70 000 ans) inhibé l'influence des facteurs génétiques dans l'apparition de l'entraide humaine.

Les prochaines années seront décisives. Le rythme actuel des publications dans ce domaine laisse présager des découvertes foisonnantes et passionnantes. N'en déplaise à certains, la sociobiologie est morte… et, n'en déplaise à d'autres, vive la sociobiologie !

1. Petit détail : Rand et Nowak (2013), *op. cit.*, suggèrent de bien distinguer d'une part les *mécanismes de l'évolution de l'entraide* (les forces) et d'autre part les *comportements* que l'on observe au quotidien (les récompenses et les punitions, l'altruisme de paroisse, etc.). Ces derniers, que nous avons décrits aux chapitres 2, 3, 4 et 5, sont des adaptations *qui sont issues* des six forces évolutives décrites.

Gratitude

Ce livre traite de l'entraide sur le plan théorique. Mais, en coulisse, il y a eu pas mal de pratique. Nous avons été aidés par beaucoup d'êtres vivants au cours des dernières années.

Nous voudrions commencer par remercier Marine Simon[1], qui nous a présentés l'un à l'autre il y a presque sept ans, justement autour de ce sujet magique de l'entraide. Cela paraît une éternité aujourd'hui tant ont été fondamentales les idées que nous avons pu développer, échanger, partager et découvrir à trois. Merci !

Au cours des derniers mois, nous avons bénéficié de l'intérêt, de l'intuition, de la compréhension et de la patience de nos éditeurs, Henri Trubert et Sophie Marinopoulos, de la bien nommée maison Les Liens qui

1. Facilitatrice en intelligence collective. Voir www.audeladesnuages.com.

Libèrent. Quel travail de tisserands ! Merci aussi à Élise Roy pour son impressionnant travail de relecture et de correction.

Une immense gratitude envers Charlotte de Mévius pour avoir rendu possible l'écriture rapide et confortable de ce manuscrit qui nous trottait dans la tête depuis des années. Heureusement que tu étais là ! Il s'en est fallu de peu que nous ne puissions pas l'écrire… pour cause d'effondrement de civilisation. Nous sommes touchés par ton amitié et ta confiance, et par la sensibilité que tu portes aux mondes des « autres qu'humains ».

Merci aussi aux courageux et généreux relecteurs des premières versions du manuscrit pour leurs compliments, conseils et critiques : Benoît Richard, Bruno Corbara, Pablo Michelena, Marine Simon, Rachid Tahzima, Alain Caillé, Philippe Audfray, Élise Monette, Bruno Tracq, Jacques Lecomte, Matthieu Ricard et Serge Tisseron.

Merci à Alain Caillé pour sa belle préface, sa bienveillance et sa surprenante disponibilité compte tenu du dynamisme du mouvement convivialiste.

Merci à toutes nos tribus de cœur pour leur soutien ; en premier lieu Raphaël Stevens, l'autre chercheur in(Terre) dépendant et saltimbanque ; Corinne, Helena, Vincent, Nathalie, Aline, Josué, Nathéa, Laurent, Valérie, Azul, Élisabeth, Muriel et autres complices du mycélium qui dépasse maintenant le seul « Travail qui Relie » ; Hélène, Guibert, Michaël, Hermann et autres enthousiastes de la planète Lunt ; Julie, Pierre, Nico, Corentin et le cercle de la planète Giraf.be.

Nous souhaitons aussi remercier tous les pionniers, en particulier les milliers de chercheurs et chercheuses qui ont ajouté leur touche et ont contribué à faire grandir le géant sur les épaules desquelles nous nous trouvons (et il n'y a pas que Darwin...). Vu d'en haut, ça donne le vertige!

Enfin, notre gratitude à celles et ceux qui ont mis à notre disposition leur patience de naturalistes, leur intelligence analytique, leurs intuitions nocturnes et leur goût de l'émerveillement pour nous faire découvrir les innombrables histoires de rencontres entre organismes vivants de toutes tailles, de tous âges, de toutes formes et de toutes provenances, et en dégager la beauté et la fragilité.

(Pablo Servigne)

Mes premiers et plus vifs remerciements vont à Élise, qui m'a aidé, supporté et encouragé si intensément et pendant un laps de temps si long que je crois que nous sommes sortis du cadre des principes du vivant... À ton tour de m'accompagner dans l'accouchement d'un autre petit monstre! Je me réjouis d'agrandir notre famille, ce petit superorganisme à qui nous donnons tant et qui sait nous le rendre au quintuple, par exemple lorsque nos fils, sans que nous nous en rendions compte sur le moment, nous gardent connectés et in(Terre)dépendants.

Merci aussi à toutes celles et tous ceux qui ont rendu matériellement et psychologiquement possible le passage initiatique qu'a été l'écriture de ce livre. Vous avez fait la différence ! Spéciale dédicace à tous mes voisins et voisines qui pratiquent l'entraide spontanément au quotidien, pour les coups de main et la sollicitude. En ville : Mat et Andrea ; dans la plaine : Annette, Francis et Nadia, Jean, Bernard, Philippe G., Philippe M., Daniel et Elke ; et, à la montagne : Luc et Flo, Didier et Violaine, Sam et Typhaine, Flo et Aline, Yannick et Virginie (la liste n'est sûrement pas exhaustive).

Un immense merci à mes parents et à mon frère, qui font preuve d'un altruisme de parentèle particulièrement persistant et réconfortant, à Jacques Van Helden pour m'avoir stimulé à l'époque où nous donnions ensemble un cours critique de sociobiologie à l'Université libre de Bruxelles, et aux anciens collègues de cette même institution, avec qui nous avons partagé tant d'idées et de fichiers PDF ! Tout cela est bien impersonnel, mais j'ose espérer que vous vous reconnaîtrez tous dans ces mots.

Merci aussi aux copains anarchistes que j'ai pu croiser pendant toutes ces années, et qui ont gravé en moi, par la théorie autant que par l'exemple, la grande et chaleureuse idée de l'entraide. Merci aux membres du comité de rédaction de la revue *Réfractions*, en particulier André Bernard, Pierre Sommermeyer et Marianne Enckell, qui m'ont poussé à écrire sur ce sujet alors que je n'osais pas. Tout cela est de votre faute !

Merci aussi aux responsables éditoriaux d'*Imagine demain le monde*, des *Carnets de n'GO*, de l'Institut Momentum, des éditions Aden, du *Sarkophage*, de *La*

Revue du MAUSS, d'*Etopia* et de *Barricade* pour m'avoir donné l'occasion de faire mes armes sur ce sujet en écrivant de petits articles tout au long de ces années.

Je tiens aussi à nommer mes héros, mes guides, qui m'inspirent et m'éveillent depuis des années, avec qui je me sens en profonde connexion par la vision du monde qu'ils transmettent, douce, pétillante, immensément colorée, systémique et complexe, et par leur tenace refus de séparer science et société : Pierre Kropotkine, Charles Darwin, Lynn Margulis, Edward O. Wilson, David S. Wilson, Jonathan Haidt, Steven Jay Gould, Richard Lewontin, Edgar Morin, Jared Diamond et Jean Claude Ameisen. Vous m'avez tant donné à travers vos écrits et vos conférences... Ce livre est bien la preuve de la puissance de la réciprocité indirecte. Merci !

Mes doigts ont vibré au gré de nombreuses musiques : Muse, Jean-Claude Dessy, Armand Amar, René Aubry, L. Subramaniam, Dead Can Dance, Daft Punk et bien d'autres. Gratitude aussi à Yves Blanc et à sa géniale émission de radio *La Planète bleue* – la plus podcastée au monde ! –, que j'ai découverte à l'époque où nous commencions le marathon rédactionnel, et qui m'a aidé à tresser les idées, les couleurs, les textures et les formes.

Enfin, merci à toi, Gauthier, mon frère, d'avoir été si « sym-pathique » (littéralement : « souffrir ensemble ») pendant ces quelques mois de partage qui ont enfin couché sur le papier ce que nous ressentions depuis longtemps et que nous n'arrivions pas vraiment à exprimer. Et ce n'est pas fini ! Si je t'ai parfois emmené sur des chemins inconfortables, c'est avec l'assurance que la réciprocité serait encore une fois au rendez-vous.

(Gauthier Chapelle)

En effet! Merci, Pablo, pour l'honneur que tu m'as fait de m'associer à l'accouchement de ton bébé à la si longue gestation (dix ans, c'est bien plus que chez les cachalots). Grâce à toi, j'ai pris un énorme plaisir tant à réapprofondir les dernières recherches sur l'univers incroyable de la symbiodiversité qu'à découvrir tout le gradient des couleurs des relations humaines, patiemment tissé dans tes réseaux (de neurones… et de dossiers de PDF!). Au-delà de notre incroyable complicité de sept ans, tu m'as aussi appris la solidarité dans l'écriture, tout en faisant preuve de patience et de sagesse face à mes réactions tardives et/ou fougueuses de grand frère relecteur (beaucoup) et scribouillard (un peu).

Je remercie aussi tous mes « tout proches », parents, frères et sœurs, enfants, pour avoir à la fois accueilli, subi et encouragé mes temps d'écriture, en particulier les parties estivales et fériées: Nicole, Michel, Geneviève, ainsi que mes deux grands fils Hoël et Ywen.

Tout en rendant hommage à mon tour aux nombreux héros que Pablo et moi partageons, je voulais ajouter une mention spéciale aux raconteurs extraordinaires et transmetteurs d'histoires qui m'ont marqué (dont certains nous ont déjà quittés): Jean-Marie Pelt, Desmond Morris, Patrice Van Eersel, Wade Doak, Yves Paccalet, Francis Hallé, Frédéric Lints et Philippe Lebrun. Sans oublier Adrien Desfossés et ses compères de *La Hulotte*, le journal le plus lu dans les terriers, qui m'instruisent et me ravissent à chaque numéro dévoré depuis 1982 (trente-cinq ans d'abonnement) – un immense merci à Pierre Déom !

Merci à mes parrains et marraines de cœur Michèle, Constance, Viviane et Jean.

Merci encore à tous mes complices naturalistes et amoureux des vivants, avec qui je partage depuis si longtemps la joie des rencontres avec les « autres qu'humains », autour de Bruxelles ou à l'autre bout du monde : Godefroid, Pierre, Marc et Sophie, Fatine, Enzo, Hubert, Benoît, Erik, Jean, Claude, Cova, Henri…

Et, bien sûr, merci à toutes ces créatures sans qui la vie serait infiniment terne : les plus familières, comme Orion el magnifico, le Grand Hêtre rouge, Dony l'ethnologue, Dusty la barde irlandaise, « mon » érable de Montpellier, « mon » avocatier ou « mes » fougères[1] du Costa Rica ; certaines des plus mémorables, comme les orques antarctiques, le baobab de Boa Vista, les grands corbeaux bretons ou ardennais, les mycènes safranés, les crapauds accoucheurs, les fourmis *Atta* ou les *Acanthogammarus* du Baïkal ; toutes leurs communautés chéries, du littoral de l'île du Roi-George aux fonds colorés de la mer de Weddell, des canyons d'Hyères à la montagne Sainte-Victoire, des falaises du Blanc-Nez à l'estran de Poulloc, de l'étang du Laerbeek au parc Tenbosch, des reliefs

1. Ou bien suis-je « leur » humain ? Ou les deux à la fois ?

rupestres de Gembes au micro-méandre du Samson. Surtout, une gratitude vibrante à tout le réseau invisible mais infatigable des bactéries souterraines, champignons forestiers, phytoplancton océanique et éponges abyssales, vous qui parmi tant d'autres apportez à notre bien ingrate espèce oxygène, sols fertiles, eau purifiée, musiques improbables, couleurs chatoyantes, senteurs entêtantes et émerveillement quotidien.

Enfin, un profond merci à toi, Marine, d'avoir fait tant de place pour un – déjà – deuxième accouchement de bouquin, au service de la Terre et du vivant, tout en étant toi-même tellement à l'écoute de celui qui dans le même temps grandissait au sein de ta terre intime. Viggo, bienvenue dans l'âge de l'entraide !

Références

Aanen DK et Hoekstra RF (2007), « The evolution of obligate mutualism : if you can't beat'em, join'em », *Trends in Ecology et Evolution*, n° 22 (10), p. 506-509.

Abescat, « La consommation de viande augmente, et la sixième extinction massive des espèces se poursuit », entretien avec Vincent Message, *Télérama*, 10 juin 2016. Disponible en ligne sur www.telerama.fr.

Adams DG *et al.* (2012), « Cyanobacterial symbioses », in *Ecology of Cyanobacteria II*, Springer Netherlands, p. 593-647.

Afkhami ME *et al.* (2014), « Multiple mutualist effects : conflict and synergy in multispecies mutualisms », *Ecology*, n° 95 (4), p. 833-844.

Aknin LB *et al.* (2012), « Giving leads to happiness in young children », *PLoS One*, n° 7 (6), p. e39211.

Alexander M et Christia F (2011), « Context modularity of human altruism », *Science*, n° 334 (6061), p. 1392-1394.

Alexandre D-Y (1978), « Le rôle disséminateur des éléphants en forêt de Taï, Côte d'Ivoire », *La Terre et la Vie*, n° 32, p. 47-72.

Algan Y et Cahuc P (2007), *La Société de défiance : comment le modèle social français s'autodétruit*, Rue d'Ulm.

Allee WC (1938), *Cooperation Among Animals*, Henry Shuman.

Almas I *et al.* (2010), « Fairness and the development of inequality acceptance », *Science*, n° 328, p. 1176-1178.

Althoff DM (2014), « Shift in egg-laying strategy to avoid plant defense leads to reproductive isolation in mutualistic and cheating yucca moths », *Evolution*, n° 68 (1), p. 301-307.

Ameisen JC (2008), *Dans la lumière et les ombres : Darwin et le bouleversement du monde*, Fayard.

Anderson JR *et al.* (2013), « Third-party social evaluation of humans by monkeys », *Nature Communications*, n° 4, art. 1561.

Andler D (2016), *La Silhouette de l'humain : quelle place pour le naturalisme dans le monde d'aujourd'hui ?*, Gallimard.

Anik L *et al.* (2013), « Prosocial bonuses increase employee satisfaction and team performance », *PLoS One*, n° 8 (9), p. e75509.

Apicella CL *et al.* (2012), « Social networks and cooperation in hunter-gatherers », *Nature*, n° 481 (7382), p. 497-501.

Archibald J (2014), *One Plus One Equals One : Symbiosis and the Evolution of Complex Life*, Oxford University Press.

Armstrong RA (2004), « Lichens, lichenometry and global warming », *Microbiologist*, n° 5, p. 32-35.

Atran S (2004), *In Gods We Trust : The Evolutionary Landscape of Religion*, Oxford University Press.

Avila P et Fromhage L (2015), « No synergy needed : ecological constraints favor the evolution of eusociality » *The American Naturalist*, n° 186 (1), p. 31-40.

Bacon CW et White Jr JF (2016), « Functions, mechanisms and regulation of endophytic and epiphytic microbial communities of plants », *Symbiosis*, n° 68, p. 87-98.

Baldassari D et Grossman G (2011), « Centralized sanctioning and legitimate authority promote cooperation in humans », *Proceedings of the National Academy of Sciences USA*, n° 108 (27), p. 11023-11027.

Balliet D *et al.* (2011), « Reward, punishment, and cooperation : a meta-analysis », *Psychological Bulletin*, n° 137, p. 594-615.

Barr JJ *et al.* (2013), « Bacteriophage adhering to mucus provide a non-host-derived immunity », *Proceedings of the National Academy of Sciences USA*, n° 110 (26), p. 10771-10776.

Bartling B *et al.* (2009), « Egalitarianism and competitiveness », *The American Economic Review*, n° 99 (2), p. 93-98.

Bartz JA *et al.* (2011), « Social effects of oxytocin in humans : context and person matter », *Trends in Cognitive Sciences*, n° 15 (7), p. 301-309.

Batson CD (1991), *The Altruism Question*, Lawrence Erlbaum Associates.

Batson CD (2011), *Altruism in Humans*, Oxford University Press.

Batson CD et Ahmad N (2001), « Empathy-induced altruism in a prisoner's dilemma II : What if the target of empathy has defected ? », *European Journal of Social Psychology*, n° 31 (1), p. 25-36.

Batson CD *et al.* (1981), « Is empathic emotion a source of altruistic motivation ? », *Journal of Personality and Social Psychology*, n° 40 (2), p. 290-302.

Batson CD *et al.* (1988), « Five studies testing two new egoistic alternatives to the empathy-altruism hypothesis », *Journal of Personality and Social Psychology*, n° 55 (1), p. 52-77.

Baumgartner T *et al.* (2008), « Oxytocin shapes the neural circuitry of trust and trust adaptation in humans », *Neuron*, n° 58 (4), p. 639-650.

Baumgartner T *et al.* (2011), « Dorsolateral and ventromedial prefrontal cortex orchestrate normative choice », *Nature Neuroscience*, n° 14, p. 1468-1474.

Bauwens M (2015), *Sauver le monde : vers une économie post-capitalise avec le peer-to-peer*, Les Liens qui Libèrent.

Bear A et Rand DG (2016), « Intuition, deliberation, and the evolution of cooperation », *Proceedings of the National Academy of Sciences USA*, n° 113 (4), p. 936-941.

Behl RK *et al.* (2007), « Wheat x Azotobacter x VA Mycorrhiza interactions towards plant nutrition and growth – a review », *Journal of Applied Botany and Food Quality*, n° 81 (2), p. 95-109.

Bell AV *et al.* (2009), « Culture rather than genes provides greater scope for the evolution of large-scale human prosociality », *Proceedings of the National Academy of Sciences USA*, n° 106 (42), p. 17671-17674.

Bellah RN (2011), *Religion in Human Evolution*, Harvard University Press.

Berg J *et al.* (1995), « Trust, reciprocity and social history », *Games and Economic Behavior*, n° 10, p. 122-142.

Bernhard H *et al.* (2006), « Parochial altruism in humans », *Nature*, n° 442 (7105), p. 912-915.

Bernhard H *et al.* (2006), « Parochial altruism in humans », *Nature*, n° 442, p. 912-915.

Bidar A (2016), *Les Tisserands. Réparer ensemble le tissu déchiré du monde*, Les Liens qui Libèrent.

Bignell DE et Eggleton P (2000), « Termites in ecosystems », in *Termites : Evolution, Sociality, Symbioses, Ecology*, Springer Netherlands, p. 363-387.

Blake PR *et al.* (2014), « The developmental origins of fairness : The knowledge-behavior gap », *Trends in Cognitive Sciences*, n° 18 (11), p. 559-561.

Blake PR *et al.* (2015), « The ontogeny of fairness in seven societies », *Nature*, n° 528, p. 258-261.

Blount S (1995), « When social outcomes aren't fair : The effect of causal attributions on preferences », *Organizational Behavior and Human Decision Processes*, n° 63 (2), p. 131-144.

Boehm C (1999), *Hierarchy in the Forest : The Evolution of Egalitarian Behavior*, Harvard University Press.

Boehm C *et al.* (1993), « Egalitarian behavior and reverse dominance hierarchy », *Current Anthropology*, n° 34, p. 227-254.

Bornstein G *et al.* (2002), « The effect of intergroup competition on group coordination : An experimental study », *Games and Economic Behavior*, n° 41 (1), p. 1-25.

Boucher DH (1985), « The idea of mutualism, Past and Future », in *The Biology of Mutualism, Ecology and Evolution*, Oxford University Press.

Bowles S (2008), « Policies designed for self-interested citizens may undermine "the moral sentiments" : Evidence from economic experiments », *Science*, n° 320 (5883), p. 1605-1609.

Bowles S (2009), « Did warfare among ancestral hunter-gatherers affect the evolution of human social behaviors ? », *Science*, n° 324 (5932), p. 1293-1298.

Bowles S et Gintis H (2011), *A Cooperative Species : Human Reciprocity and its Evolution*, Princeton University Press.

Bowles S *et al.* (2003), « The co-evolution of individual behaviors and social institutions », *Journal of Theoretical Biology*, n° 223, p. 135-147.

Boyd R et Richerson PJ (1982), « Cultural transmission and the evolution of cooperative behavior », *Human Ecology*, n° 10, p. 325-351.

Boyd R et Richerson PJ (2005), *The Origin and Evolution of Cultures*, Oxford University Press.

Boyer P (2001), *Religion Explained: The Evolutionary Origins of Religious Thought*, Basic Books.

Brockhurst MA *et al.* (2007), « Cooperation peaks at intermediate disturbance », *Current Biology*, n° 17 (9), p. 761-765.

Brodbeck S et Gugerli F (2010), « Un roi dans les Alpes », *Les Alpes*, n° 6, p. 32-37.

Brosnan SF et de Waal FBM (2003), « Monkeys reject unequal pay », *Nature*, n° 425, p. 297-299.

Brownell CA *et al.* (2009), « To share or not to share: When do toddlers respond to another's needs? », *Infancy*, n° 14, p. 117-130.

Buber M (2012 [1923]), *Je et Tu*, Aubier.

Buccino G *et al.* (2004), « Neural circuits involved in the recognition of actions performed by nonconspecifics: An fMRI study », *Journal of Cognitive Neuroscience*, n° 16, p. 114-126.

Buchan NR *et al.* (2002), « Swift neighbors and persistent strangers: A cross-cultural investigation of trust and reciprocity in social exchange », *American Journal of Sociology*, n° 108, p. 168-206.

Bufill E *et al.* (2011), « Human neoteny revisited: The case of synaptic plasticity », *American Journal of Human Biology*, n° 23 (6), p. 729-739.

Burke GR *et al.* (2014), « Widespread genome reorganization of an obligate virus mutualist », *PLoS Genet*, n° 10 (9), art. e1004660.

Burton-Chellew MN et West SA (2012), « Pseudocompetition among groups increases human cooperation in a public-goods game », *Animal Behaviour*, n° 84 (4), p. 947-952.

Burton-Chellew MN *et al.* (2013), « Combined inequality in wealth and risk leads to disaster in the climate change game », *Climatic Change*, n° 120 (4), p. 815-830.

Buttel F et Humphrey C (1982), *Environment, Energy, and Society*, Wadsworth Publishing Co.

Caillé A (dir.) (2016), *Éléments d'une politique convivialiste*, Le Bord de l'eau.

Callaway RM et Walker LR (1997), « Competition and facilitation : A synthetic approach to interactions in plant communities », *Ecology*, n° 78, p. 1958-1965.

Callaway RM *et al.* (2002), « Positive interactions among alpine plants increase with stress », *Nature*, n° 417, p. 844-848.

Campbell D (1982), « Legal and primary-group social controls », *in* Gruter M et Bohannan P (dir.), *Law, Biology and Culture : The Evolution of Law*, Bepress, p. 59-171.

Campbell L et Grondona V (2010), « Who speaks what to whom ? Multilingualism and language choice in Misión La Paz », *Language in Society*, n° 39, p. 617-646.

Cappelen AW *et al.* (2016), « Fairness is intuitive », *Experimental Economics*, n° 19 (4), p. 727-740.

Cappelletti D *et al.* (2011), « Being of two minds : Ultimatum offers under cognitive constraints », *Journal of Economic Psychology*, n° 32, p. 940-950.

Cárdenas JC et Mantilla C (2015), « Between-group competition, intra-group cooperation and relative performance », *Frontiers in Behavioral Neuroscience*, n° 9, p. 1-9.

Cesarini D *et al.* (2008), « Heritability of cooperative behavior in the trust game », *Proceedings of the National Academy of sciences USA*, n° 105 (10), p. 3721-3726.

Chamberlain SA *et al.* (2014), « How context dependent are species interactions ? », *Ecology Letters*, n° 17 (7), p. 881-890.

Chapelle G et Decoust M (2015), *Le Vivant comme modèle : la voie du biomimétisme*, Albin Michel.

Clastres P (1974), *La Société contre l'État. Recherches d'anthropologie politique*, Éditions de Minuit.

Clay K et Schardl C (2002), « Evolutionary origins and ecological consequences of endophyte symbiosis with grasses », *The American Naturalist*, n° 160, p. S99-S127.

Cohn A *et al.* (2014), « Business culture and dishonesty in the banking industry », *Nature*, n° 516 (7529), p. 86-89.

Comité invisible (2014), *À nos amis*, La Fabrique.

Comité invisible (2017), *Maintenant*, La Fabrique.

Conesa P (2011), *La Fabrication de l'ennemi, ou comment tuer avec sa conscience pour soi*, Robert Laffont.

Convivialistes (Les) (2013), *Manifeste convivialiste. Déclaration d'interdépendance*, Le Bord de l'eau.

Cooper SM (1991), « Optimal hunting group size : The need for lions to defend their kills against loss to spotted hyaenas », *African Journal of Ecology*, n° 29, p. 130-136.

Coriat B (dir.) (2015), *Le Retour des communs et la crise de l'idéologie propriétaire*, Les Liens qui Libèrent.

Cornelissen G *et al.* (2011), « Are social value orientations expressed automatically ? Decision making in the dictator game », *Personality and Social Psychology Bulletin*, n° 37, p.1080-1090.

Costa JT (2002), « Scale models ? What insect societies teach us about ourselves », *Proceedings of the American Philosophical Society*, n° 146 (2), p. 170-180.

Côté S *et al.* (2015), « High economic inequality leads higher-income individuals to be less generous », *Proceedings of the National Academy of Sciences USA*, n° 112 (52), p. 15838-15843.

Couzin ID et Laidre ME (2009), « Fission-fusion populations », *Current Biology*, n° 19 (15), p. R633-R635.

Cox M *et al.* (2010), « A Review of Design Principles for Community-based Natural Resource Management », *Ecology and Society*, n° 15 (4), art. 38.

Craig AD (2002), « How do you feel ? Interoception : The sense of the physiological condition of the body », *Nature Reviews Neuroscience*, n° 3 (8), p. 655-666.

Craig AD (2009), « How do you feel – now ? The anterior insula and human awareness », *Nature Reviews Neuroscience*, n° 10 (1), p. 59-70.

Damasio A (1994), *L'Erreur de Descartes. La raison des émotions*, Odile Jacob.

Dardot P et Laval C (2014), *Commun*, La Découverte.

Darwin C (1877), *The Various Contrivances by which Orchids are Fertilized by Insects*, John Murray.

Darwin C (1999 [1871]), *La Filiation de l'homme et la sélection liée au sexe*, Syllepse.

Dasgupta P (2009), « Trust and cooperation among economic agents », *Philosophical Transactions of the Royal Society B : Biological Sciences*, n° 364 (1533), p. 3301-3309.

Dasgupta P (2009), « Trust and cooperation among economic agents », *Philosophical Transactions of the Royal Society of London B : Biological Sciences*, n° 364 (1533), p. 3301-3309.

Davis BJ *et al.* (2015), « Continent-wide distribution in mycorrhizal fungi : implications for the biogeography of specialized orchids », *Annals of Botany*, n° 116 (3), p. 413-421.

Dawes CT *et al.* (2007) « Egalitarian motives in humans », *Nature*, n° 446, p. 794-796.

Dawes CT *et al.* (2012), « Neural basis of egalitarian behavior », *Proceedings of the National Academy of Sciences USA*, n° 109 (17), p. 6479-6483.

Dawkins R (2003 [1975]), *Le Gène égoïste*, Odile Jacob.

De Cremer D et Van Vugt M (1999), « Social identification effects in social dilemmas », *European Journal of Social Psychology*, n° 29 (7), p. 871-93.

De Dreu CK *et al.* (2010) « The neuropeptide oxytocin regulates parochial altruism in intergroup conflict among humans », *Science*, n° 328, p. 1408-1411.

De Dreu CK *et al.* (2011), « Oxytocin promotes human ethnocentrism », *Proceedings of the National Academy of Sciences USA*, n° 108 (4), p. 1262-1266.

De Quervain DJ *et al.* (2004), « The neural basis of altruistic punishment », *Science*, n° 305, p. 1254-1258.

De Waal F (2008), « Putting the Altruism Back into Altruism : The Evolution of Empathy », *Annual Review of Psychology*, n° 59, p. 279-300.

De Waal F (2009), *L'Âge de l'empathie*, Les Liens qui Libèrent.

Decety J (2002), « Naturaliser l'empathie », *L'Encéphale*, n° 28, p. 9-20.

Decety J et Cowell M (2014), « The complex relation between morality and empathy », *Cognitive Sciences*, n° 18 (7), p. 337-339.

Deci EL et Ryan RM (1985), *Intrinsic Motivation and Self-Determination in Human Behavior*, Springer.

Delgado M *et al.* (2005), « Perceptions of moral character modulate the neural systems of reward during the trust game », *Nature Neuroscience*, n° 8, p. 1611-1618.

Descola P (2015), *Par-delà nature et culture*, Gallimard.

Deutsch M (1949), « An experimental study of the effects of cooperation and competition upon group process », *Human Relations*, n° 2 (3), p. 199-231.

Deutsch M (1973), *The Resolution of Conflict : Constructive and Destructive Processes*, Yale University Press.

DeWall CN *et al.* (2014), « When the love hormone leads to violence : oxytocin increases intimate partner violence inclinations among high trait aggressive people », *Social Psychological and Personality Science*, n° 5 (6), p. 691-697.

Diamond J (2006), *Effondrement : comment les sociétés décident de leur disparition ou de leur survie*, Gallimard.

Dietz T et Zhao J (2011), « Paths to climate cooperation », *Proceedings of the National Academy of Sciences USA*, n° 108 (38), p. 15671-15672.

Domes G *et al.* (2007), « Oxytocin improves "mind-reading" in humans », *Biological Psychiatry*, n° 61 (6), p. 731-733.

Douglas AE (1998), « Nutritional interactions in insect-microbial symbioses : Aphids and their symbiotic bacteria Buchnera », *Annual Review of Entomology*, n° 43 (1), p. 17-37.

Dreber A *et al.* (2008), « Winners don't punish », *Nature*, n° 452 (7185), p. 348-351.

Drury J *et al.* (2006), « Every man for himself – or for the group ? How crowd solidarity can arise in an emergency : An interview study of disaster survivors », in *Group and Intergroup Relations Pre-Conference*, Society for Personality and Social Psychology, 7th Annual Meeting, Palm Springs, California.

Drury J *et al.* (2009), « Everyone for themselves ? A comparative study of crowd solidarity among emergency survivors », *British Journal of Social Psychology*, n° 48 (3), p. 487-506.

Drury J *et al.* (2013), « Representing crowd behaviour in emergency planning guidance : "Mass panic" or collective resilience ? », *Resilience*, n° 1 (1), p. 18-37.

Dugatkin LA (1999), *Cheating Monkeys and Citizen Bees : The Nature of Cooperation in Animals and Humans*, Free Press.

Dunbar RI (1992), « Neocortex size as a constraint on group size in primates », *Journal of Human Evolution*, n° 22 (6), p. 469-493

Dunbar RI et Shultz S (2007), « Evolution in the social brain », *Science*, n° 317 (5843), p. 1344-1347.

Dunn EW *et al.* (2008), « Spending money on others promotes happiness », *Science*, n° 319 (5870), p. 1687-1688.

Durkheim E (2013 [1912]), *Les Formes élémentaires de vie religieuse*, PUF.

Edwards DP (2009), « The roles of tolerance in the evolution, maintenance and breakdown of mutualism », *Naturwissenschaften*, n° 96 (10), p. 1137-1145.

Efferson C *et al.* (2008), « The coevolution of cultural groups and ingroup favoritism », *Science*, n° 321, p. 1844-1849.

Enckell M (2009), « Notes sur l'histoire d'un mot », *Réfractions,* n° 23, p 5-8.

Engelmann D et Strobel M (2004), « Inequality aversion, efficiency, and maximin preferences in simple distribution experiments », *American Economic Review*, n° 94 (4), p. 857-869.

Engelmann JM *et al.* (2013), « Young children care more about their reputation with ingroup members and potential reciprocators », *Developmental Science*, n° 16 (6), p. 952-958.

Erev I *et al.* (1993), « Constructive intergroup competition as a solution to the free rider problem : A field experiment », *Journal of Experimental Social Psychology*, n° 29 (6), p. 463-478.

Evans AM *et al.* (2015), « Fast but not intuitive, slow but not reflective : Decision conflict drives reaction times in social dilemmas », *Journal of Experimental Psychology*, n° 144 (5), p. 951-966.

Farrell BD *et al.* (2001), « The evolution of agriculture in beetles (Curculionidae : Scolytinae and Platypodinae) », *Evolution*, n° 55 (10), p. 2011-2027.

Fehl K *et al.* (2011), « Co-evolution of behaviour and social network structure promotes human cooperation », *Ecology Letters*, n° 14, p. 546-551.

Fehr E et Fischbacher U (2003), « The nature of human altruism », *Nature*, n° 425, p. 785-791.

Fehr E et Fischbacher U (2004a), « Social norms and human cooperation », *Trends in Cognitive Sciences*, n° 8 (4), p. 185-190.

Fehr E et Fischbacher U (2004b), « Third-party punishment and social norms », *Evolution and Human Behavior*, n° 25 (2), p. 63-87.

Fehr E et Gächter S (2000), « Cooperation and punishment in public goods experiments », *The American Economic Review*, n° 90, p. 980-994.

Fehr E et Gächter S (2000), « Fairness and retaliation : The economics of reciprocity », *The Journal of Economic Perspectives*, n° 14 (3), p. 159-181.

Fehr E et Gächter S (2002), « Altruistic punishment in humans », *Nature*, n° 415, p. 137-140.

Fehr E et Rockenbach B (2003), « Detrimental effects of sanctions on human altruism », *Nature*, n° 422, p. 137-140.

Fehr E et Schmidt KM (1999), « A theory of fairness, competition, and cooperation », *Quarterly Journal of Economics*, n° 114 (3), p. 817-868.

Fehr E *et al.* (1993), « Does fairness prevent market clearing ? An experimental investigation », *The Quarterly Journal of Economics*, n° 108, p. 437-459.

Fehr E *et al.* (2002), « A nationwide laboratory – examining trust and trustworthiness by integrating behavioural experiments into representative surveys », *Schmoller Jahrbuch*, n° 122, p. 519-542.

Fehr E *et al.* (2008), « Egalitarianism in young children », *Nature*, n° 454, p. 1079-1083.

Fehr E *et al.* (2013), « The development of egalitarianism, altruism, spite and parochialism in childhood and adolescence », *European Economic Review*, n° 64, p. 369-383.

Ferguson JN *et al.* (2000), « Social amnesia in mice lacking the oxytocin gene », *Nature Genetics*, n° 25, p. 284-288.

Feschotte C et Gilbert C (2012), « Endogenous viruses : Insights into viral evolution and impact on host biology », *Nature Reviews Genetics*, n° 13 (4), p. 283-296.

Filippova D (dir.) (2015), *Société collaborative. La fin des hiérarchies*, Rue de l'Échiquier.

Foster KR et Xavier JB (2007), « Cooperation : bridging ecology and sociobiology », *Current Biology*, n° 17 (9), p. R319-R321.

Gächter S *et al.* (2008), « The long-run benefits of punishment », *Science*, n° 322 (5907), p. 1510-1510.

Gadd GM (2010), « Metals, minerals and microbes : geomicrobiology and bioremediation », *Microbiology*, n° 156 (3), p. 609-643.

Galland B (2015), « À l'école de l'estime de soi », *Sciences humaines*, n° 271, p. 39.

Garcia R (2014), *Pierre Kropotkine ou l'économie par l'entraide*, Le Passager clandestin.

Gardner A et Foster KR (2008), « The evolution and ecology of cooperation : History and concepts », *in* Korb J et Heinz J (dir.), *Ecology of Social Evolution*, Springer, p. 1-36.

Gautier JY (1983), *Socioécologie : l'animal social et son univers*, Privat.

Gelfand MJ *et al.* (2011), « Differences between tight and loose cultures : A 33-nation study », *Science*, n° 332 (6033), p. 1100-1104.

Gervais WM et Norenzayan A (2012), « Like a camera in the sky? Thinking about God increases public self-awareness and socially desirable responding », *Journal of Experimental Social Psychology*, n° 48 (1), p. 298-302.

Girard R (1986), *Le Bouc émissaire*, Le Livre de poche.

Gneezy A et Fessler DM (2011), « Conflict, sticks and carrots : War increases prosocial punishments and rewards », *Proceedings of the Royal Society of London B : Biological Sciences*, n° 279, p. 219-223.

Godbout J et Caillé A (1992), *L'Esprit du don*, La Découverte.

Goldstein BE *et al.* (2013), « Narrating Resilience : Transforming Urban Systems Through Collaborative Storytelling », *Urban Studies*, n° 52 (7), p. 1285-1303.

Goodnight CJ (1990a), « Experimental studies of community evolution I : The response to selection at the community level », *Evolution*, n° 44 (6), p. 1614-1624.

Goodnight CJ (1990b), « Experimental studies of community evolution II : The ecological basis of the response to community selection », *Evolution*, n° 44 (6), p. 1625-1636.

Gordon R et Drum RW (1994), « The chemical basis of diatom morphogenesis », *International Review of Cytology*, n° 150, p. 243-372.

Gore J *et al.* (2009), « Snowdrift game dynamics and facultative cheating in yeast », *Nature*, n° 459 (7244), p. 253-256.

Gould SJ (1997), *La Foire aux dinosaures*, Seuil (voir notamment le chapitre « Kropotkine n'était pas un cinoque »).

Gould SJ (1978), « Sociobiology : The art of storytelling », *New Scientist*, n° 80, p. 530-533.
Goya M. (2015), *Sous le feu. La mort comme hypothèse de travail*, Tallandier.
Greenwood M *et al.* (2011), « A unique resource mutualism between the giant Bornean pitcher plant, Nepenthes rajah, and members of a small mammal community », *PLoS One*, n° 6 (6), p. e21114.
Guastella AJ *et al.* (2008), « Oxytocin increases gaze to the eye region of human faces », *Biological psychiatry*, n° 63 (1), p. 3-5.
Guegen N (2005), « Ces détails qui rendent altruiste », *Cerveau et Psycho*, n° 10.
Guinote A *et al.* (2015), « Social status modulates prosocial behavior and egalitarianism in preschool children and adults », *Proceedings of the National Academy of Sciences USA*, n° 112 (3), p. 731-736.
Gunnthorsdottir A et Rapoport A (2006), « Embedding social dilemmas in intergroup competition reduces free-riding », *Organizational Behavior and Human Decision Processes*, n° 101 (2), p. 184-199.
Gürerk Ö *et al.* (2006), « The competitive advantage of sanctioning institutions », *Science*, n° 312 (5770), p. 108-111.
Haas JR et Purvis OW (2006), « Lichen biogeochemistry », *Fungi in Biogeochemical Cycles*, p. 344-376.
Haidt J (2001), « The emotional dog and its rational tail : A social intuitionist approach to moral judgment », *Psychological Review*, n° 108 (4), p. 814-834.
Haidt J (2012), *The Righteous Mind : Why Good People Are Divided by Politics and Religion*, Vintage.
Haldane JBS (1926), « On Being the Right Size », *Harper's Magazine*, n° 152, p. 424-427.
Haley KJ et Fessler DM (2005), « Nobody's watching ? Subtle cues affect generosity in an anonymous economic game », *Evolution and Human Behavior*, n° 26, p. 245-256.
Hallé F (2005), *Plaidoyer pour l'arbre*, Actes Sud.
Hamlin JK et Wynn K (2011), « Young infants prefer prosocial to antisocial others », *Cognitive Development*, n° 26 (1), p. 30-39.
Hamlin JK *et al.* (2007), « Social evaluation by preverbal infants », *Nature*, n° 450, p. 557-559.

Hamlin JK *et al.* (2011), « How infants and toddlers react to antisocial others », *Proceedings of the National Academy of Sciences USA*, n° 108 (50), p. 19931-19936.

Hamlin JK *et al.* (2013), « Not like me = bad : infants prefer those who harm dissimilar others », *Psychological Science*, n° 24 (4), p. 589-594.

Hamlin KJ *et al.* (2007), « Social evaluation by preverbal infants », *Nature*, n° 450, p. 557-560.

Hamlin KJ *et al.* (2010), « Three-month-olds show a negativity bias in their social evaluations », *Developmental Science*, n° 13 (6), p. 923-929.

Hammerstein P (2003), « Why is reciprocity so rare in social animals ? », *in* Hammerstein P (dir.), *Genetic and Cultural Evolution of Cooperation*, MIT Press.

Hanshew AS *et al.* (2015), « Characterization of actinobacteria associated with three ant-plant mutualisms », *Microbial Ecology*, n° 69 (1), p. 192-203.

Harari YN (2015), *Sapiens. Une brève histoire de l'humanité*, Albin Michel.

Harbaugh WT *et al.* (2007), « Neural responses to taxation and voluntary giving reveal motives for charitable donations », *Science*, n° 316, p. 1622-1625.

Hardin G (1968), « The tragedy of the commons », *Science*, n° 162, p. 1243-1248.

Hare TA *et al.* (2010), « Value computations in ventral medial prefrontal cortex during charitable decision making incorporate input from regions involved in social cognition », *The Journal of Neuroscience*, n° 30 (2), p. 583-590.

Hawkes K et Coxworth JE (2015), « Grandmothers and the Evolution of Human Sociality », *Emerging Trends in the Social and Behavioral Sciences : An Interdisciplinary, Searchable, and Linkable Resource.*

Hawksworth DL *et al.* (1996), « Dictionary of the fungi », *Fungal Genetics and Biology*, n° 20, p. 173-173.

Hayashi N *et al.* (1999), « Reciprocity, trust, and the sense of control – a cross-societal study », *Rational Society*, n° 11, p. 27-46.

Heil M et Karban R (2010), « Explaining evolution of plant communication by airborne signals », *Trends in Ecology and Evolution*, n° 25 (3), p. 137-144.

Heinrich JP *et al.* (2004), *Foundations of Human Sociality*, Oxford University Press.

Helbing D et Yu W (2009), « The outbreak of cooperation among success-driven individuals under noisy conditions », *Proceedings of the National Academy of Sciences USA*, n° 106, p. 3680-3685.

Henrich J *et al.* (2001), « In search of homo economicus : Behavioral experiments in 15 small-scale societies », *The American Economic Review*, n° 91 (2), p. 73-78.

Henrich J *et al.* (2005), « "Economic man" in cross-cultural perspective : Behavioral experiments in 15 small-scale societies », *Behavioral and Brain Sciences*, n° 28 (06), p. 795-815.

Henrich N et Henrich JP (2007), *Why Humans Cooperate : A Cultural and Evolutionary Explanation*, Oxford University Press.

Hérodote (1983), *Histoires*, Les Belles Lettres, livre II, chapitre LXVIII.

Herrmann B *et al.* (2008), « Antisocial punishment across societies », *Science*, n° 319, p. 1362-1367.

Herrmann E *et al.* (2007), « Humans have evolved specialized skills of social cognition : The cultural intelligence hypothesis », *Science*, n° 317 (5843), p. 1360-1366.

Hill RA et Dunbar RI (2003), « Social network size in humans », *Human Nature*, n° 14 (1), p. 53-72.

Hoek TA *et al.* (2016), « Resource availability modulates the cooperative and competitive nature of a microbial cross-feeding mutualism », *PLoS Biol*, n° 14 (8), art. e1002540.

Hoelzel AR (1991), « Killer whale predation on marine mammals at Punta Norte, Argentina ; food sharing, provisioning and foraging strategy », *Behavioral Ecology and Sociobiology*, n° 29 (3), p. 197-204.

Hofmann M (2008), *Empathie et développement moral. Les émotions morales et la justice*, PUG.

Hölldobler B et Wilson EO (1990), *The Ants*, Harvard University Press.

Hölldobler B et Wilson EO (2009), *The Superorganism*, W.W. Norton & Company Ltd.

Homer-Dixon TF (1999), *Environment, Scarcity, and Conflict*, Princeton University Press.

Honegger R (1998), « The lichen symbiosis – what is so spectacular about it ? », *The Lichenologist*, n° 30 (3), p. 193-212.

Hopkins R (2010), *Manuel de transition : de la dépendance au pétrole à la résilience locale*, Écosociété/Silence.

Hopkins R (2014), *Ils changent le monde ! 1001 initiatives de transition écologique*, Seuil.

Howell TR (1979), *Breeding Biology of the Egyptian Plover, Pluvianus aegyptius* (vol. 113), University of California Press.

Hrdy SB (2011), *Mothers and Others*, Harvard University Press.

Hrdy SB (2014), « Development + social selection in the emergence of "emotionally modern" humans », *in* Decety J et Christen Y (dir.), *New Frontiers in Social Neuroscience*, Springer International Publishing, p. 57-91.

Hughes DP (2015), « Behavioral Ecology : Manipulative Mutualism », *Current Biology*, n° 25 (18), p. R806-R808.

Hutson M (2016), « Selfishness Is Learned », *Nautilus*, http://nautil.us/issue/37/currents/selfishness-is-learned.

Huxley A (2001 [1954]), *Les Portes de la perception*, 10×18.

Illich I (1973), *La Convivialité*, Seuil.

Jablonka E (2016), « Cultural epigenetics », *The Sociological Review Monographs*, n° 64, p. 42-60.

Jacobs F (2012), « Kohr Principles », *The New York Times*, 5 juin.

Jacquet J *et al.* (2011), « Shame and honour drive cooperation », *Biology Letters*, art. l20110367.

Jacquet J *et al.* (2013), « Intra- and intergenerational discounting in the climate game », *Nature Climate Change*, n° 3, p. 1025-1028.

Jaffelin E (2015), *Petit Éloge de la gentillesse*, J'ai lu.

Johnson NR (1987), « Panic and the Breakdown of Social Order : Popular Myth, Social Theory, Empirical Evidence », *Sociological Focus*, n° 20 (3), p. 171-183.

Jordan JJ *et al.* (2013), « Contagion of cooperation in static and fluid social networks », *PLoS ONE*, n° 8, art. e66199.

Jordan MR *et al.* (2017), « No unique effect of intergroup competition on cooperation : Non-competitive thresholds are as effective as competitions between groups for increasing human cooperative behavior », *Evolution and Human Behavior*, n° 38 (1), p. 102-108.

Juniper B (2007), « The Mysterious Origin of the Sweet Apple », *American Scientist*, n° 95, p. 44-51.

Kahneman D (2012), *Système 1/Système 2 : les deux vitesses de la pensée*, Flammarion.

Kane MD et Mueller UG (2002), « Insights from insect-microbe symbioses », in *Biodiversity of Microbial Life*, Wiley-Liss, Inc., p. 289-313.

Karasov WH et Carey HV (2009), « Metabolic teamwork between gut microbes and hosts », *Microbe*, n° 4 (7), p. 323-328.

Karlan D et McConnell MA (2014), « Hey look at me : The effect of giving circles on giving », *Journal of Economic Behavior et Organization*, n° 106, p. 402-412.

Karli P (2002), *Les Racines de la violence. Réflexions d'un neurobiologiste*, Odile Jacob.

Kaufmann JC (2015), « La reconnaissance mutuelle, règle d'or du couple », *Sciences humaines*, n° 271, p. 35.

Kaval A (2016), « La reprise de Manbij, en Syrie, une victoire majeure contre l'EI », *Le Monde*, 13 août 2016.

Kenward RE (1978), « Hawks and Doves : Factors affecting success and selection in goshawk attacks wood-pigeons », *Journal of Animal Ecology*, n° 47, p. 449-460.

Keohane RO (1986), « Reciprocity in international relations », *International Organization*, n° 40 (01), p. 1-27.

Kerr B *et al.* (2006), « Local migration promotes competitive restraint in a host-pathogen "tragedy of the commons" », *Nature*, n° 442 (7098), p. 75-78.

Kersch MF et Fonseca CR (2005), « Abiotic factors and the conditional outcome of an ant-plant mutualism », *Ecology*, n° 86 (8), p. 2117-2126.

Keverne EB (2014), « Significance of epigenetics for understanding brain development, brain evolution and behaviour », *Neuroscience*, n° 264, p. 207-217.

King-Casas B *et al.* (2008), « The rupture and repair of cooperation in borderline personality disorder », *Science*, n° 321, p. 806-810.

Knoch D *et al.* (2006), « Diminishing reciprocal fairness by disrupting the right prefrontal cortex », *Science*, n° 314, p. 829-832.

Kohr L (1957), *The Breakdown of Nations*, Routledge et K. Paul.

Korb J (2008), « The ecology of social evolution in termites », in *Ecology of social evolution*, Springer Berlin Heidelberg, p. 151-174.

Kosfeld M *et al.* (2005), « Oxytocin increases trust in humans », *Nature*, n° 435 (7042), p. 673-676.

Kounen J *et al.* (2008), *Plantes et chamanisme. Conversations autour de l'ayahuasca et de l'iboga*, Mama Éditions.

Kourilsky P (2009), *Le Temps de l'altruisme*, Odile Jacob.

Kourilsky P (2011), *Le Manifeste de l'altruisme*, Odile Jacob.

Kropotkine P (2002 [1921]), *L'Éthique*, TOPS/Trinquier.

Kropotkine P (2008 [1909]), *Autour d'une vie : mémoires*, L'Aube.

Kropotkine P (2009 [1906]), *L'Entraide, un facteur de l'évolution*, Aden.

Kumar R *et al.* (2007), « Establishment of Azotobacter on plant roots : Chemotactic response, development and analysis of root exudates of cotton (Gossypium hirsutum L.) and wheat (Triticum aestivum L.) », *Journal of Basic Microbiology*, n° 47 (5), p. 436-439.

Kundera M (1984), *L'Insoutenable Légèreté de l'être*, Gallimard.

Lacetera N et Macis M (2010), « Social image concerns and prosocial behavior : Field evidence from a nonlinear incentive scheme », *Journal of Economic Behavior et Organization*, n° 76 (2), p. 225-237.

Laloux F (2015), *Reinventing Organizations*, Diateino.

Laville J-L (2010), *Politique de l'association*, Seuil.

Lecomte J (2012), *La Bonté humaine. Altruisme, empathie, générosité*, Odile Jacob.

Lecomte J (2016), *Les Entreprises humanistes*, Les Arènes.

Leigh J (2010), « The evolution of mutualism », *Journal of Evolutionary Biology*, n° 23 (12), p. 2507-2528.

Leimgruber KL *et al.* (2012), « Young children are more generous when others are aware of their actions », *PLoS One*, n° 7 (10), art. e48292.

Lepper MR *et al.* (1973), « Undermining children's intrinsic interest with extrinsic reward : A test of the "overjustification" hypothesis », *Journal of Personality and Social Psychology*, n° 28, p. 129-137.

Lieberman E *et al.* (2005), « Evolutionary dynamics on graphs », *Nature*, n° 433 (7023), p. 312-316.

Liszkowski U *et al.* (2006), « Twelve- and 18-month-olds point to provide information for others », *Journal of Cognition and Development*, n° 7, p. 173-187.

Liszkowski U *et al.* (2008), « Twelve-month-olds communicate helpfully and appropriately for knowledgeable and ignorant partners », *Cognition*, n° 108, p. 732-739.

Little AE et Currie CR (2009), « Parasites may help stabilize cooperative relationships », *BMC Evolutionary Biology*, n° 9 (1), p. 124.

Locey KJ et Lennon JT (2016), « Scaling laws predict global microbial diversity », *Proceedings of the National Academy of Sciences USA*, n° 113, p. 5970-5975.

Lopez MC *et al.* (2012), « Comparing the Effectiveness of Regulation and Pro-Social Emotions to Enhance Cooperation : Experimental Evidence from Fishing Communities in Colombia », *Economic Inquiry*, n° 50, p. 131-142.

Lotito G *et al.* (2013), « Is cooperation instinctive ? Evidence from the response times in a public goods game », *Journal of Bioeconomics*, n° 15 (2), p. 123-133.

Ma Y *et al.* (2015), « Opposing Oxytocin Effects on Intergroup Cooperative Behavior in Intuitive and Reflective Minds », *Neuropsychopharmacology*, n° 40 (10), p. 2379-2387.

Margulis L et Sagan D (1997), « Microcosmos : four billion years of microbial evolution », *Environment and Ecology*, n° 15, p. 736-736.

Margulis L et Sagan D (2002), *L'Univers bactériel*, Seuil, « Points ».

Margulis L et Schwartz KV (1998), *Five Kingdoms : An Illustrated Guide to the Phyla of Life on Earth*, W.H. Freeman & Co Ltd.

Marlowe FW (2005), « Hunter-Gatherers and Human Evolution », *Evolutionary Anthropology*, n° 14, p. 54-67.

Márquez LM *et al.* (2007), « A virus in a fungus in a plant : three-way symbiosis required for thermal tolerance », *Science*, n° 315 (5811), p. 513-515.

Marsan C *et al.* (2014), *L'Intelligence collective. Co-créons en conscience le monde de demain*, Yves Michel.

Martin F (2014), *Le Pouvoir des gentils : les règles d'or de la relation de confiance*, Eyrolles.

Massard-Vincent J (2011), « Écouter le silence quaker », *Anthropologie et Sociétés*, n° 35 (3), p. 233-250.

Mathevet R (2011), *La Solidarité écologique : ce lien qui nous oblige*, Actes Sud.

Mauss M (1968 [1923]), *Essai sur le don : forme et raison de l'échange dans les sociétés archaïques*, PUF.

McFall-Ngai M (2007), « Adaptive immunity : Care for the community », *Nature*, n° 445 (7124), p. 153-153.

Mech LD *et al.* (1999), « Regurgitative food transfer among wild wolves », *Canadian Journal of Zoology*, n° 77 (8), p. 1192-1195.

Message V (2016), *Défaite des maîtres et possesseurs*, Seuil.

Michéa J-C (2002), *Impasse Adam Smith : brèves remarques sur l'impossibilité de dépasser le capitalisme sur sa gauche*, Climats.

Michéa J-C (2008), *La Double Pensée : retour sur la question libérale*, Flammarion.

Michéa J-C (2010), *L'Empire du moindre mal : essai sur la civilisation libérale*, Flammarion.

Mifune N *et al.* (2010), « Altruism toward in-group members as a reputation mechanism », *Evolution and Human Behavior*, n° 31 (2), p. 109-117.

Milinski M (2016), « Reputation, a universal currency for human social interactions », *Philosophical Transactions of the Royal Society B : Biological Sciences*, n° 371 (1687), art. 20150100.

Milinski M *et al.* (2002), « Reputation helps solve the "tragedy of the commons" », *Nature*, n° 415, p. 424-426.

Milinski M *et al.* (2006), « Stabilizing the Earth's climate is not a losing game : Supporting evidence from public goods experiments », *Proceedings of the National Academy of Sciences USA*, n° 103 (11), p. 3994-3998.

Milinski M *et al.* (2008), « The collective-risk social dilemma and the prevention of simulated dangerous climate change », *Proceedings of the National Academy of Sciences USA*, n° 105, p. 2291-2294.

Milinski M *et al.* (2011), « Cooperative interaction of rich and poor can be catalyzed by intermediate climate targets », *Climatic Change*, n° 109, p. 807-814.

Miller G (2013), « The promise and perils of oxytocin », *Science*, n° 339 (6117), p. 267-269.

Morhenn V *et al.* (2012), « Massage increases oxytocin and reduces adrenocorticotropin hormone in humans », *Alternative Therapies in Health and Medicine*, n° 18 (6), p. 11.

Motesharrei S *et al.* (2014), « Human and nature dynamics (HANDY) : Modeling inequality and use of resources in the collapse or sustainability of societies », *Ecological Economics*, n° 101, p. 90-102.

Mu Y *et al.* (2015), « How culture gets embrained : Cultural differences in event-related potentials of social norm violations », *Proceedings of the National Academy of Sciences USA*, n° 112 (50), p. 15348-15353.

Mueller UG *et al.* (2005), « The evolution of agriculture in insects », *Annual Review of Ecology, Evolution, and Systematics*, n° 36, p. 563-595.

Muir WM (1996), « Group selection for adaptation to multiple-hen cages : Selection program and direct responses », *Poultry Science*, n° 75 (4), p. 447-458.

Nave G *et al.* (2015), « Does oxytocin increase trust in humans ? A critical review of research », *Perspectives on Psychological Science*, n° 10 (6), p. 772-789.

Neyrat F (2016), *La Part indestructible de la Terre*, Seuil.

Nielsen C *et al.* (2009), « Ants defend aphids against lethal disease », *Biology Letters*, n° 6, p. 205-208.

Nielsen UH *et al.* (2014), « Second thoughts on free riding », *Economics Letters*, n° 122 (2), p. 136-139.

Nishi A *et al.* (2015), « Inequality and visibility of wealth in experimental social networks », *Nature*, n° 526 (7573), p. 426-429.

Norenzayan A (2013), *Big Gods : How Religion Transformed Cooperation and Conflict*, Princeton University Press.

Novel A-S (2013), *La Vie share : mode d'emploi. Consommation, partage et modes de vie collaboratifs*, Alternatives.

Nowak MA (2006), « Five rules for the evolution of cooperation », *Science*, n° 314 (5805), p. 1560-1563.

O'Brien DT et Wilson DS (2011), « Community perception : The ability to assess the safety of unfamiliar neighborhoods and respond adaptively », *Journal of Personality and Social Psychology*, n° 100 (4), p. 606-620.

Oakley B *et al.* (dir.) (2011), *Pathological Altruism*, Oxford University Press.

Olson KR et Spelke ES (2008), « Foundations of cooperation in young children », *Cognition*, n° 108 (1), p. 222-231.

Ostrom E (2010), *La Gouvernance des biens communs*, De Boeck/Etopia.

Ostrom E et Walker J (2003), *Trust and Reciprocity*, Russell Sage Foundation.

Parsons KM *et al.* (2009), « The social dynamics of southern resident killer whales and conservation implications for this endangered population », *Animal Behaviour*, n° 77 (4), p. 963-971.

Patou-Mathis M (2015), « Non, les hommes n'ont pas toujours fait la guerre », *Le Monde diplomatique*, n° 736, p 20-21.

Paulus M et Moore C (2016), « Preschoolers' generosity increases with understanding of the affective benefits of sharing », *Developmental Science*, n° 20 (3), e-pub.

Pellmyr O *et al.* (1991), « Cycad cone and angiosperm floral volatiles : Inferences for the evolution of insect pollination », *Biochemical Systematics and Ecology*, n° 19 (8), p. 623-627.

Pelt J-M (2004), *La Solidarité chez les plantes, les animaux, les humains*, Fayard.

Pelt J-M (2009), *La Raison du plus faible*, Fayard.

Penn DC *et al.* (2008), « Darwin's mistake : Explaining the discontinuity between human and nonhuman minds », *Behavioral and Brain Sciences*, n° 31 (2), p. 109-130.

Perrineau P (2015), « La politique française à l'âge de la défiance », *Sciences humaines*, n° 271, p. 47.

Phan KL *et al.* (2010), « Reputation for reciprocity engages the brain reward center », *Proceedings of the National Academy of Sciences USA*, n° 107, p. 13099-13104.

Piff PK *et al.* (2010), « Having less, giving more : The influence of social class on prosocial behavior », *Journal of Personality and Social Psychology*, n° 99 (5), p. 771-784.

Piff PK *et al.* (2012), « Higher social class predicts increased unethical behavior », *Proceedings of the National Academy of Sciences USA*, n° 109 (11), p. 4086-4091.

Piovesan M et Wengström E (2009), « Fast or fair ? A study of response times », *Economics Letters*, n° 105 (2), p. 193-196.

Powers ST *et al.* (2016), « How institutions shaped the last major evolutionary transition to large-scale human societies », *Philosophical Transactions of the Royal Society B : Biological Sciences*, n° 371 (1687), art. 20150098.

Preston SD et de Waal FBM (2002), « Empathy : Its ultimate and proximate bases », *Behavioral and Brain Sciences*, n° 25, p. 1-72.

Putnam RD et Campbell D (2012), *American Grace : How Religion Divides and Unites Us*, Simon and Schuster.

Puurtinen M et Mappes T (2009), « Between-group competition and human cooperation », *Proceedings of the Royal Society of London B : Biological Sciences*, n° 276 (1655), p. 355-360.

Raihani N et Aitken D (2011), « Uncertainty, rationality and cooperation in the context of climate change », *Climatic Change*, n° 108 (1), p. 47-55.

Raine NE *et al.* (2002), « Spatial structuring and floral avoidance behavior prevent ant-pollinator conflict in a Mexican ant-acacia », *Ecology*, n° 83 (11), p. 3086-3096.

Rand DG (2016), « Cooperation, fast and slow : Meta-analytic evidence for a theory of social heuristics and self-interested deliberation », *Psychological Science*, sous presse.

Rand DG et Epstein ZG (2014), « Risking your life without a second thought : Intuitive decision-making and extreme altruism », *PloS One*, n° 9 (10), e109687.

Rand DG et Nowak MA (2013), « Human cooperation », *Trends in Cognitive Sciences*, n° 17 (8), p. 413-425.

Rand DG *et al.* (2009), « Dynamic remodeling of in-group bias during the 2008 presidential election », *Proceedings of the National Academy of Sciences USA*, n° 106, p. 6187-6191.

Rand DG *et al.* (2012) « Spontaneous giving and calculated greed », *Nature*, n° 489, p. 427-430.

Rand DG *et al.* (2014), « Social heuristics shape intuitive cooperation », *Nature Communications*, n° 5, p. 3677.

Rand DG *et al.* (2015), « The collective benefits of feeling good and letting go : Positive emotion and (dis)inhibition interact to predict cooperative behavior », *PloS One*, n° 10 (1), e0117426.

Rand DG *et al.* (2013), « Rand *et al.* reply », *Nature*, n° 498 (7452), p. E2-E3.

Rawn SM et Cross JC (2008), « The evolution, regulation, and function of placenta-specific genes », *Annual Review of Cell and Developmental Biology*, n° 24, p. 159-181.

Regus JU *et al.* (2014), « Efficiency of partner choice and sanctions in Lotus is not altered by nitrogen fertilization », *Proceedings of the Royal Society of London B: Biological Sciences*, n° 281 (1781), art. 20132587.

Reid RP *et al.* (2000), « The role of microbes in accretion, lamination and early lithification of modern marine stromatolites », *Nature*, n° 406 (6799), p. 989-992.

Rey O (2014), *Une question de taille*, Stock.

Ricard M (2013), *Plaidoyer pour l'altruisme : la force de la bienveillance*, NiL.

Ricard M et Singer T (dir.) (2015), *Vers une société altruiste*, Allary.

Richard F *et al.* (2009), « Facilitated establishment of Quercus ilex in shrub-dominated communities within a Mediterranean ecosystem : Do mycorrhizal partners matter ? », *FEMS Microbiology Ecology*, n° 68 (1), p. 14-24.

Richerson PJ et Boyd R (2005), *Not By Genes Alone*, University of Chicago Press.

Richerson PJ *et al.* (2016), « Cultural group selection plays an essential role in explaining human cooperation : A sketch of the evidence », *Behavioral and Brain Sciences*, n° 39, art. e30.

Rifkin J (2011), *Une nouvelle conscience pour un monde en crise : vers une civilisation de l'empathie*, Les Liens qui Libèrent.

Rifkin J (2012), *La Troisième Révolution industrielle*, Les Liens qui Libèrent.

Rifkin J (2014), *La Nouvelle Société du coût marginal zéro : l'Internet des objets, l'émergence des communaux collaboratifs et l'éclipse du capitalisme*, Les Liens qui Libèrent.

Rilling JK *et al.* (2002), « A neural basis for social cooperation », *Neuron*, n° 35, p. 395-405.

Riot S et Novel A-S (2012), *Vive la corévolution ! Pour une société collaborative*, Alternatives.

Rochat P *et al.* (2009), « Fairness in distributive justice by 3- and 5-year-olds across seven cultures », *Journal of Cross-Cultural Psychology*, n° 40, p. 416-442.

Rockenbach B et Milinski M (2006), « The efficient interaction of indirect reciprocity and costly punishment », *Nature*, n° 444, p. 718-723.

Rodríguez E et López-González PJ (2008), « The gastropod-symbiotic sea anemone genus Isosicyonis Carlgren, 1927 (Actiniaria : Actiniidae) : A new species from the Weddell Sea (Antarctica) that clarifies the taxonomic position of the genus », *Scientia Marina*, n° 72 (1), p. 73-86.

Rodriguez H *et al.* (2006), « Rising to the challenges of a catastrophe : The emergent and prosocial behavior following Hurricane Katrina », *The Annals of the American Academy of Political and Social Science*, n° 604 (1), p. 82-101.

Rohwer F et Thurber RV (2009), « Viruses manipulate the marine environment », *Nature*, n° 459 (7244), p. 207.

Ross L *et al.* (2013), « Ecology, not the genetics of sex determination, determines who helps in eusocial populations », *Current Biology*, n° 23 (23), p. 2383-2387.

Rothschild W et Jordan K (1903), « Scientific Books : A Revision of the Lepidopterous Family Sphingidoe », *Science*, n° 18, p. 15-16.

Ryan F (2009), *Virolution*, Collins.

Sääksvuori L *et al.* (2011), « Costly punishment prevails in intergroup conflict », *Proceedings of the Royal Society of London B : Biological Sciences*, n° 278, p. 3428-3436.

Sachs JL et Simms EL (2006), « Pathways to mutualism breakdown », *Trends in Ecology and Evolution*, n° 21 (10), p. 585-592.

Sagan L (1967), « On the origin of mitosing cells », *Journal of Theoretical Biology*, n° 14 (3), p. 225IN1-274IN6.

Sanfey AG *et al.* (2003), « The neural basis of economic decision-making in the Ultimatum Game », *Science*, n° 300, p. 1755-1758.

Santos FC *et al.* (2006a), « Cooperation prevails when individuals adjust their social ties », *PLoS Computational Biology*, n° 2 (10), art. e140.

Santos FC *et al.* (2006b), « Evolutionary dynamics of social dilemmas in structured heterogeneous populations », *Proceedings of the National Academy of Sciences USA*, n° 103 (9), p. 3490-3494.

Sapp J (1994), *Evolution by Association : A History of Symbiosis*, Oxford University Press.

Sapp J (2010), « On the Origin of Symbiosis », in *Symbioses and Stress*, Springer Netherlands, p. 3-18.

Schmidt MF et Sommerville JA (2011), « Fairness expectations and altruistic sharing in 15-month-old human infants », *PloS One*, n° 6 (10), art. e23223.

Schroeder KB *et al.* (2015), « Interactions between personality and institutions in cooperative behaviour in humans », *Philosophical Transactions of the Royal Society B: Biological Sciences*, n° 370 (1683), art. 20150011.

Schulz JF *et al.* (2014), « Affect and fairness : Dictator games under cognitive load », *Journal of Economic Psychology*, n° 41, p. 77-87.

Selosse MA (2017), *Jamais seul. Ces microbes qui construisent les plantes, les animaux et les civilisations*, Actes Sud.

Selosse MA *et al.* (2017), « Mixotrophy everywhere on land and in water : The grand écart hypothesis » *Ecology Letters*, n° 20 (2), p. 246-263.

Sender R *et al.* (2016), « Revised Estimates for the Number of Human and Bacteria Cells in the Body », *PLoS Biol.*, n° 14 (8), p. e1002533.

Servigne P (2011), « Outils de facilitation et techniques d'intelligence collective », *Barricade*, disponible sur www.barricade.be.

Servigne P et Stevens R (2015), *Comment tout peut s'effondrer. Petit manuel de collapsologie à l'usage des générations présentes*, Seuil.

Shalvi S et de Dreu CK (2014), « Oxytocin promotes group-serving dishonesty », *Proceedings of the National Academy of Sciences USA*, n° 111 (15), p. 5503-5507.

Shapiro JA (2007), « Bacteria are small but not stupid : Cognition, natural genetic engineering and socio-bacteriology », *Studies in History and Philosophy of Biological and Biomedical Sciences*, n° 38 (4), p. 807-819.

Shapiro JA et Hsu C (1989), « E. coli K-12 cell-cell interactions seen by time-lapse video », *The Journal of Bacteriology*, n° 171, p. 5963-5974.

Shaw A et Olson KR (2012), « Children discard a resource to avoid inequity », *Journal of Experimental Psychology : General*, n° 141, p. 382-395.

Shen H (2015), « Neuroscience : The hard science of oxytocin », *Nature*, n° 522 (7557), p. 410-412.

Sherif M *et al.* (1961), *Intergroup Conflict and Cooperation : The Robbers' Cave Experiment*, Institute of Group Relations, University of Oklahoma.

Shigenobu S et Wilson AC (2011), « Genomic revelations of a mutualism : The pea aphid and its obligate bacterial symbiont », *Cellular and Molecular Life Sciences*, n° 68 (8), p. 1297-1309.

Sidanius J et Pratto F (1999), *Social Dominance : An Intergroup Theory of Social Hierarchy and Oppression*, Cambridge University Press.

Silva AS et Mace R (2014), « Inter-Group Conflict and Cooperation : Field Experiments Before, During and After Sectarian Riots in Northern Ireland », *Frontiers in Psychology*, n° 6, p. 1790-1790.

Simon HA (1979), « Rational decision making in business organizations », *The American Economic Review*, n° 69 (4), p. 493-513.

Simon HA (1986), « Rationality in psychology and economics », *Journal of Business*, vol. XXX, p. S209-S224.

Singer T *et al.* (2006), « Empathic neural responses are modulated by the perceived fairness of others », *Nature*, n° 439, p. 466-469.

Singer T *et al.* (2009), « A common role of insula in feelings, empathy and uncertainty », *Trends in Cognitive Sciences*, n° 13 (8), p. 334-340.

Smith A (2011 [1759]), *Théorie des sentiments moraux*, PUF.

Smith SE et Read DJ (2010), *Mycorrhizal Symbiosis*, Academic Press.

Solnit R (2009), *A Paradise Built in Hell. The Extraordinary Communities That Arise in Disaster*, Penguin.

Somel M *et al.* (2009) « Transcriptional neoteny in the human brain », *Proceedings of the National Academy of Sciences USA*, n° 106, p. 5743-5748.

Spitzer M *et al.* (2007), « The neural signature of social norm compliance », *Neuron*, n° 56, p. 185-196.

Stadler B et Dixon AF (2005), « Ecology and evolution of aphid-ant interactions », *Annual Review of Ecology, Evolution, and Systematics*, n° 36, p. 345-372.

Stanley GD (2006), « Photosymbiosis and the evolution of modern coral reefs », *Science*, n° 312, p. 857-858.

Stanley GD et Swart PK (1995), « Evolution of the coral-zooxanthellae symbiosis during the Triassic : A geochemical approach », *Paleobiology*, n° 21 (02), p. 179-199.

Stevens JR et Gilby IC (2004), « A conceptual framework for nonkin food sharing : Timing and currency of benefits », *Animal Behaviour*, n° 67 (4), p. 603-614.

Stevens JR et Hauser MD (2004), « Why be nice ? Psychological constraints on the evolution of cooperation », *Trends in Cognitive Sciences*, n° 8 (2), p. 60-65.

Strand MR et Burke GR (2015), « Polydnaviruses : from discovery to current insights », *Virology*, n° 479, p. 393-402.

Sully (duc de) (1856), *Memoirs*, Henry G. Bohn.

Supiot A (dir.) (2015), *La Solidarité : enquête sur un principe juridique*, Odile Jacob.

Tan JH et Bolle F (2007), « Team competition and the public goods game », *Economics Letters*, n° 96 (1), p. 133-139.

Tarkka M et Deveau A (2016), « An Emerging Interdisciplinary Field : Fungal-Bacterial Interactions », in *Environmental and Microbial Relationships*, Springer International Publishing, p. 161-178.

Tavoni A *et al.* (2011), « Inequality, communication and the avoidance of disastrous climate change in a public goods game », *Proceedings of the National Academy of Sciences USA*, n° 108, p. 11825-11829.

Temple D et Chabal M (1995), *La Réciprocité ou la naissance des valeurs humaines*, L'Harmattan.

Terrasson F (1997), *La Peur de la nature*, Sang de la Terre.

Thompson JN (2005), *The Geographic Mosaic of Coevolution*, University of Chicago Press.

Thompson JN et Cunningham BM (2002), « Geographic structure and dynamics of coevolutionary selection », *Nature*, n° 417, p. 735-738.

Tinghög G *et al.* (2013), « Intuition and cooperation reconsidered », *Nature*, n° 497, p. E1-E2.

Tisseron S *et al.* (2015), « Développer la capacité d'empathie des enfants porteurs de troubles du spectre autistique avec le Jeu des Trois Figures », *Cahiers Préault*, n° 12, p. 55-93.

Tisseron S (2016), « Révolutionnaire, l'empathie ? », *in* Dugnat M (dir.), *Empathie autour de la naissance*, Érès.

Tisseron, S (2010), *L'Empathie au cœur du jeu social*, Albin Michel.
Tomasello M et Carpenter M (2007), « Shared intentionality », *Developmental Science*, n° 10 (1), p. 121-125.
Tomasello M (2008), *Origins of Human Communication*, MIT Press.
Tomasello M (2016), *A Natural History of Human Morality*, Harvard University Press.
Tomasello M *et al.* (2005), « Understanding and sharing intentions: the origins of cultural cognition », *Behavioral and Brain Sciences*, n° 28, p. 675-735.
Tomasello M *et al.* (2012), « Two key steps in the evolution of human cooperation: The interdependence hypothesis », *Current Anthropology*, n° 53 (6), p. 673-692.
Tort P (2009), *L'Effet Darwin*, Seuil.
Tov W et Diener E (2008), « The well-being of nations: Linking together trust, cooperation, and democracy », *in* Sullivan BA *et al.* (dir.), *Cooperation: The Political Psychology of Effective Human Interaction*, Blackwell, p. 323-342.
Tricomi E *et al.* (2010), « Neural evidence for inequality-averse social preferences », *Nature*, n° 463, p. 1089-1091.
Van den Berg P *et al.* (2015), « Focus on the success of others leads to selfish behavior », *Proceedings of the National Academy of Sciences USA*, n° 112 (9), p. 2912-2917.
Van Veelen M *et al.* (2012), « Direct reciprocity in structured populations », *Proceedings of the National Academy of Sciences USA*, n° 109, p. 9929-9934.
Vercauteren D (2011), *Micropolitique des groupes*, Les Prairies ordinaires.
Vogt S *et al.* (2015), « Eye spots do not increase altruism in children », *Evolution and Human Behavior*, n° 36 (3), p. 224-231.
Von Dawans B *et al.* (2012), « The Social Dimension of Stress Reactivity: Acute Stress Increases Prosocial Behavior in Humans », *Psychological Science*, n° 23 (6), p. 651-660.
Voors MJ *et al.* (2012), « Violent conflict and behavior: A field experiment in Burundi », *The American Economic Review*, n° 102 (2), p. 941-964.
Wade N (2009), *The Faith Instinct: How Religion Evolved and Why It Endures*, Penguin.

Warmink JA *et al.* (2011), « Hitchhikers on the fungal highway : The helper effect for bacterial migration via fungal hyphae », *Soil Biology and Biochemistry*, n° 43 (4), p. 760-765.

Warneken F et Tomasello M (2006), « Altruistic Helping in Human Infants and Young Chimpanzees », *Science*, n° 311, p. 1301-1303.

Warneken F et Tomasello M (2007), « Helping and cooperation at 14 months of age », *Infancy*, n° 11, p. 271-294.

Warneken F et Tomasello M (2008), « Extrinsic rewards undermine altruistic tendencies in 20-month-olds », *Developmental Psychology*, n° 44, p. 1785-1788.

Warneken F *et al.* (2007), « Spontaneous altruism by chimpanzees and young children », *PLoS Biology*, n° 5, p. 1414-1420.

Wegley L *et al.* (2007), « Metagenomic analysis of the microbial community associated with the coral Porites astreoides », *Environmental Microbiology*, n° 9 (11), p. 2707-2719.

Weinberg A (2015), « Qu'est-ce que la confiance ? », *Sciences humaines*, n° 271.

Weisel O et Shalvi S (2015), « The collaborative roots of corruption », *Proceedings of the National Academy of Sciences USA*, n° 112 (34), p. 10651-10656.

Weyl EG *et al.* (2010), « Economic contract theory tests models of mutualism », *Proceedings of the National Academy of Sciences USA*, n° 107 (36), p. 15712-15716.

Whitehead H (2003), *Sperm Whales : Social Evolution in the Ocean*, University of Chicago Press.

Wilkinson R et Pickett K (2014), *Pourquoi l'égalité est meilleure pour tous*, Les Petits Matins.

Wilson DS (2002), *Darwin's Cathedral : Evolution, Religion, and the Nature of Society*, University of Chicago Press.

Wilson DS (2011), *The Neighborhood Project : Using Evolution to Improve My City, One Block at a Time*, Little, Brown and Company.

Wilson DS (2015), *Does Altruism Exist ? Culture, Genes, and the Welfare of Others*, Yale University Press.

Wilson DS et Wilson EO (2007), « Rethinking the theoretical foundation of sociobiology », *The Quarterly Review of Biology*, n° 82 (4), p. 327-348.

Wilson DS *et al.* (2013), « Generalizing the core design principles for the efficacy of groups », *Journal of Economic Behavior et Organization*, n° 90, p. S21-S32.

Wilson EO (1975), *Sociobiology. The New Synthesis*, Belknap.

Wilson EO (2017), *La Conquête sociale de la Terre*, Flammarion.

Wohlleben P (2017), *La Vie secrète des arbres*, Les Arènes.

Wolff JO et Lidicker WZ (1981), « Communal winter nesting and food sharing in taiga voles », *Behavioral Ecology and Sociobiology*, n° 9 (4), p. 237-240.

Woodcock G et Avakumovic I (2005), *Pierre Kropotkine, prince anarchiste*, Écosociété.

Wright ND *et al.* (2011), « Neural segregation of objective and contextual aspects of fairness », *Journal of Neurosciences*, n° 31, p. 5244-5252.

Wyatt GA *et al.* (2016), « Restricting mutualistic partners to enforce trade reliance », *Nature Communications*, n° 7, art. 10332.

Xiao E et Houser D (2005), « Emotion expression in human punishment behavior », *Proceedings of the National Academy of Sciences USA*, n° 102 (20), p. 7398-7401.

Xu P *et al.* (2008), « Virus infection improves drought tolerance », *New Phytologist*, n° 180 (4), p. 911-921.

Yamagishi T (2011), *Trust : The Evolutionary Game of Mind and Society*, Springer.

Yang J *et al.* (2014), « Evidence of polyethylene biodegradation by bacterial strains from the guts of plastic-eating waxworms », *Environmental Science et Technology*, n° 48 (23), p. 13776-13784.

Yang J *et al.* (2015), « Biodegradation and Mineralization of Polystyrene by Plastic-Eating Mealworms : Part 2. Role of Gut Microorganisms », *Environmental Science et Technology*, n° 49 (20), p. 12087-12093.

Yoeli E *et al.* (2013), « Powering up with indirect reciprocity in a large-scale field experiment », *Proceedings of the National Academy of Sciences USA*, n° 110, p. 10424-10429.

Yong E (2016), *I Contain Multitudes*, Bodley.

Yoon HS *et al.* (2004), « A molecular timeline for the origin of photosynthetic eukaryotes », *Molecular Biology and Evolution*, n° 21 (5), p. 809-818.

Young HP (2015), « The Evolution of Social Norms », *Annual Review of Economics*, n° 7 (1), p. 359-387.

Zak PJ *et al.* (2005), « Oxytocin is associated with human trustworthiness », *Hormones and Behavior*, n° 48 (5), p. 522-527.

Zaki J et Mitchell JP (2011), « Equitable decision making is associated with neural markers of intrinsic value », *Proceedings of the National Academy of Sciences USA*, n° 108 (49), p. 19761-19766.

Zaki J et Mitchell JP (2013), « Intuitive prosociality », *Current Directions in Psychological Science*, n° 22 (6), p. 466-470.

Zilber-Rosenberg I et Rosenberg E (2008), « Role of microorganisms in the evolution of animals and plants : The hologenome theory of evolution », *FEMS Microbiology Reviews*, n° 32 (5), p. 723-735.

Bibliographie sélective

Les ouvrages indispensables en français

Pour élargir et approfondir l'« autre loi de la jungle »

Matthieu Ricard, *Plaidoyer pour l'altruisme : la force de la bienveillance*, NiL, 2013.

Jacques Lecomte, *La Bonté humaine*, Odile Jacob, 2012.

Pierre Kropotkine, *L'Entraide, un facteur de l'évolution*, Aden, 2009.

Pour une plongée dans le monde vivant

Charles Darwin, *La Filiation de l'homme*, Syllepse, 1999.

Jean-Marie Pelt, *La Solidarité chez les plantes, les animaux, les humains*, Fayard, 2004.

Frans de Waal, *L'Âge de l'empathie*, Les Liens qui Libèrent, 2009.

Raphaël Mathevet, *La Solidarité écologique : ce lien qui nous oblige*, Actes Sud, 2011.

Edward O. Wilson, *La Conquête sociale de la Terre*, Flammarion, 2017.

Marc-André Selosse, *Jamais seul. Ces microbes qui construisent les plantes, les animaux et les civilisations*, Actes Sud, 2017.

Pour les implications politiques

Les Convivialistes, *Manifeste convivialiste. Déclaration d'interdépendance*, Le Bord de l'eau, 2013.
Pierre Dardot et Christian Laval, *Commun*, La Découverte, 2014.
Stéphane Riot et Anne-Sophie Novel, *Vive la corévolution ! Pour une société collaborative*, Alternatives, 2012.
Michel Bauwens, *Sauver le monde : vers une économie post-capitaliste avec le peer-to-peer*, Les Liens qui Libèrent, 2015.

Pour le monde de l'entreprise

Frédéric Laloux, *Reinventing Organizations*, Diateino, 2015.
Jacques Lecomte, *Les Entreprises humanistes*, Les Arènes, 2016.

Les indispensables en anglais

David S. Wilson, *Does Altruism Exist? Culture, Genes, and the Welfare of Others*, Yale University Press, 2015.
Martin Nowak et Roger Highfield, *Supercooperators : The Mathematics of Evolution, Altruism and Human Behaviour (Or, Why We Need Each Other to Succeed)*, Free Press, 2011.
Rebecca Solnit, *A Paradise Built in Hell. The Extraordinary Communities That Arise in Disaster*, Penguin, 2009.
Jonathan Haidt, *The Righteous Mind : Why Good People Are Divided by Politics and Religion*, Vintage, 2012.
John Archibald, *One Plus One Equals One. Symbiosis and the Evolution of Complex Life*, Oxford University Press, 2014.

Table

Achevé d'imprimer en mars 2019
par Normandie Roto Impression à Lonrai
Dépôt légal : avril 2019
N° impr : 1900892
Imprimé en France